本书为2018年度山东省艺术科学重点课题"'农圣文化'之贾思勰家缘源流研究"（项目编号：201806642）；山东省高校人文社科研究基地潍坊科技学院农圣文化研究中心重点人文社科研究项目"贾思勰家缘源流研究"（项目编号：2018NS004）。

贾思勰家缘源流研究

刘志国 著

科学出版社

北京

内 容 简 介

本书重点从史学角度对《齐民要术》作者贾思勰的相关历史信息、社会背景、家世源流和为官交游情况以及《齐民要术》的成书背景进行了学术上的考证与研究，并对贾思勰所生活的北魏时期的士族门阀政治制度和这一制度对贾思勰以及与贾思勰相关的汉族士族仕途所产生的影响进行了简要的阐释与论述。

本书可供历史学、农学等专业的师生阅读和参考。

图书在版编目（CIP）数据

贾思勰家缘源流研究/刘志国著. —北京：科学出版社，2019.1
（农圣文化研究文库）
ISBN 978-7-03-059702-1

Ⅰ. ①贾… Ⅱ. ①刘… Ⅲ. ①贾思勰-人物研究 Ⅳ. ①K826.3

中国版本图书馆 CIP 数据核字（2018）第 262961 号

责任编辑：任晓刚 / 责任校对：韩　杨
责任印制：张　伟 / 封面设计：楠竹文化

科 学 出 版 社 出版
北京东黄城根北街 16 号
邮政编码：100717
http://www.sciencep.com

北京中石油彩色印刷有限责任公司 印刷
科学出版社发行　各地新华书店经销

*

2019 年 1 月第　一　版　　开本：720×1000　B5
2019 年 1 月第一次印刷　　印张：13 1/2
字数：210 000
定价：82.00 元

（如有印装质量问题，我社负责调换）

农圣文化研究文库

编辑委员会

主　任：李昌武
副主任：李美芹　李兴军（执行）
委　员（按姓氏笔画排序）：
　　　　王双同　王君君　刘志国　刘金同　刘学周
　　　　李文莲　李俊英　李振波　杨现昌　赵长福
　　　　莫玲玲　郭思文　葛晓军
顾　问：刘效武　薛彦斌　张友祥

学术指导专家

（按姓氏笔画排序）

卜凤贤　陕西师范大学
王　欧　农业农村部农村经济研究中心
王广振　山东大学
王京龙　山东理工大学
王宝卿　青岛农业大学
王星光　郑州大学
王思明　南京农业大学
王景新　浙江大学
刘兴林　南京大学
孙金荣　山东农业大学
李　群　南京农业大学
沈志忠　南京农业大学
张绪山　清华大学
苑　利　中国艺术研究院
周忠高　山东省社会科学界联合会
赵兴胜　山东大学
倪根金　华南农业大学
徐旺生　全国农业展览馆（中国农业博物馆）
曹山明　中国文化管理协会新农村文化建设管理委员会
隋福民　中国社会科学院
韩品玉　山东师范大学
惠富平　南京农业大学
樊志民　西北农林科技大学

序

潍坊科技学院的刘志国老师将其大作《贾思勰家缘源流研究》电邮给我，嘱咐我写上几句话。关于他的这一研究话题，虽然我涉猎不多，但是觉得义不容辞。大家知道，为农史者的一生事业是离不开《齐民要术》，莫不以贾思勰为心中农圣，为农圣家世及朋友圈著述者请为之序，是为幸事，不能辞也！即使功力不逮，只能知难而进。

乐为之序的第二个理由是，本人身为潍坊科技学院的兼职研究员，乐见学校在2017年由农圣文化研究中心、寿光市《齐民要术》研究会共同组织编撰的500余万字，共20分册的《中华农圣贾思勰与〈齐民要术〉研究丛书》出版，并于2018年中国农业历史学会农学思想与《齐民要术》研究会挂牌成立之后，这本新的有关《齐民要术》作者贾思勰的研究成果——《贾思勰家缘源流研究》出版问世。

乐为之序的第三个理由是农业今天在解决了十多亿人口温饱问题的同时，也产生了难以消除的副作用，土地板结、酸化，地力下降，有毒物质超标，水质污染，这些都是工业化农业为了追求效率的结果，在某种意义上讲，代价有点大，但是不得不用。单就农药来说，联合国粮农组织官方指出，不用农药大概率作物减产30%—50%。中国的气候条件复杂，病虫害多，不用农药的减产程度更大。

但是环境问题我们不能视而不见，农业部在 2015 年出台全国农业可持续发展规划（2015—2030 年），国务院于 2016 年出台了土壤污染防治行动计划的"土十条"，2017 年出台了水污染防治行动计划"水十条"，农业部 2017 年发出了实施农业绿色发展五大行动的通知，强调绿水青山就是金山银山，要坚持节约资源和保护环境的基本国策，推动形成绿色发展方式和生活方式。这一系列的举动，即就是针对当前环境问题，实际上是要求人们要秉承与自然和谐相处的理念。要想农业可持续发展，似乎仍然要回到一千五百多年前《齐民要术》的境界上，"顺天时，量地力，则用力少而成功多。任情返性，劳而无获。"所言劳而无获即是我们今天所面临的尴尬。吃饭的问题是解决了，所产生的环境的问题则留给自然。自然会轻易放过我们吗？难道不会给我们报复吗？我们能够全身而退吗？但存方寸地，留与子孙耕。今天的农业慢慢地回到传统的轨道上，既有必要，也存在可能。那么，从实用的意义上了解古代的农业，从学术的意义上了解为古代农业著述的贾思勰，似乎也就意义突显。

乐为之序的第四个理由是志国是我任副主编的刊物《古今农业》的作者之一。2018年第一期上发表了他的"《齐民要术》的重要历史人物线索刘仁之考证"一文，当时读后，即有耳目一新之感。现在的专著显然应该是围绕上述文章的扩展版，内容自然丰富得多。

业农史者，都知道贾思勰大名如雷贯耳。但是如同多数农学家多身世不详一样，贾思勰纵然著有中国第一部现存的综合性农书，且流布天下，但是我们对其生平的了解却是少之又少。这种情形虽有不公，但也正常。法国昆虫学家法布尔说："历史赞美尸骨累累的战场，却不屑于谈论人们赖以生存的农田；历史知道私生子的姓名，却不能告诉我们小麦是从哪儿来的。"似乎中外皆然。小麦在中国什么时候传入，的确也是个谜。农业虽然事关生民粒食，为国之根本，但是毕竟是面朝黄土背朝天的苦差事，在古代是一个地位低下的职业，记述农业技术的农书的作者在古代的地位也不会高到那里去。难怪孔子反对樊迟学稼。目前看来，要想在浩如烟海的古籍中寻找一位曾经官居高阳太守的农学家贾思勰生平实为难事。因为可供依靠的资料太少，志国要想在此背景下，知难而上显得难能可贵。

如前所述，我个人对于贾思勰的生平与家世缺乏足够的研究，但是并不妨碍我对贾思勰心存敬意。他是历代官员中少有的能够俯下身段，下到田间，去考察与思考从事农业怎样才能更加有效，更加能够安民的古代官员。他在《齐民要术》中，不仅辑收了汉代以来重要的农书资料，还将古代北方旱作地区精耕细作技术进行了近似理论上的系统总结。个人认为可以与汉代在劝农过程中，发明了耧车的搜粟都尉赵过，明代亲自分析蝗虫分布与发生规律的徐光启，清代亲自培育早熟稻品种的康熙等人比肩。因此我曾经有七律诗赞美，其曰：

要术齐民耀古今，寿光思勰德千寻。

采来经传诗三百，爰及歌谣叟一吟。

抛弃草肥田板结，舶来农药众惊心。

潍坊农圣书能解，生态追求字字箴。

志国在很少的历史线索中阐幽发微，的确让人耳目一新。借助于《齐民要术》署名"后魏高阳太守贾思勰撰"这条直接线索，循着梁家勉先生提示："其籍贯和履历并不是完全未详，而是略可考知是山东境人，且可能是青州齐郡益都人。跟贾思伯、贾思同是同族，是弟辈，跟刘仁之是相识。"以农村包围城市的策略，解开因为文献缺乏所遮盖的历史谜团，对贾思勰相关信息进行分析，并从书中历史人物如刘仁之出发，追及冯元兴、贾思伯、贾思同，再到皇甫吏部、元仆射、高阳王、彭城王，逐渐罗列出了贾思勰生前所存在的关系网。

书中认为，关于刘仁之，在魏收的《魏书·刘仁之传》中，是"外示长者、内怀矫诈"，但是到了贾思勰在《齐民要术·种谷》中则是"老成懿德"，两者的评价大相径庭。所以志国认为，间接说明贾思勰与刘仁之是比较亲密的朋友关系。

再如冯元兴，《魏书·刘仁之传》述及刘仁之与冯元兴交好，《魏书·贾思伯传》以及《北史》相关传记也都讲到贾思伯与冯元兴是"大相友昵"的朋友关系，通过进一步了解其与刘仁之、贾思伯、贾思同之间关系，可以大致分析贾思勰的生活年代。《齐民要术》卷一《种谷》为写于刘仁之任西兖州刺史期间，即532年以后。

同时，志国在书中论及《齐民要术》卷七中出现的两个历史人物皇甫吏部与元仆射，也为探究《齐民要术》的成书过程提供了非常有意义的线索。以前虽有学者对皇甫吏部与元仆射做过考证，但多属猜测，未有肯定结论，这两个人名中所隐含的《齐民要术》写作时间则更被忽视。通过对《魏书·皇甫徽传》《北史·皇甫集传》《魏书·裴叔业传》后附《皇甫光传》，逐一分析，皇甫吏部即是皇甫玚，根据皇甫玚进而推测《齐民要术·白醪酒》应写于皇甫玚任吏部郎期间，即517—520年。

《齐民要术》中还提到另外一个重要人物元仆射，缪启愉在《齐民要术校释》认为元仆射是元斌；梁家勉先生曾考证元仆射可能为任城王元澄的儿子元顺。志国则是从全部的21个元姓仆射中，剔除了其中10人，然后再从其他各种线索，最后推断其为元晖。虽然未必真是如此，但其逻辑清晰，有理有据，至少目前的结论更站得住脚，难以反驳。

关于全书的结构与先后顺序，志国认为是贾思勰经过社会变故后，才出现今天的模样。具体是"杜葛之乱"及"河阴之变"，使得北魏进入一个政权不断更迭的动乱时期，民众流离失所，饿殍遍野。由富而衰的社会巨变，给贾思勰《齐民要术》先前的著述思想产生了巨变，使其从最初的食娱之乐的谋篇思路，逐渐提升成为关注民众疾苦、求本重农的思想醒悟之界。写于早期的酒食之篇被放在书末，与其后的耕田、种谷之篇放在书首的次序统筹，则是这种思想淋漓尽致的体现，这也是其能够被今天的人们认为是"农圣"先哲的精神所在。所有这些可谓是本书的闪光之处。

学术研究是一个探索的过程，社会科学研究的内容相对于自然科学来说，总有那么一点缺陷的是结果不存在唯一性，多仁者见仁，智者见智，过程最重要，结论反倒在其次。

疑乎，信乎，读者自有判断，但是为贾思勰的家世及朋友圈着墨，仍然是一件极其有意义的事情。拉杂写来，聊以为序。

徐旺生

2018年12月

前　　言

　　凡事大概因果相循。大约七八年前，我在家乡寿光集市的书摊上偶然发现了一套龙溪精舍版影印本《齐民要术》，是第一届中华农圣文化国际研讨会举办时影印的工具用书，装印称不上精美，十分朴素，因素来对古籍有些兴趣，遂将其收入囊中，不想竟成为我结识"农圣"先贤与这部世界农学巨著的缘起。

　　彼时我尚不清楚"农圣"贾思勰就是寿光人。《齐民要术》虽自此常憩于枕侧案边，然其文辞古奥，奇字甚多，又无句读，有些艰涩难读，放于案头，也仅是滥充风雅而已。机缘巧合，一年前，我被调到山东省高校人文社会科学研究基地潍坊科技学院农圣文化研究中心工作，这部案头之书才真正成为我研究和学习的对象，我也才渐渐知晓这部世界闻名的农学巨著竟然与家乡寿光有如此大的关联。诸如贾思勰是什么时代人？他生活时代的社会背景是什么？他生活在一个怎样的家庭？他的为官交游是什么情况？究竟是什么土壤孕育产生了这部伟大的农学巨著？此类问题便一直萦绕于心。这恐怕也是寿光父老乃至全体研究者无不共同关注与关心的问题。

　　其实，对《齐民要术》与贾思勰的研究历来受到中外学者的关注。据相关研究发现，是书在唐朝以前就已传入日本，并形成多种版本。近现代时期，日本首先形成了《齐民要术》与贾思勰的研究热潮，纷纷成立《齐民要术》研究会，称之为"贾学"学派，并以西山武一、熊代辛雄等学者为代表，为中日农学交流起到了积极的推动作用。18世纪时，《齐民要术》中的内容被介绍到欧洲，法国出版的《北京耶稣会士关于中国人历史、科学、技术、风俗、习惯等纪要》、法国耶稣会士金济时所著的《中国的绵羊》、英国生物学家达尔文的《物种起源》、英国科学技术史家李约瑟的《中国科学技术史》等著作中都对贾思勰的《齐民要术》进行了介绍，达尔文在《物种起源》一书中更是高度赞誉《齐民要术》一书，称其为"中国古代的百科全书"。中国历代政府也将《齐民要术》视为宝书，刊刻抄录不绝于世，尤其在中华人民共和国成立后，《齐民要术》的整理研究工作更是受到了国家的重视，众多专家学者从版本、作者、农学、饮食、方言、词汇、语法等角度尝试研究，并取得了显著成绩。

对贾思勰本人的研究始于清人姚振宗，近人孙承仕、栾调甫亦有专论，其后"东万、西石、南梁、北王"（万国鼎、石声汉、梁家勉、王毓瑚）农史四大家等现代学者又各有论述，但却因贾思勰史籍无载、考古无证，其历史背景、生活年代、家世源流乃至籍里信息一直被表述不一，纷纭莫定。贾思勰功绩虽镌于历史碑廊，但其留下讳莫如深的家世背景却不免令人徒生唏嘘。

对贾思勰本人的研究，不单单是一个学术问题。例如，他的生活年代、家世背景、文化背景、为官生平等信息对《齐民要术》内容的释读都具有重要的学术意义；同时，更是一种"文化符号"的创建与树立。文化的实质则是人类对自身文明进行的一种有意识的记忆与传承。文化的内涵固然非常广泛，但文化一定是人所创造的文化，因此，只有人才是文化的主体。北京师范大学康震教授在谈到文化时也曾有过相类的表述，他说："比如中国的建筑里面有许多名楼，但最有名的只有四个：鹳雀楼、岳阳楼、滕王阁、黄鹤楼。并非这'四大名楼'就是中国所有的楼中建得最好的，而是因为这几个楼里面有名诗，有名人，有历史，还有故事。这就是文化。"因此可以说，对贾思勰本人的研究就是一种文化，是对文化的传承和对其本人的纪念。

前言

2017年9月，中共寿光市委、寿光市人民政府发布《关于印发寿光市"四个城市建设"五年规划和三年行动计划的通知》，更是明确提出了建设"文化名市"的战略定位和树立"农圣故里，文明寿光"的品牌定位；提出了挖掘与贾思勰和《齐民要术》有关的文化资源，挖掘寿光农耕文化品牌，提升农耕文化的历史渊源和文化品位的任务要求；提出以贾思勰和《齐民要术》研究为依托，着眼于历史梳理、价值传承，完成农耕文化的系统性知识构建的"乡村记忆·农耕文化"建设工程，以此作为寿光未来跨越发展的重要文化支撑，以助力经济实力和城市竞争力的提升。贾思勰作为奠基中国农耕文化的一块基石，是我们树立"农圣"文化的基础，其著作与思想精神的传承是中国传统文化的重要组成部分，但是对贾思勰本人的学术研究却明显落后于"文化名市"建设的需要和人民群众对其身世探索的精神需求。他的学术价值、文化价值、思想与精神动力价值，以及为"文化名市"建设服务的现代应用价值正在日益提升，而以上价值的体现，急需对其进行进一步研究和发掘，这也是寿光本土学者的一项光荣使命。

"农圣"贾思勰在历史上虽然缺乏直接的考证证据，但也并非完全不可考。农史大家梁家勉先生曾言："其籍贯和履历并不是完全'未详'，而是略可考知是山东境人，且可能是青州齐郡益都人。跟贾思伯、贾思同是同族，是弟辈，跟刘仁之是相识。"诚哉斯言！对贾思勰相关信息的研究，除了《齐民要术》序言中"后魏高阳太守贾思勰撰"这条直接线索外，《齐民要术》中提到的历史人物、历史事件、历史地点等，一定与贾思勰存在着千丝万缕的联系。例如，从刘仁之出发，可从史志中索引到北魏的冯元兴，从冯元兴又可索引到贾思伯、贾思同，再到皇甫吏部、元仆射、高阳王、彭城王，甚至可以索引出以贾思勰为节点的涉及整个北魏历史与政治的高层政治社会关系网。这些人物、事件、地点当然不是孤立存在的，对他们在不同地点和时间节点的事件关联加以考证，就必然会发现在历史中隐藏的关于贾思勰蛛丝马迹。这些信息的发现，也为我对这位"农圣"先贤讳莫如深的家世背景进行研究树立了足够的信心。而纵观前人之研究成果，无不把《齐民要术》文本与史志中对贾思勰的直接记载作为了研究的第一对象，但对这些间接线索却鲜有深究，这也成为我敢于涉足这一无功之地的原因。

"折戟沉沙铁未销，自将磨洗认前朝。"虽在立意之初，我就曾有无功而返的思想准备，但两年的史海钩沉，却始终庆幸自己能有缘与"贾公"神晤，二十个月有余的焚膏继晷即便仅换来些许只言碎语，然身甘槁枯，衣带渐宽终不悔。唯囿己身学识水平浅薄，书中难免有所阙漏，榆枋之见，敬请各位读者批评指正。

刘志国

二〇一八年三月二十六日于家中

目　　录

序 ··· i

前言 ··· v

第一章　贾思勰的主要社会关系 ·· 1

第一节　刘仁之考证 ·· 1

第二节　冯元兴考证 ·· 11

第三节　皇甫吏部与元仆射略考 ·· 20

第二章　北魏政权中的贾氏兄弟 ······································ 39

第一节　贾思伯考 ·· 39

第二节　贾思同考 ·· 57

第三章　贾思勰的家世源流与相关学术问题 ····················· 69

第一节　贾思勰家世源流新考 ·· 69

第二节　贾思勰籍里的考证综述 ……………………………… 80
　　第三节　贾思勰为官高阳郡治新考 …………………………… 88
　　第四节　贾思勰为官高阳太守的时间考证 …………………… 99
　　第五节　从《齐民要术》提及地名看贾思勰的视野范畴 …… 104

第四章　士族门阀制度下的北魏社会 ……………………… 113

　　第一节　皇帝世系与纪年年表 ………………………………… 115
　　第二节　士族门阀制度与贾氏姓族 …………………………… 118
　　第三节　贾氏家族的"乡党"与"朋党" …………………… 126
　　第四节　"王党戚贵"与"武力霸权"的特权社会 ………… 136
　　第五节　贾思勰所处的社会背景总论 ………………………… 142

参考文献 ……………………………………………………………… 150

附录一　贾思勰社会关系网络图示 ……………………………… 154

附录二　贾思勰交游人物关系年表总表 ………………………… 155

附录三　《齐民要术·序》中"有""无"析辨 ……………… 163

附录四　《齐民要术》"宅田七十步之地"及"亩产百石"
　　　　　考释 ……………………………………………………… 168

附录五　《齐民要术·序》音译释读 …………………………… 178

第一章　贾思勰的主要社会关系

第一节　刘仁之考证

一、刘仁之的考据意义

贾思勰在《齐民要术·种谷》中云:"西兖州刺史刘仁之,老成懿德,谓余言曰:'昔在洛阳,于宅田以七十步之地,试为区田,收粟三十六石。'"[①]这句话是现有资料中,唯一可以确定与贾思勰有直接朋友关系的重要线索,而且可以给我们以下几个方面的启示。

第一,从这句话可以看出,这句话是刘仁之当面对贾思勰讲述的,说明刘仁之与贾思勰非常熟悉。

第二,"老成懿德"是贾思勰对刘仁之的评价,意思是刘仁之成熟稳重、练达世事、道德高尚。这与《魏书·刘仁之传》中,作者魏收对刘仁之"外示长者、内怀矫诈"的评价大相径庭。贾思勰对刘仁之的正面评价,说明刘仁之与贾思勰不仅熟悉,而且是非常要好的朋友关系。

---

① （北魏）贾思勰著,石声汉校释:《齐民要术今释》,北京:中华书局,2009年,第41页。

第三，"老成懿德"说明刘仁之的年龄应该比贾思勰稍长。刘仁之在正史中有传，这对考证贾思勰的生活年代与年龄会有帮助。

第四，刘仁之自述在洛阳种的是"宅田"，即"致仕者之家所受田也"①，并以"七十步之地试为区田，收粟三十六石"。这意味着刘仁之曾专门针对区田法搞过实验，用以测量区田法的产量，表明刘仁之是一个非常重视农业生产和农业技术的人，这与贾思勰的重农思想存在共鸣，也可以作为刘仁之与贾思勰能够成为朋友的合理解释。

第五，从这句话还可以看出，这是刘仁之与贾思勰对区田产量问题进行的特别讨论。

第六，这个话题的讨论时间，应当在刘仁之任西兖州刺史期间。因此，"西兖州"这一州名及刘仁之任西兖州刺史的时间包含了研究贾思勰本人及著述时间的重要信息。

综上，刘仁之的历史背景信息对贾思勰与《齐民要术》研究的重要性不言而喻。

二、刘仁之世系与家族背景考

《魏书·刘仁之传》载："刘仁之，字山静，河南洛阳人。其先代人，徙于洛。父尔头，在《外戚传》。"②

《魏书·刘库仁传》载："刘库仁，本字没根，刘虎之宗也，一名洛垂。少豪爽，有智略。母平文皇帝之女。昭成皇帝复以宗女妻之，为南部大人……库仁弟眷，继摄国事。"③

《魏书·刘罗辰传》载：

> 刘罗辰，代人，宣穆皇后之兄也。父眷，为北部大人，帅部落

---

① "宅者，谓致仕者也。致仕者，去官而居宅，或在国中，或在野。《周礼·载师》之职'以宅田任近郊之地'……彼郑注云：'致仕者之家所受田也。'"（汉）郑玄注，（唐）贾公彦疏：《仪礼注疏》卷七《士相见礼》第三，李学勤编：《十三经注疏》，北京：北京大学出版社，1999年，第125页。
② 《魏书》卷八十一《刘仁之传》，北京：中华书局，1974年，第1794页。
③ 《魏书》卷二十三《刘库仁传》，北京：中华书局，1974年，第604—605页。

归国。罗辰有智谋，谓眷曰："从兄显，忍人也，愿早图之。"眷不以为意。后库仁子显杀眷而代立，又谋逆。及太祖即位，讨显于马邑，追至弥泽，大破之。后奔慕容麟，麟徙之中山，罗辰率骑奔太祖。显恃部众之强，每谋为逆，罗辰辄先闻奏，以此特蒙宠念。寻拜南部大人。从平中原，以前后勋赐爵永安公，以军功除征东将军、定州刺史。卒，谥曰敬。子殊晖，袭爵，位并州刺史。卒。子求引，位武卫将军。卒，谥曰贞。子尔头，位魏昌、廮陶二县令，赠钜鹿太守。子仁之，自有传。①

从以上《魏书》所载内容，可描绘刘仁之的世系图谱，见图1-1。

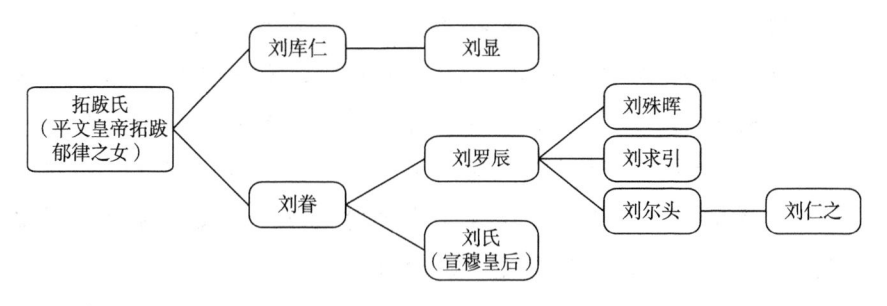

图 1-1　刘仁之的世系图谱

刘仁之的先祖为代人，代即古之代国，北魏（亦称后魏）时指雁门、代郡，隋代以后称代州（今山西忻州代县一带）。西晋时，晋怀帝曾封北魏穆帝拓跋猗卢于此为代王，但拓跋猗卢认为代地离己国较远，求封于勾注陉北之地，西晋并州刺史刘琨"乃徙马邑、阴馆、楼烦、繁畤、崞五县之民于陉南，更立城邑，尽献其地，东连代郡，西连西河、朔方，方数百里。"②后世遂称前期的北魏为代北，而代地则成为北魏前期与中原内地紧相毗连的重要门户，清代顾祖禹曾在《读史方舆纪要》中描述代州地理位置的重要性，曰："州外壮大同之藩卫，内固太原之锁钥。根柢三关，咽喉全晋。"③

据上述所载，居于咽喉之地的刘仁之家族则是北魏入侵中原主要的

---

① 《魏书》卷八十三上《刘罗辰传》，北京：中华书局，1974年，第1813—1814页。
② 《魏书》卷一《序纪》，北京：中华书局，1974年，第7页。
③ （清）顾祖禹：《读史方舆纪要》，北京：中华书局，2006年，第1849页。

依靠力量，是北魏的主要创建者之一。刘仁之家族与北魏皇室屡结姻亲，其高祖母是北魏平文皇帝拓跋郁律之女，其祖父刘罗辰又是道武皇帝拓跋珪妃子（宣穆皇后）的长兄。因此，其家族是北魏皇室的重要外戚分枝，一直有着显赫的皇亲国戚背景。

三、刘仁之主要生平年表

刘仁之的生平年表主要以正史《魏书》记载作为基础，此处引述《魏书·刘仁之传》全文如下。

> 刘仁之，字山静，河南洛阳人。其先代人，徙于洛。父尔头，在《外戚传》。仁之少有操尚，粗涉书史，真草书迹，颇号工便。御史中尉元昭引为御史。前废帝时，兼黄门侍郎，深为尔朱世隆所信用。出帝初，为著作郎，兼中书令，既非其才，在史未尝执笔。出除卫将军、西兖州刺史，在州有当时之誉。武定二年卒，赠卫大将军、吏部尚书、青州刺史，谥曰敬。
>
> 仁之外示长者，内怀矫诈。其对宾客，破床敝席，粗饭冷菜，衣服故败，乃过逼下。善候当途，能为诡激。每于稠人广众之中，或挞一奸吏，或纵一孤贫，大言自眩，示己高明，矜物无知。浅识皆称其美，公能之誉，动过其实。性又酷虐，在晋阳曾营城雉，仁之统监作役，以小稽缓，遂杖前殷州刺史裴瑗、并州刺史王绰，齐献武王大加谴责。性好文字，吏书失体，便加鞭挞，言韵微讹，亦见捶楚，吏民苦之。而爱好文史，敬重人流。与斋帅冯元兴交款，元兴死后积年，仁之营视其家，常出隆厚。时人以此尚之。[①]

据以上《魏书·刘仁之传》的记载，可考定其大致为官生平年表如下：

（一）515年—？，在京城洛阳任御史

御史是《魏书》记载刘仁之仕途的最早记录，而御史一职由御史中

[①] 《魏书》卷八十一《刘仁之传》，北京：中华书局，1974年，第1794—1795页。

尉元昭引荐。《魏书》对刘仁之的记载是从年少时开始的,评价其"少有操尚,粗涉书史"。因此,其为官生平并无遗漏,可以推断刘仁之仕途就是起于御史一职。

刘仁之担任御史的时间,我们可以从元昭担任御史中尉的时间加以大致推测。《魏书·元昭传》载:"世宗时,昭从弟悝亲宠用事,稍迁左丞。世宗崩,于忠执政,昭为黄门郎……灵太后临朝,为尚书、河南尹。"①《元昭墓志》载:"旋轸未几,除给事黄门侍郎司徒左长史散骑常侍御史中尉平南将军待中抚军将军,领崇训太仆。于时武帝登遐,圣躬晏驾。"②

以上所载中,元昭任御史中尉的具体时间,《魏书》本传中并未提及,只记录了世宗驾崩后其担任黄门侍郎,胡灵太后临朝时则是尚书、河南尹。而元昭墓志中有其担任御史中尉的记载,是在黄门侍郎之后,因此,元昭任御史中尉应在宣武帝驾崩前后至孝明帝登基后胡灵太后临朝执政以前这段时间。据《魏书·世宗纪》《魏书·肃宗纪》载:宣武帝死于515年正月,八月,群臣奏请皇太后临朝称制。据此可以推断,刘仁之被元昭引荐为御史应在515年。御史是朝官,为官地点是在京城洛阳。另外,刘仁之家就是洛阳,因此可以大胆推测,在515年之前,刘仁之可能生活在洛阳。

(二)?—527年,任南青州长史

《魏书·鹿悆传》载:"萧衍遣将彭群、王辩率众七万围逼琅邪……劭乃遣悆,南青州刺史胡平遣长史刘仁之,并监勒诸将,径赴贼垒,大破之。"③《魏书·肃宗纪》载:孝昌三年(527)正月,萧衍遣将彭群、王辩等人率众数万围逼琅邪,秋七月,"青州刺史、彭城王劭,南青州刺史胡平,遣将斩萧衍将彭群首,俘获二千余人。"④

据上可知,彭群、王辩围攻琅琊在527年,而刘仁之在527年之前曾

---

① 《魏书》卷十五《元昭传》,北京:中华书局,1974年,第376页。
② 赵超:《汉魏南北朝墓志汇编》,天津:天津古籍出版社,1992年,第144—145页。
③ 《魏书》卷七十九《鹿悆传》,北京:中华书局,1974年,第1765页。
④ 《魏书》卷九《肃宗纪》,北京:中华书局,1974年,第247页

任南青州刺史胡平的长史，并于527年七月，与鹿愆监军领兵解围。

至于刘仁之何时从京城御史下放到南青州担任长史，尚难以准确考证。但据《魏书·张普惠传》载："夫三载之考，兴于太和；再周之陟，通于景明。"①这反映出宣武帝时，官员实行三年一考、六年一迁的升迁制度，据此可大致推测刘仁之在515—521年任御史，521—527年到南青州任长史，以此备考。

（三）527—530年，先后任彭城王青州刺史元劭和定州刺史元韶长史

《北齐书·孟业传》载："魏彭城王韶拜定州，除典签。长史刘仁之谓业曰：'我处其外，君居其内，同心戮力，庶有济乎。'未几，仁之征入为中书令，临路启韶云：'殿下左右可信任者，唯有孟业，愿专任之，余人不可信也。'又与业别，执手曰：'今我出都，君便失援，恐君在后，不自保全，唯正与直，愿君自勉。'"②

史载，尔朱荣制造"河阴之变"在528年，时彭城王元劭与胡灵太后等众多大臣一起被害，此时，彭城王元劭的儿子元韶尚在避难之中。河阴之变后，孝庄帝（彭城王元勰第三子）即位，改年号为永安，永安元年（528）十一月，孝庄帝将元韶找回并让其袭爵彭城王（详见《魏书·孝庄纪》）。据此可知，北魏彭城王元韶官拜定州刺史大约在529年或更晚。

据以上《北齐书·孟业传》所载分析，刘仁之是在彭城王元劭死后，儿子元韶袭爵彭城王并任定州刺史不长时间后，从定州长史入朝为中书令的。据此可推断，刘仁之再次赴朝为官约在529年之后，而在此之前，即527年七月解琅琊之围以后这段时间，则可能由彭城王元劭将其从南青州长史调任青州长史。

---

① 《魏书》卷七十八《张普惠传》，北京：中华书局，1974年，第1745页。
② 《北齐书》卷四十六《孟业传》，北京：中华书局，1972年，第641页。

（四）530—531 年，孝庄帝时任中书令，并在晋阳城督修过城池

《魏书·刘仁之传》载："在晋阳曾营城雉，仁之统监作役，以小稽缓，遂杖前殷州刺史裴瑗、并州刺史王绰，齐献武王大加谴责。"

刘仁之在晋阳修筑城池的时间，我们可从裴瑗任殷州刺史和王绰任并州刺史的时间考证。《魏书·裴瑗传》载："肃宗末，出任汝南太守，不行，转太原太守。属肃宗崩，尔朱荣初谋赴洛，瑗豫其事，封五原县开国子，邑三百户。寻行并州事，转平北将军、殷州刺史。"①也就是说，肃宗末年，裴瑗出任汝南太守，但并未赴任，后来又转任太原太守。此时肃宗驾崩，尔朱荣计划进攻洛阳另立孝庄帝，裴瑗因参与谋划，后被封为五原县开国男爵位，封邑三百户之食。不久出任并州刺史，又转任平北将军、殷州刺史。因此，裴瑗出任殷州刺史大概就在 528 年左右。而《魏书·刘仁之传》中称裴瑗为前殷州刺史，则是刺史离任，按 528 年始，任期三年算，应为 530 年。

又据《魏书·王绰传》载："永安末，除征西将军，幽州刺史，不之任。元晔立，转除骠骑大将军、并州刺史。"②据此可推测，永安末年，王绰授为征西将军、幽州刺史，他不去上任。到了元晔（长广王、原并州刺史）即帝位（530），又转授他骠骑大将军、并州刺史。因此，若按王绰称并州刺史则也应是在 530 年左右。

北魏孝庄帝元子攸为尔朱荣所立，长广王元晔、前废帝元恭，均为尔朱世隆所立，孝庄帝至前废帝时期，实际政权掌握在尔朱氏手里，尔朱荣是太原王，居于晋阳，因此当时政治中心实际在晋阳。尔朱荣于 530 年被孝庄帝杀死于洛阳后，洛阳很快被尔朱兆攻陷，并将孝庄帝迁至晋阳，同年，尔朱世隆立长广王元晔为帝。刘仁之在晋阳修筑城池正是在此背景下，推测其很可能是受尔朱世隆的差遣，从其可以肆意鞭挞刺史的行为来看，权势非常大，正是《魏书》中写其深为尔朱世隆所信任的表现。

---

① 《魏书》卷六十九《裴瑗传》，北京：中华书局，1974 年，第 1535 页。
② 《魏书》卷九十三《王绰传》，北京：中华书局，1974 年，第 1995 页

（五）531—532年，前废帝时任中书令兼黄门侍郎

刘仁之在前废帝时兼黄门侍郎，深为尔朱世隆所信任。前废帝元恭，是广陵惠王元羽之子，531年被尔朱世隆立为帝，又称节闵帝，532年被高欢所废。因此《魏书》中所述前废帝时所指时间较为明确。

（六）532—533年，出帝初期，任著作郎，兼中书令

"出帝初，为著作郎，兼中书令，既非其才，在史未尝执笔"。出帝即北魏孝武帝元修，532年被高欢立为帝，534年与高欢决裂，出走投奔宇文泰，同年被宇文泰所杀。因此，出帝初可确定为532年。

（七）约533年，出任西兖州刺史

《魏书·地形志》载："西兖州，（北魏）孝昌三年置，治定陶城，后徙左城。领郡二，县七。"①《魏书·孝庄纪》载：永安三年（530）十一月，"丁丑，尔朱仲远陷西兖州，执刺史王衍。"②

据以上记载分析，西兖州是在527年所置，而530年尔朱仲元攻陷西兖州时刺史为王衍；而刘仁之在出帝元年（532）任著作郎兼中书令，其担任西兖州刺史的时间则应为出帝中期或末期，即533年及其以后。

《齐民要术·种谷》中称刘仁之为西兖州刺史，说明这个章节可能写于533年及其以后。

（八）544年，刘仁之去世

《魏书·刘仁之传》载："武定二年卒，赠卫大将军、吏部尚书、青州刺史，谥曰敬。"

---

① 《魏书》卷一〇六中《地形志》，北京：中华书局，1974年，第2540页。
② 《魏书》卷十《孝庄纪》，北京：中华书局，1974年，第268页。

四、刘仁之的生卒年及社会交往对贾思勰研究的启示

（一）刘仁之的生卒年推断

根据以上对刘仁之的生平年表考证（表1-1），我们可大体推测其年龄情况：刘仁之卒于544年，初入仕途时间大约为515年，一共是30年时间，按入仕时年龄18岁至25岁之间推算，其寿命大约在48岁至55岁之间。因此，其出生年大体可推测为489年至496年之间。

表 1-1　刘仁之大事年表

皇帝	时间	地点	官职	大事备注
高祖孝文帝元宏	约489年	洛阳	—	生年
世宗宣武帝元恪	500年			—
肃宗孝明帝元诩	515—521年	洛阳	御史	初仕。明帝登基，胡灵太后临朝称制
	521—527年	南青州	南青州长史	527年正月，萧衍遣将彭群、王辩率众七万围逼琅邪；当年7月，刘仁之与鹿悆监军领兵，解琅邪之围
	527—528年	青州	青州长史	528年"河阴之变"，彭城王青州刺史元劭等与胡灵太后俱被尔朱荣杀死
孝庄帝元子攸	528—529年			528年庄帝即位，11月，元劭子韶被孝庄帝找回，袭爵彭城王。朝政实际被尔朱氏掌控
	529—530年	定州	定州长史迁中书令	曾与孟业共事定州
长广王元晔	530—531年	洛阳、晋阳	中书令	530年孝庄帝诛杀尔朱荣，尔朱兆、尔朱世隆更立长广王元晔，迁孝庄帝于晋阳，并杀之。刘仁之为尔朱世隆所信任，营雄晋阳城，因小稽缓，杖前殷州刺史裴瑗、并州刺史王绰，此举引起高欢不满
节闵帝（前废帝）元恭	531—532年	洛阳	中书令兼黄门侍郎	531年2月，尔朱世隆废长广王元晔，立元恭为帝
孝武帝（出帝）元修	532—533年	洛阳	著作郎，兼中书令	532年4月，高欢清除尔朱氏，废安定王元朗及节闵帝元恭，立平阳王元修为帝，是为孝武帝（又称出帝）
	533年	西兖州	出为西兖州刺史	疑为高欢所贬黜
孝静帝元善见	533—544年	西兖州	西兖州刺史	—
	544年	—		卒

（二）刘仁之生平考证对贾思勰研究的启示

若按刘仁之寿终年龄最大为55岁推算，其生年约为489年。贾思勰之所以称刘仁之老成懿德，可能年龄比刘仁之年龄要小，若以小5岁推算，则贾思勰的生年应在494年左右。如此，以平均寿命60岁算，前后时间略加放宽，可大致推算贾思勰的生卒年：生应不早于490年之前，而卒应不晚于560年之后。

对于贾思勰与贾思伯、贾思同[①]的关系，许多学者考证其为兄弟关系。《贾思伯墓志铭》载曰："（思伯）降年不永，春秋五十八，以孝昌元年七月甲辰朔十六日，薨于洛阳怀仁里。"[②]可准确知道，贾思伯生卒年为468—525年。若按刘仁之最大55岁，生年489年推算，刘仁之至少比贾思伯要小20岁以上，因此，贾思勰至少也要比贾思伯小20岁以上。若据以上年龄差距分析，则贾思勰与贾思伯、贾思同是亲兄弟的可能性不大，最有可能的是宗族兄弟关系。

（三）刘仁之的社会交往及与贾氏家族的关系

刘仁之是具有皇亲国戚背景的士族子弟，得益于皇族元昭（后袭爵常山王）的提携，起仕于御史。以后又先后跟随彭城王元劭和元韶任州长史，在定州时与孟业结交，后在出任西兖州刺史前，曾向吏部崔暹推荐孟业曰："贵州人士，唯有孟业，宜铨举之，他人不可信也。"崔暹问业曰："君往在定州，有何政绩，使刘西兖如此钦叹？"这反映出刘仁之还有向吏部举荐人才的能力或关系网。

《魏书》刘仁之本传载其深为尔朱世隆所信任，且与冯元兴交款，在冯元兴死后多年，刘仁之经常去冯元兴家中探视抚恤，可见刘仁之与冯元兴有着非同一般的交情，这是我们探讨贾思勰与贾思伯、贾思同之间关系的关键线索。前文已经探讨过，刘仁之任西兖州刺史时与贾思勰已经是志同道合的朋友关系，而《北史·贾思伯传》中有"思伯与元兴

[①] 贾思伯与贾思同为北魏益都人，即今山东寿光人，墓在寿光，详考见后文。
[②] 参见贾思伯墓志碑文，墓碑1973年12月出土于山东省寿光市李二村附近，现存于山东省寿光市博物馆。

同事，大相友昵"①的记载，更使我们相信，在刘仁之与贾思勰之间，是贾思伯与冯元兴在其中起到了一种纽带、桥梁的作用。也可发现，刘仁之、冯元兴与贾氏家族之间实际是一种互为朋党的关系。

至于刘仁之通过贾思伯、冯元兴与贾思勰结识的时间和地点，可推测如下：刘仁之在530年权倾一时的时刻，已离贾思伯辞世5年之久，必定不是贾思勰能够结交刘仁之的最好时机，而刘仁之任西兖州刺史的533年，时间尚在其后，更不应是结交之始。如此看来，刘仁之若果真是通过贾思伯、冯元兴的关系才与贾思勰产生的交往，必定是在525年以前或更早的时间相识于洛阳，若果如此，在533年，贾思勰与刘仁之的交往，已经是一种由来已久的酬酢往来了。

第二节　冯元兴考证

一、冯元兴的考据意义

北魏历史人物冯元兴是推论《齐民要术》作者贾思勰的家世籍贯和研究《齐民要术》成书背景的又一关键线索。《齐民要术·种谷》中提及贾思勰与刘仁之讨论过区田法的产量问题，这反映出贾思勰与刘仁之是志同道合的朋友关系，《魏书·刘仁之传》则述及刘仁之与冯元兴交好，《魏书·贾思伯传》以及《北史》相关传记，也都述及贾思伯与冯元兴是"大相友昵"的朋友关系，因此，冯元兴是确认贾思伯与贾思勰关系的桥梁，也正是这一桥梁线索使得贾思勰的家世籍贯背景得以确证，即贾思勰与同为"思"字辈排行的贾思伯可能是宗族兄弟关系，是寿光人。但以前的研究仅限与此，在贾思勰与《齐民要术》研究线索极为缺乏的情况下，冯元兴这一重要线索并未得到足够重视，笔者也未见到对冯元兴进行研究的相关文献，而考证冯元兴的为官生平，是进一步

---

① 《北史》卷四十七《贾思伯传》，北京：中华书局，1974年，第1733页。

明确刘仁之、贾思伯与贾思勰之间关系定位和研究贾思勰社会交往的又一关键，也是研究北魏士族门阀用人体制的重要参考。

二、冯元兴主要生平、事迹考证

对于冯元兴生平和大事年表的考证，笔者主要以《魏书》中相关记载作为考证基础，此处引述《魏书·冯元兴传》全文如下。

冯元兴，字子盛，东魏郡肥乡人也。其世父僧集，官至东清河、西平原二郡太守，赠济州刺史。元兴少有操尚，随僧集在平原，因就中山张吾贵、常山房虬学，通《礼传》，颇有文才。年二十三，还乡教授，常数百人。领僚孝廉，对策高第，又举秀才。时御史中尉王显有权宠，元兴奏记于显，召为检校御史。寻转殿中，除奉朝请，三使高丽。

江阳王继为司徒，元兴为记室参军，遂为元叉所知。叉秉朝政，引元兴为尚书殿中郎，领中书舍人，仍御史。元兴居其腹心，预闻时事，卑身克己，人无恨焉。家素贫约，食客恒数十人，同其饥饱，曾无吝色，时人叹尚之。及太保崔光临薨，荐元兴为侍读。尚书贾思伯为侍讲，授肃宗《杜氏春秋》于式乾殿，元兴常为摘句，儒者荣之。及叉欲解领军，以访元兴。元兴曰："未知公意如何耳？"叉曰："卿谓吾欲反也？"元兴不敢言，因劝之。叉既赐死，元兴亦被废。乃为《浮萍诗》以自喻曰："有草生碧池，无根绿水上。脆弱恶风波，危微苦惊浪。"

丞相、高阳王雍召为兼属。未几，去任还乡。仆射元罗为东道大使，以元兴为本郡太守。寻征赴阙。以母忧还家，频值乡乱，数为监军，元兴多所赏罚，乡党颇以此憾焉。上党王天穆之讨邢杲，引为大将军从事中郎。元颢入洛，复为平北将军、光禄大夫，领中书舍人。庄帝还宫，天穆以为太宰谘议参军，加征虏将军。普泰初，安东将军、光禄大夫，领中书舍人。太昌初，卒于家，赠征东将军、齐州刺史。文集百余篇。元兴世寒，因元叉之势，托其交道，相用为州主簿，论者以为非伦。①

据以上《魏书·冯元兴传》参及《北史》记载，笔者可考定如下史实。

(一) 冯元兴的籍贯与生活地

《魏书》冯元兴本传载其籍贯为东魏郡肥乡人，即今河北省邯郸市肥乡区人。但据李阳先生考释《元继墓志》后认为，《元继墓志》载"新平冯元兴"与《魏书》本传不符，而据《元和姓纂》记载，冯氏世为魏郡新平著姓，此载与志正同，志传互异，当以志为准。②

冯元兴年轻时，跟随伯父冯僧集（平原郡太守）在西平原郡生活，并向中山张吾贵、常山房虬学习，精通《礼传》。冯僧集所任太守的西平原郡，现在所指的地区在历史记载中有所变迁。据《汉书·地理志》载："平原郡，高帝置。莽曰河平。属青州……县十九：平原，有笃马河，东北入海，五百六十里。"③因笃马河在今山东省德州市境内，所以，平原郡原址应在今山东德州。

再据《魏书·地形志》载："平原郡，汉高帝置。皇始中属冀州，太和十一年分属（济州），武泰初立南冀州，永安中罢州。领县四：聊城，二汉属东郡，晋属。魏置太平镇，后罢并郡。有王城，郡、县治。"④《魏书·地形志》又载："安德郡，太和中置，寻并渤海，中兴中复。"⑤领平原、安德、绎幕、鬲四县。

以上《魏书》所载表明，从汉高祖时至北魏太和十一年（487），平原郡是在今山东德州地区，487年后，平原郡移至济州，郡治在聊城（今山东聊城），原平原郡（今山东德州地区）改为安德郡，只保留了平原县名。按其地理位置分析，冯元兴生活的平原郡称西平原郡则应在

---

① 《魏书》卷七十九《冯兴元传》，北京：中华书局，1974年，第1760—1761页。
② 李阳：《北魏〈元继墓志〉考释》，西安碑林博物馆编：《碑林集刊》第二辑，西安：陕西师范大学出版社，1994年，第39—41页。
③ 《汉书》卷二十八上《地理志》，北京：中华书局，1962年，第1579页。
④ 《魏书》卷一百〇六中《地形志》，北京：中华书局，1974年，第2528页。
⑤ 《魏书》卷一百〇六上《地形志》，北京：中华书局，1974年，第2465页。

今聊城市。

（二）冯元兴的生卒年

按《魏书·冯元兴传》载，冯元兴由御史中尉王显征召出仕，这是他出仕的第一个官职，本传明确载其时年23岁，因此，冯元兴生卒年可由其出仕检校御史的时间作大致考定如下：

《魏书·王显传》载："元愉作逆，显讨之不利。入除太府卿、御史中尉。"[①]《魏书·世宗纪》载："永平元年……八月癸亥，冀州刺史、京兆王愉据州反。"[②]

据以上所载可知，508年元愉作乱，王显因讨伐不利，被调任御史中尉，因此，冯元兴被征召为检校御史的时间当在508年以后，虽然不能准确确定是在508年以后的哪一年，但若按最早为508年推算，其时年23岁，则生年约为485年，再按"泰昌初，卒于家"，则其生卒年大致为485年至532年，如此推算，冯元兴享年最大不过47岁。御史中尉王显原本以医术起家，任御史中尉时间不长后又重奉医药之职，据《魏书·王显传》载："东宫既建，以为太子詹事，委任甚厚。世宗每幸东宫，显常迎侍。出入禁中，仍奉医药……延昌二年秋，以营疗之功，封卫南伯。"这反映出，王显任御史中尉时间不会晚于延昌二年（513年），且在此之前尚有太子詹事之职，因此，王显离任御史中尉的时间，最有可能是在永平、延昌之交的512年。

据此可考定，冯元兴生年当在485年至489年之间，卒年为532年，享年在43岁至47岁之间。

（三）冯元兴生平大事年表

（1）约485—约508年，据以上生卒年考证可知，约485年左右，冯元兴出生于东魏郡新平，而西平原郡（今山东聊城市）是其年少生活、学习的主要地区，直到约508年以后，23岁时，又回到东魏郡新平

[①] 《魏书》卷九十一《王显传》，北京：中华书局，1974年，第1969页。
[②] 《魏书》卷八《世宗纪》，北京：中华书局，1974年，第205—206页。

教授学生。

（2）约508—520年，冯元兴被御史中尉王显征召为检校御史，随后转任殿中御史，期间以奉朝请名义，三次出使高丽。

（3）约520年，冯元兴被司徒、江阳王元继征召为记室参军。后被元叉举荐为尚书殿中郎并兼任中书舍人和御史。

冯元兴任司徒、江阳王元继记室参军的时间，可据元继任司徒的时间考证得知。据《魏书·元继传》载：

> 神龟末，子叉得志，转司徒公，仍加侍中。继以藩王，宿宦旧贵，高祖时历内外显任，意遇已隆。灵太后临朝，入居心膂，兼处门下，历转台司，叉又居权重，荣赫一世。继频表逊位，乞以司徒授崔光。诏遣侍中、安丰王延明，给事黄门侍郎卢同敦劝。继又启固让。转太保，侍中如故，加后部鼓吹[①]。

上文的意思是，神龟末年，元继因儿子元叉得志，转任司徒。元继一直凭借藩王之贵，久居高位，高祖的时候就已经非常显赫。胡灵太后临朝（515）后，元继儿子元叉的权力开始越来越大，因此元继在转任司徒公时，曾上表请求把司徒之位转授给崔光，朝廷为此下诏不许，并派遣侍中、安丰王元延明和给事黄门郎卢同敦劝他接受册封，但他再三请辞后，从司徒之职转为太保。这反映出，江阳王元继任司徒的时间在520年左右，但时间并不长，由此也可以推断，元继征召冯元兴为记室参军的时间也应该在520年左右。

冯元兴被元继召为记室参军后不久，就被元继的儿子元叉所赏识，可以推测，冯元兴任江阳王记室参军时间不长后，就被元叉引荐为尚书殿中郎、中书舍人，仍然兼任御史，职权到达巅峰。

（4）523年，太保崔光临死前，举荐冯元兴为侍读，同时举荐贾思伯为侍讲，两人同为帝师，为孝明帝讲读《杜氏春秋》。

据《魏书·冯元兴传》所载，冯元兴被推荐为侍读的时间节点是"崔光临薨"，再据《魏书·崔光传》载："光年者多务，疾病稍增，

[①] 《魏书》卷十六《元继传》，北京：中华书局，1974年，第402页。

而自强不已，常在著作，疾笃不归。（正光）四年十月，肃宗亲临省疾……十一月，疾甚……气力虽微，神明不乱。至第而薨，年七十三。"①由此可知，崔光病重薨逝是在正光四年（523），也就是冯元兴被荐为侍读的年份。

（5）525年，冯元兴因元叉被赐死而被废官。冯元兴因元叉的赏识，职权日重，后因元叉赐死，被废官。因此，考证元叉赐死的时间，即是冯元兴被废官的时间。

据《魏书·肃宗纪》载："孝昌元年……夏四月……皇太后复临朝摄政，引群臣面陈得失……（元叉）被除名为民。"②《魏书·元叉传》载："（元叉）寻除名为民……未几，有人告叉及其弟爪谋反……于是叉及弟爪并赐死于家。"③据上可考，元叉被赐死是在525年，因此，冯元兴被废官也应在525年左右。

（6）525—531年，冯元兴被废官后，又先后任高阳王兼属、东魏郡太守、大将军从事中郎。按《魏书·冯元兴传》载，冯元兴被废官之后，直到普泰初年，才被朝廷重新任用，而这六七年的时间，虽已不在朝廷任职，但却先后被高阳王元雍任命为兼属、仆射元罗任命为东魏郡太守，上党王元天穆讨邢杲时，他被任命为大将军从事中郎。在这期间任职时间可详考如下：

《魏书·冯元兴传》载其被废官后又被丞相、高阳王元雍召为兼属，但是未几就去任还乡了，可能时间非常短暂，因此可大致考定为525年至526年左右。

而考"仆射元罗为东道大使，以元兴为本郡太守"语，据《魏书·孝庄纪》载：武泰元年（528），"五月丁巳朔……以尚书右仆射元罗为东道大使"④。可知，元罗任东道大使是在528年，因此，冯元兴任本郡（东魏郡）太守应在528年以后。

《魏书·孝庄纪》又载：武泰元年（528）六月，"幽州平北府主簿

---

① 《魏书》卷六十七《崔光传》，北京：中华书局，1974年，第1498页。
② 《魏书》卷九《肃宗纪》，北京：中华书局，1974年，第238—240页。
③ 《魏书》卷十六《元叉传》，北京：中华书局，1974年，第406—408页。
④ 《魏书》卷十《孝庄纪》，北京：中华书局，1974年，第257页。

河间邢杲，率河北流民十余万户反于青州之北海，自署汉王，号年天统……二年……三月壬戌，诏大将军、上党王天穆与齐献武王讨邢杲……夏四月…辛丑，上党王天穆、齐献武王大破邢杲于齐州之济南。杲降，送京师，斩于都市。"①

邢杲是北魏杜洛周、葛荣起义后，另外一支在山东地区的农民起义军，起义地点青州之北海即今山东潍坊、寿光一带，战乱波及了北魏青州、齐州大部分地区。上党王元天穆与齐献武王高欢于529年三月讨伐邢杲，四月，在济南将其攻破，并斩首于洛阳。据此可知，冯元兴是在529年，上党王元天穆剿灭邢杲叛乱时，被元天穆任命为大将军从事中郎的。

《魏书·冯元兴传》又载其任本郡太守之后，曾因丁母忧在家守孝。丁忧是古代官员父母去世时，官员必须停职守制的制度，父母死后，子女按礼须居丧守孝三年，任官者必须离职。但冯元兴居丧期间时值乡乱，因此数为监军。因邢杲叛乱的地区涉及了大半个青州，冯元兴的家乡东魏郡亦属于青州，可以解读为冯元兴家乡乡乱的范畴，由此可推测，529年左右，冯元兴任上党王元天穆大将军从事中郎一职，正是冯元兴丁忧期间的监军之职。

元颢入洛是在武泰二年（529）五月，孝庄帝元子攸因元颢叛乱，逃出洛阳，避走河内郡，冯元兴在此时又被重新起复为平北将军、光禄大夫，领中书舍人。

同年闰七月，"帝始居宫内"，《魏书》多把此事记为"庄帝还宫"。庄帝还宫后，"以大将军、上党王天穆为太宰"②，冯元兴则为太宰谘议参军、征虏将军。

（7）531年，普泰初年，为安东将军、光禄大夫、领中书舍人。

（8）532年，太昌初年，卒于家，赠齐州刺史。

---

① 《魏书》卷十《孝庄纪》，北京：中华书局，1974年，第258—261页。
② 《魏书》卷十《孝庄纪》，北京：中华书局，1974年，第263页。

三、冯元兴与刘仁之、贾思伯、贾思勰等的朋党关系

元颢叛乱后，冯元兴虽受到了上党王元天穆的器重，但正光三年（522）九月，"帝杀荣、天穆于明光殿"①，元天穆这个靠山很快倾倒，而冯元兴却并未受此牵连，官职从上党王元天穆的太宰谘议参军变成安东将军、光禄大夫，领中书舍人，这颇为值得解析。

普泰是节闵帝元恭（又称广陵王或前废帝）所用年号，由尔朱世隆废掉孝庄帝后所立，但此时真正的掌权者却是尔朱世隆。《魏书·刘仁之传》载，刘仁之深为尔朱世隆所信任，且与冯元兴交款，冯元兴死后多年，刘仁之经常去冯元兴家中探视抚恤，可见刘仁之与冯元兴有着非同一般的交情。刘仁之营置晋阳城时，曾因工程进展略缓而杖打前殷州刺史裴瑗和并州刺史王绰，这说明刘仁之此时权势极大。由此推测，冯元兴在靠山元天穆倒台且近乎改朝换代的情况下，能够继续官运亨通，很有可能是至交好友刘仁之的关系在起作用。反观冯元兴在520年至525年，受元叉赏识，先后任尚书殿中郎直到皇帝侍读时，刘仁之还只是御史，想必是刘仁之与冯元兴交情深厚的缘由，刘仁之在此时间内曾受惠于冯元兴。

刘仁之与冯元兴交款亦是我们探讨贾思勰与贾思伯、贾思同之间关系的关键线索。前文已述，刘仁之与贾思勰是志同道合的老朋友，而贾思伯与冯元兴同为帝师，兼之《北史·贾思伯传》中有"思伯与元兴同事，大相友昵"②的记载，更有理由使我们相信，冯元兴与刘仁之、贾思伯、贾思勰，虽然在年龄上有一定差距，但应该是互为朋党的关系，其生平大事年表（表1-2）所考，既可互相印证四人之间的交游关系，也可为考证贾思勰的生活年代提供依据和参考。

---

① 《魏书》卷十《孝庄纪》，北京：中华书局，1974年，第265页。
② 《北史》卷四十七《贾思伯传》，北京：中华书局，1974年，第1733页。

表 1-2　冯元兴大事年表简表

皇帝	时间	地点	官职	大事备注
高祖孝文皇帝元宏	约 485 年	东魏郡新平	—	生年
	485—508 年	东魏郡、平原郡	—	随伯父冯僧集在西平原郡学习，23 岁时回东魏郡教授学生
世宗宣武帝元恪	508—520 年	洛阳、高丽	检校御史、殿中御史、奉朝请	中尉王显举为检校御史，后以奉朝请三次出使高丽
肃宗孝明帝元诩	520—523 年	洛阳	记室参军、尚书殿中郎、兼中书舍人、御史	受江阳王元继征召和领军元叉举荐
	523—525 年	洛阳	侍读	受太保崔光举荐，贾思伯为侍讲
	525 年	洛阳	被废官	元叉被赐死，受其牵连废官
	525—526 年	洛阳	高阳王兼属，不久去任还乡	—
	526—528 年	东魏郡	—	—
敬宗孝庄帝元子攸	528 年	东魏郡	东魏郡太守，不久"丁母忧"	东道大使元罗征召为太守
	529 年 3 月	青州	大将军从事中郎	受上党王元天穆征召
	529 年 5 月	河内	平北将军、光禄大夫，领中书舍人	元颢叛乱，孝庄帝逃出洛阳，上党王元天穆与帝会驾河内
	529 年 7 月—530 年	洛阳	太宰谘议参军、征虏将军	孝庄帝还宫，以大将军、上党王元天穆为太宰
节闵帝元恭	531 年	洛阳	光禄大夫，领中书舍人	尔朱世隆废长广王元晔，更立节闵帝元恭，时刘仁之深受信任；高欢起兵清除尔朱氏，废节闵帝
显宗孝武帝元修	532 年	洛阳	赠齐州刺史	卒于家中

四、从冯元兴的仕途看北魏的用人制度

冯元兴并没有深厚的家庭背景，《魏书》本传称其"家素贫约"，可能最初对其仕途有影响的是曾出任过东清河、西平原郡太守的伯父冯僧集。至于起仕于御史中尉王显的检校御史等官职，也只能算是微末之职，而真正对其官职带来升迁的是江阳王元继和其子元叉这样的王党氏族。冯元兴因依附于元叉，职权日隆，达到了人生的巅峰，但元叉被赐死后，冯元兴也立即被废官，这应该是北魏时期权势依附、朋党为伍、荣损与共、休戚相关用人政策的具体体现。冯元兴虽被废官，不久后又

被右仆射、东道大使元罗启用为本郡太守，但经考证元罗传记后发现，元罗竟是元叉的弟弟，因此，冯元兴一直是江阳王元继这支王党力量的门阀依附。

至于冯元兴曾被太保崔光推荐为孝明帝侍读这一重要官位，一方面是源于其有着儒家《礼传》的学识；另一方面，江阳王元继被授司徒一职时，曾再三欲将这一官职转授给崔光，由此可以想象，崔光与江阳王元继之间似乎也有一层深厚关系，这层关系又焉知不是冯元兴被举荐的原因。

综上，冯元兴的仕途就是北魏社会"士族门阀、朋党为伍"用人政治制度的缩影。这种用人制度也势必会对贾思勰的为官仕途产生重要影响，或者说贾思勰的"朋友圈"或其背后依靠的"王党"力量在很大程度上决定着他的仕途前程，因此，推论研究贾思勰生平与仕途信息，其社会交游情况是必须要关注的问题。

第三节　皇甫吏部与元仆射略考

《齐民要术》中记载了多种制曲和造酒的方法，不仅对研究古代造酒技术、酒文化，以及北魏时期的经济文化水平有重要意义。同时，《齐民要术》卷七中出现的两个历史人物皇甫吏部与元仆射，还为探究《齐民要术》的成书过程提供了非常有意义的线索。以前虽有学者对皇甫吏部与元仆射做过考证，但多属猜测，未有肯定结论，这两个人名中所隐含的《齐民要术》写作时间则更被忽视。

皇甫吏部出现于《齐民要术》卷七《白醪酒》中，篇目下注有小字："皇甫吏部家法"；元仆射出现于《齐民要术》卷七《造神曲并酒》中，在记叙用三斛麦曲作糯米酒的方法后注有小字："此元仆射家法"。这两行小字注记载颇为特殊：其一，人名称谓类似于现代习语中的口语称呼，虽然史籍中亦有此类形式出现，但多用于特定语境中。如

《北齐书·孟业传》中，吏部崔暹因刘仁之赴任西兖州刺史时，曾极力向己推荐孟业，故而询问孟业曰："君往在定州，有何政绩，使刘西兖如此钦叹？"①"刘西兖"即是在事件背景交代清楚的情况下，对他人的旁称，而《齐民要术》中这两个称谓，却没有交代特定的语境，析其原因，可能是所称之人正在其位，且与贾思勰具有上下级关系，需避讳；亦有可能是平常惯用之语，是在有意或无意间向读者传达一个信息，即作者与元仆射、皇甫吏部这两个高官之间较为熟悉或是更为接近的一种关系。其二，既然载明制曲和造酒之法是家法，则应当是家庭内部私传，不相外授之法。试想，仆射、吏部皆位高权重，在门第森严的等级制度下，贾思勰又是如何得到他们不相外授的家法呢？这或许亦可推测为贾思勰与这两位高官有值得研究的酬酢往来。

如此，对元仆射与皇甫吏部其人和为官生平进行考证，将对《齐民要术》成书时间推论和贾思勰交游考证具有非常重要的意义。

一、仆射和吏部是什么官职

我国古代封建王朝的主要政治体制三省六部制在魏晋南北朝时已初具雏形，三省称为：尚书省、中书省、门下省。其中尚书省是全国的政务中枢，是中央政府最高权力机构之一，而仆射和吏部俱是尚书省的职官名。

北魏时期，尚书省中的职官又分尚书都省和列曹尚书两类。尚书都省按职次等级依次设录尚书事、尚书令、尚书仆射、左右丞、都令史、主书令史、左右司郎、省事诸职。录尚书事为尚书省主官，总管尚书省事。录尚书事、尚书令、尚书仆射三职，一般由王室成员及亲信大臣担任，可参决庶政，总领百揆。尚书仆射职次在录尚书事和尚书令下，负责具体处理尚书省事务。

仆射即指尚书仆射，又分左右仆射。俞鹿年《北魏职官制度考》引《魏书·官氏志》曰："孝文帝太和十七年（公元493年）《职员令》中左仆射与右仆射各自为官，秩皆从一品中。太和二十三年（公元499

---

① 《北齐书》卷四十六《孟业传》，北京：中华书局，1972年，第641页。

年)《复职次令》,定仆射之秩为从二品上。"①但左右仆射不一定同时设立,同时设立则以左为上。

吏部属于列曹尚书,源于西汉时的尚书省分曹理事,汉成帝时分尚书为四曹,光武帝时分尚书为六曹,并将汉成帝时四曹中的常侍曹改为吏部曹,吏部自此定名。部曹下又设郎曹,"北魏后期,定置吏部、殿中、仪曹、七兵、都官、度支6尚书,分辖尚书34郎曹。"②

吏部曹以吏部尚书为主官,居六部曹尚书之首,总管铨选,专用人之权,下设吏部、考功、南主客、北主客四郎曹,四郎曹各设主官称郎中,其中吏部郎中掌选事,考功郎中掌考弟、孝秀,南北主客郎中掌国家邦交接待。吏部曹下设的四郎曹中,又以吏部郎曹为首曹,"凡首曹之郎中,即是协助本曹尚书处理曹务者……以其与尚书品阶相近,视为尚书之副贰亦无不可。"③据此可知,尚书省中的吏部曹以吏部尚书为主官,而下设吏部郎曹主官吏部郎中可视为吏部曹的副职,因此,吏部尚书与吏部郎中(亦称为吏部郎)两职俱可以用吏部称之。

吏部曹与下设吏部郎曹是尚书省的下设机构,因此,负责具体处理尚书省事务的尚书仆射又是吏部的直接上司,三者皆有对官员选用、提拔、黜降的职权。

二、皇甫吏部可确考为皇甫玚

皇甫吏部所指何人,前人虽多有研究,但一直未有定论。石声汉《齐民要术今释》卷七《白醪酒》题解注曰:"这里的皇甫吏部,大概应当指姓皇甫的一个吏部尚书,不会是一个'吏'或'丞',因为像那样的小官,不能就单用'吏部'的称呼,而且也没有在自己家里大规模地酿酒的物质条件。但究竟是谁,仍待考证。"④缪启愉在《齐民要术校释》中虽有简单考证,但未敢确定,注曰:"皇甫吏部:可能是皇甫玚,南齐

---

① 俞鹿年:《北魏职官制度考》,北京:社会科学文献出版社,2008年,第252页。
② 俞鹿年:《北魏职官制度考》,北京:社会科学文献出版社,2008年,第253页。
③ 俞鹿年:《北魏职官制度考》,北京:社会科学文献出版社,2008年,第254页。
④ (北魏)贾思勰著,石声汉校释:《齐民要术今释》,北京:中华书局,2009年,第831页。

人，随叔父皇甫光入后魏，任吏部郎，是后魏高阳王元雍的女婿。"①

诚如石声汉先生所言，皇甫吏部既能称得上吏部，必定不是吏部一般官吏，而应是能够代表吏部的官员。据上文所查考的吏部所属职官分析，能够称吏部的，只有吏部尚书和吏部郎中两职，而且像这等级别的官职，史书定当有载。再者，皇甫氏，姓者较少，所以，皇甫吏部是何人，只需搬《魏书》《北史》等史书，按名索骥，就应该不难查证。

皇甫氏为周朝微子所传，为西周皇室嫡裔，历代皆有高官权贵，多为安定朝那人。统查《魏书》《北史》所载，北魏皇甫姓氏有名者仅16人：皇甫光、皇甫椿龄、皇甫璋、皇甫玚、皇甫长卿、皇甫集、皇甫度、皇甫邕、皇甫子熙、皇甫徽、皇甫和、皇甫亮、皇甫邓林、皇甫奴、皇甫玉、皇甫遐。其中，皇甫奴、皇甫遐为河东人，皇甫玉不知何许人，此3人皆为平民，皇甫邓林虽有官职，但官职微末，因此，这4人皆可排除。其余12人，分属三大家族，而有吏部职官名号者仅皇甫度与皇甫玚二人。详考如下：

（一）皇甫徽家族

《魏书·皇甫徽传》载：

> 皇甫徽，字子玄，安定朝那人。仕萧衍，历诸王参军、郡守。及道迁之入国也，徽亦因地内属。徽妻即道迁之兄女，道迁列上勋书，欲以徽为元谋。徽曰："创谋之始，本不关预，虽贪荣赏，内愧于心。"遂拒而不许。后刺史羊祉表授征虏府司马，卒官。子和，武定末，司空司马。和弟亮，仪曹郎中。②

据以上《魏书》所载，皇甫徽妻子的叔父夏侯道迁降魏后，皇甫徽所辖属地亦归入北魏，皇甫徽因此一并归顺，官至征虏府司马。其子皇甫和、皇甫亮分别官至司空司马和仪曹郎中，均无吏部履历。因此，皇甫徽、皇甫和、皇甫亮父子3人，均不可能是皇甫吏部。

---

① （后魏）贾思勰原著，缪启愉校释：《齐民要术校释》，北京：中国农业出版社，1998年，第502页。
② 《魏书》卷七十一《皇甫徽传》，北京：中华书局，1974年，第1592页。

（二）皇甫集家族

《北史·皇甫集传》载：

> 太后舅皇甫集，字元会，一字文都，安定朝那人。封泾阳县公，位仪同三司、雍州刺史、右卫大将军，赠侍中、司空公，谥曰静。
>
> 集弟度，字文亮，封安县公，累迁尚书左仆射，领左卫将军。度顽蔽，每与人言，自称仆射，时人方之毛嘉。正光初，元叉出之为都督、瀛州刺史。度不愿出，频表固辞，乃除右光禄大夫。孝昌元年，为司空、领军将军，加侍中。元叉之见出也，恐朝夕诛灭，度与妻陈氏，多纳其货，为之左右。度无子，养兄集子子熙为子。子熙嫂赵郡太守裴佗女。佗还京师，度问佗外何消息，佗曰："行路所闻，唯道明公多取元叉金帛，远近无不慨叹。公宜戮此罪人，以谢天下。"陈氏闻而恶之。又摄吏部事，迁司徒，兼尚书令，不拜。寻转太尉，孜孜营利，老而弥甚。迁授之际，皆自请乞。灵太后知其无用。以舅氏，难违之。然所历官，最为贪蠹。尔朱荣入洛，西奔兄子华州刺史邕，寻与邕为人所杀。[①]

据以上《北史》所载，皇甫集家族（集、度、子熙、邕）4人中，唯有皇甫度曾有摄吏部事的任职经历。但据其文意分析，皇甫度摄吏部事时，官职已有司空、领军将军，加侍中的名号，同时兼摄吏部事。司空为北魏时优待大臣的封号，虽属虚职，但其秩为正一品，位列三公；领军将军为武官，其秩二品，掌禁卫军；侍中为门下省主官，执掌保卫君主安全，传达君主旨意，参与国家机要事务的讨论，是中枢权力重心。以上三职，无论品级还是职权，都要比吏部尚书或吏部郎中要荣耀的多，之后摄吏部事时，官职又升司徒并兼尚书令，不拜而转太尉，官职更上一层。由此可见，称皇甫度为皇甫吏部显然有失身份，应称其为皇甫太尉、皇甫司空或者皇甫仆射才更合适。

[①]《北史》卷八十《皇甫集传》，北京：中华书局，1974年，第2692页。

（三）皇甫椿龄家族

《魏书·裴叔业传》后附《皇甫光传》曰：

> 衣冠之士，预叔业勋者：安定皇甫光……光，美须髯，善言笑。仕萧鸾，以军勋至右军将军。入国，为辅国将军，假南兖州刺史。卒于渤海太守。兄椿龄，薛安都婿也。随安都于彭城内附，历位司徒谘议、岐州刺史。光未入朝而椿龄先卒。椿龄子璋，乡郡相。璋弟玚，为司徒胡国珍所拔，自太尉记室超迁吏部郎。性贪婪，多所受纳，鬻卖吏官，皆有定价。后以丞相、高阳王雍之婿，超拜持节、冠军将军、豫州刺史。为政残暴，百姓患之。罢州后，仍遇风病。久之，除安南将军、光禄大夫。太昌初卒，年五十八。赠卫大将军、尚书左仆射、雍州刺史。子长卿，司州主簿、秘书郎中、太尉司马。[①]

据以上《魏书》所载，皇甫椿龄家族（椿龄、光、璋、玚、长卿）5人中，唯皇甫玚有吏部经历，曾被司徒胡国珍"自太尉记室超迁吏部郎"，且传记颇详。先后所历官职：太尉记室、吏部郎中、持节、冠军将军、豫州刺史、安南将军、光禄大夫。这些职官名号中，持节、冠军将军、安南将军、光禄大夫多是些散官，有级别而无职权，唯有吏部郎中与豫州刺史为实职官位，两官较之上下，还应以吏部郎中为上。

北魏大臣死后，朝廷一般会按其死前所任最高品级官职加一级赠予谥号。从皇甫玚死后所赠谥号有卫大将军、尚书左仆射来看，这与上文所考的吏部尚书与吏部郎中品阶相近亦相符。

综上所考，正史所载北魏时期皇甫姓氏16人中，能称皇甫吏部的，只有皇甫玚一人，因此可以考定，皇甫吏部即是皇甫玚。至于贾思勰在《齐民要术》中，只称其吏部，并未称其其他封号及谥号，则说明贾思勰在写《齐民要术》制曲酿酒此类篇章时，皇甫玚仍健在，并正在吏部郎中任上，尚未有其他官职封号和谥号。

---

① 《魏书》卷七十一《裴叔业传附皇甫光传》，北京：中华书局，1974年，第1579页。

三、从皇甫玚的士族背景及为官生平探讨《齐民要术》的写作时间

皇甫吏部即是皇甫玚，皇甫玚的士族背景及生平考略将为考证贾思勰的生活年代、酬酢往来，以及《齐民要术》的成书时间带来积极线索。

（一）皇甫玚的士族背景

从皇甫玚传记可看出，其为官生平正是南北朝时士族门阀用人制度的缩影。《魏书·皇甫玚传》载其"为司徒胡国珍所拔，自太尉记室超迁吏部郎。"按《魏书·官氏志》所载，二大（大司马、大将军）二公（太尉、司徒）之功曹、记室等属官，品秩为正六品，吏部郎中品秩为正四品[①]，正六品与正四品之间，尚隔正、从五品与从四品三阶，因此这的确是一次不小的"超迁"。这一记载，不免让人产生诸多疑问，"超迁"皇甫玚的胡国珍是何许人？他又为何"超迁"皇甫玚呢？从皇甫玚为官"性贪婪，多所受纳，鬻卖吏官，皆有定阶""为政残暴、百姓患之"的历史评价来看，越级提拔肯定不是因为他的人品和能力。因此，皇甫玚与胡国珍必定有需要考证的门阀依附与裙带关系。

皇甫玚的第二次"超迁"，《魏书》中记载的更为明确，其凭借丞相、高阳王元雍的女婿再次越级升迁持节、冠军将军、豫州刺史。这里值得疑问的是，皇甫玚是南朝降将皇甫椿龄的二儿子，皇甫椿龄官不过从四品（司徒咨议），而高阳王元雍是皇室贵族，官至丞相，一品大员，为何会将女儿下嫁给门第一般的皇甫玚呢？而详考《魏书》可知，这一疑问与皇甫玚为何能得到胡国珍"超迁"的答案是一样的。

据《魏书·胡国珍传》载："胡国珍……女以选入掖庭，生肃宗，即灵太后也。"[②]由此可知，胡国珍即是胡灵太后的父亲、宣武帝的岳

[①] 《魏书》卷一百一十三《官氏志》，北京：中华书局，1974年，第2993—2996页。
[②] 《魏书》卷八十三下《胡国珍传》，北京：中华书局，1974年，第1833页。

父，位高权重，自然有能力越级提拔皇甫玚。又据《魏书·宣武灵皇后传》载："宣武灵皇后胡氏，安定临泾人，司徒国珍女也。母皇甫氏……"①再据《北史·皇甫集传》载："太后舅皇甫集……集弟度"②。由上可知，胡灵太后的母亲也就是胡国珍的夫人正是姓皇甫氏，而上文提到的皇甫集家族中，皇甫集、皇甫度兄弟则是胡灵太后的亲舅舅。史书虽未明载皇甫玚与皇甫集、皇甫度是什么关系，但从其同姓皇甫氏，且得到胡国珍超迁并能成为当朝丞相高阳王元雍的女婿来分析，皇甫玚家族与皇甫集家族应该是较为亲近的宗族关系。再按皇甫玚是高阳王元雍的女婿推算辈分，元雍是宣武帝（皇后即为后来的胡灵太后）的叔叔，胡国珍夫人皇甫氏则应是皇甫玚的姑姑，而皇甫玚与胡灵太后则应是平辈，是亲上加亲的关系。综上，这种皇亲国戚的士族背景，正是皇甫玚能够官场得意的真正原因，也是北魏士族门阀用人制度的具体体现。

（二）皇甫玚生卒年及任吏部郎时间推断

据《魏书·皇甫玚传》可知，皇甫玚卒于太昌初年，时年58岁。因此，其生卒年可确定为475—532年。历孝文帝、宣武帝、孝明帝、孝庄帝、前后废帝，至孝武帝初年，但未跨至东魏（534—550）。

《魏书·胡国珍传》载："熙平初，加国珍使持节、都督、雍州刺史、骠骑大将军、开府。灵太后以国珍年老，不欲令其在外，且欲示以方面之荣，竟不行。迁司徒公，侍中如故……神龟元年四月……十二日薨，年八十。"③据此推论，胡国珍进位司徒公是在516年，卒于518年。而《魏书》载胡国珍超迁皇甫玚为吏部郎中时，已是司徒公，所以，皇甫玚初任吏部郎中的时间应在516年之后至518年之前，即517年左右。

又据《魏书·肃宗纪》载："正光元年……秋七月……辛卯，帝加

---

① 《魏书》卷十三《宣武灵皇后传》，北京：中华书局，1974年，第337页。
② 《北史》卷八十《皇甫集传》，北京：中华书局，1974年，第2692页。
③ 《魏书》卷八十三下《胡国珍传》，北京：中华书局，1974年，第1834页。

元服，大赦，改年……九月……戊戌，以太师、高阳王雍为丞相"①。由此可知，高阳王元雍进位丞相是在520年，史载元雍死于528年"河阴之变"，由此分析，皇甫场被丞相、高阳王元雍从吏部郎中超拜持节、豫州刺史必定在520年以后，但不会晚于528年。再据《魏书·皇甫场传》分析，其卒年为532年，之前有"罢州后，仍遇风病。久之，除安南将军、光禄大夫"之记述，虽然不能准确核定其吏部郎中之职终于何年，但凭死前有安南将军、光禄大夫职，并在罢豫州刺史后，又遇疯病且久之推测，皇甫场被丞相、高阳王元雍从吏部郎中之职再次超迁的时间应更靠近520年。

（三）由皇甫场考略探讨《齐民要术》写作时间

郭文韬、严火其先生在《贾思勰王祯评传》一书中，曾考证《齐民要术》大约写于528—556年，并基本同意梁家勉先生关于《齐民要术》大致在533年前后着笔的推断，曰："写书的人往往会从最重要的部分开始写，粟也是作为封建官吏和地主的贾氏十分熟悉的农作物，贾氏完全有条件从它开始写。因此有理由认为《种谷篇》是作者较早写成的部分，离作者开始写作相去不远。"②但《齐民要术》卷一《种谷》据其考证为写于刘仁之任西兖州刺史期间，即532年以后，而《齐民要术·白醪酒》中"皇甫吏部家法"的题注，让我们有理由相信，这一篇应写于皇甫场任吏部郎中期间，即上文所考517—520年。可见，《齐民要术》卷一《种谷》并非如郭、严两位先生所论是《齐民要术》的先成之篇，《齐民要术》也并非按照现在所见成书的章节顺序依次写成，最起码放在后面的制曲酿酒的篇章要比《齐民要术》卷一《种谷》在更早的时间写成，或者说写作素材的收集时间要比种谷篇更早。由此分析，《齐民要术》的写作过程乃是一个长期素材积累的过程，并在后期定稿时进行了篇次的统筹安排和调整。

---

① 《魏书》卷九《肃宗纪》，北京：中华书局，1974年，第229—231页。
② 郭文韬，严火其：《贾思勰王祯评传》，南京：南京大学出版社，2011年，第6页。

四、元仆射应是元晖

上文已述，仆射之职位高权重，史书中必有明载，但查《魏书》《北史》却发现，北魏至东魏的整个历史时期，仆射多出元姓而更迭频繁，此元仆射究竟所指何人，学者考证多有分歧。

（一）对前人考证的探讨

缪启愉《齐民要术校释》中注曰："北齐时有元斌，为后魏拓跋氏宗室，历任侍中、尚书左仆射。原袭祖爵封高阳王，北齐初循例降爵为高阳县公。天保二年（551）卒。见《北齐书·元斌传》。其年代、官职和封邑高阳都和《要术》所记及贾氏曾任高阳太守相符，也许就是此人。"[①]缪启愉所考，其凭据是元斌曾袭祖爵封高阳王，这与高阳太守看起来似乎有些关联，然考证正确与否，不妨作如下推论。

（1）据《魏书·孝静帝纪》载："（武定）五年……五月……以徐州刺史慕容绍宗为尚书左仆射，高阳王斌为右仆射。"[②]这说明元斌任职右仆射是在547年，此时元斌尚有高阳王爵位。参照《魏书》中对官员称谓的写法可知，在称呼有王爵的官职时，必定称其王爵，以示王爵的尊贵，而作者此处只称呼元仆射，说明仆射即所称之人当时具有的最高官职或爵位，若此仆射是元斌，贾思勰为何不称其为高阳王？

（2）元斌北齐初年被降爵为高阳县公，551年就去世了。照此推理，若称元斌为元仆射而不为高阳王是降爵之故的话，则《齐民要术·造神曲并酒》只应当写于550年或以后。上文已考《齐民要术·白醪酒》应写于517年左右，如此，同为制曲造酒之类篇章，两篇又次序相近，何故相隔30年之久方才写成？

（3）据《魏书·张普惠传》载张普惠上疏："今之诸王，自同列国，虽不之国，别置臣僚，玉食一方。"这说明，北魏后期，诸王虽有

---

① （后魏）贾思勰著，缪启愉校释：《齐民要术校释》，北京：中国农业出版社，1998年，第486页。
② 《魏书》卷十二《孝静纪》，北京：中华书局，1974年，第309页。

名义上的王国封地，但并不能到封地内居住，仅在封国内享有食邑经济特权，也不具有管理权，而是由国家统一设置内史等属官管理封地。①因此，高阳王对封地高阳而言也不过是一种象征性的拥有，封地实际有高阳内史进行管理，更何况北魏时有两处高阳郡，一处在青州，一处在瀛州，如此则应当是内史与太守各辖一郡，互不隶属，这样一来，高阳王与高阳太守之间就更无必然联系了，当然也就不能以此作为考证元仆射的证据。综上三点也足以说明，元仆射不会是高阳王元斌。

梁家勉先生曾考证元仆射可能为任城王元澄的儿子元顺，所据为"史称元顺素有声誉，好饮酒，历官右仆射、左仆射，一般习称他'元仆射'"②，然据史书查证亦是穿凿附会。其证如下：

元顺是北魏元姓宗族高官中少有的廉吏，为人刚正不阿，名著青史，墓志铭评其"有犯无隐，谠言屡陈，或致触鳞之失，其志在磨而不磷也。"③《魏书·元顺传》则载其在"河阴之变"时，被尔朱荣所害，竟"家徒四壁，无物敛尸，止有书数千卷而已。门下通事令史王才达裂裳覆之……"④足见元顺清廉窘困。《元顺墓志》亦载曰："忠规孝范，丽国光家，处贵毋贪，崇俭上朴。身甘枯槁，妻子衣食不充，尝无担石之储，唯有书数千卷。"⑤据上所载，元顺一生清正廉洁，死后竟家徒四壁，无物敛尸，想必家中必无造酒之粮，亦无制曲之室。因此，元仆射也必定不是元顺。

（二）元仆射其人考证

《魏书》载，魏拓跋氏在太和二十年（496）始改元姓，据《二十五史补编》清万斯同著《魏将相大臣年表》《东魏将相大臣年表》统计，自496年至东魏武定八年（550）间，共有仆射49人，见表1-3，其中，元姓仆射共计21人，且时间相序，无有遗漏。而贾思勰在《齐民要

---

① 参见张鹤泉：《北魏后期诸王爵位封授制度试探》，《中国史研究》2012年第4期。
② 梁家勉：《有关〈齐民要术〉若干问题的再探讨》，倪根金主编：《梁家勉农史文集》，北京：中国农业出版社，2002年，第27页。
③ 赵超：《汉魏南北朝墓志汇编》，天津：天津古籍出版社，1992年，第224页。
④ 《魏书》卷十九中《元顺传》，北京：中华书局，1974年，第485页。
⑤ 赵超：《汉魏南北朝墓志汇编》，天津：天津古籍出版社，1992年，第223页。

术》中称其人元仆射，想必仆射即为此人的最高官职，再据此统计，最高官职仅至仆射的元姓氏族（包括王爵）就只有 10 人了。详见表 1-4。

表 1-3　496—550 年仆射职官年表[①]

皇帝	公元纪年	年号	左仆射	右仆射	备注（标*处为有元姓仆射）
孝文帝元宏	496 年	太和二十年	李冲	穆太（出为定州刺史改恒州，12 月谋反伏诛）	孝文帝令拓跋氏改元姓
	497 年	太和二十一年	李冲	任城王元澄	*
	498 年	太和二十二年	李冲（3 月卒）北海王元详	元澄	*
	499 年	太和二十三年	元详（3 月拜司空）广阳王元嘉（3 月命）	元澄（出为雍州刺史）	**
宣武帝元恪	500 年	景明元年	广阳王元嘉	—	*
	501 年	景明二年	元嘉（迁令）征西大将军源怀兼左仆射	高肇（并领吏部）	*
	502 年	景明三年	源怀	高肇	—
	503 年	景明四年	源怀	高肇	—
	504 年	正始元年	源怀	高肇	—
	505 年	正始二年	源怀	高肇	—
	506 年	正始三年	源怀（6 月卒）清河王元怿	高肇	*
	507 年	正始四年	元怿	高肇（迁令）	*
	508 年	永平元年	元怿		*
	509 年	永平二年	元怿	中山王元英	**
	510 年	永平三年	元怿	元英（10 月卒）元珍	**
	511 年	永平四年	元怿	元珍 安乐王元诠	**
	512 年	延昌元年	元怿（正月拜司空）	元诠（3 月卒）郭祚	**
	513 年	延昌二年	郭祚（迁左）	—	
	514 年	延昌三年	郭祚	—	
	515 年	延昌四年	郭祚（8 月为余忠所杀）元晖（加侍中）	—	*

---

① 参见（清）万斯同：《魏将相大臣年表》，章锡琛：《二十五史补编》，上海：开明书店，1937 年；（清）万斯同：《东魏将相大臣年表》，章锡琛：《二十五史补编》，上海：开明书店，1937 年。

续表

皇帝	公元纪年	年号	左仆射	右仆射	备注（标*处为有元姓仆射）
孝明帝元诩	516年	熙平元年	元晖	李平	*
	517年	熙平二年	元晖	李平（卒）于忠	*
	518年	神龟元年	元晖（卒）李崇	于忠（3月卒）游肇	*
	519年	神龟二年	李崇（11月迁令）皇甫度	游肇	—
	520年	正光元年	皇甫度（7月迁右光禄大夫）崔亮	游肇（8月卒）元钦	*
	521年	正光二年	崔亮（卒）萧宝夤（加车骑大将军）	元钦（加车骑大将军）	*
	522年	正光三年	萧宝夤	元钦	*
	523	正光四年	萧宝夤	元钦	*
	524年	正光五年	萧宝夤（9月迁西道行台大都督）、临淮王元彧	元钦安丰王元延明	*
	525年	孝昌元年	元彧（正月出讨元法僧）城阳王元徽	元延明（正月出为东道行台）元丽	*
	526年	孝昌二年	元徽（加车骑大将军）	元丽（卒）护军将军元顺命兼仆射	**
	527年	孝昌三年	元徽（出为西道行台，不赴）	元顺	**
	528年	武泰元年	元徽	元顺	**
孝庄帝元子攸	528年	建义元年改永安	赵郡王元谌（4月拜）	元顺（4月出奔被杀）元罗（5月出为东道大使）东海王元顼	**
	529年	永安二年	元谌（加骠骑大将军）	元顼（7月兄显败被杀）尔朱世隆（兼侍中加车骑大将军改骠骑）	**
长广王元晔	530年	永安三年建明元年	元谌	尔朱世隆（9月出奔）范阳王元诲（12月被杀）元罗	**
节闵帝元恭	531年	普泰元年	尔朱世隆废节闵帝元晔 立广陵王恭		
安定王元郎	531年	中兴元年	元谌（3月拜司空）南阳王元宝炬（加骠骑大将军）	元罗（加骠骑大将军）魏兰根	**
节闵帝元恭	532年	普泰二年	高欢废帝恭、帝郎，立帝安定王修		
孝武帝元修	532年	太昌改永兴 改永熙元年	元宝炬（5月拜太尉）孙腾	元罗（5月迁令）魏兰根	**

续表

皇帝	公元纪年	年号	左仆射	右仆射	备注（标*处为有元姓仆射）
孝武帝元修	533年	永熙二年	孙腾	魏兰根（病免） 樊子鹄（6月出为青胶大使） 贾显度	—
	534年	永熙三年	7月，帝谋讨高允不克，遂西奔，8月至长安。 自是国分为二，在长安者为西魏，在邺者为东魏		
			孙腾（出奔晋阳） 任祥（代腾，亦奔晋阳）	贾显度（出为雍州刺史） 辛雄（侍中兼）	—
孝静帝元善见	534年	天平元年	司马子如	高隆之	
	535年	天平二年	司马子如	高隆之	
	536年	天平三年	司马子如	高隆之	
	537年	天平四年	司马子如	高隆之	
	538年	元象元年	司马子如	高隆之	
	539年	兴和元年	司马子如	高隆之	
	540年	兴和二年	司马子如	高隆之	
	541年	兴和三年	司马子如	高隆之	
	542年	兴和四年	司马子如	高隆之（4月迁司徒） 封隆之	
	543年	武定元年	司马子如	封隆之	
	544年	武定二年	司马子如（3月迁令） 高洋	封隆之	
	545年	武定三年	高洋	襄城王元旭	*
	546年	武定四年	高洋	元旭	*
	547年	武定五年	高洋（5月迁令）	元旭（5月迁太尉） 高阳王元斌	*
	548年	武定六年	慕容绍宗	元斌	*
	549年	武定七年	慕容绍宗（4月攻颍川，没） 高岳	元斌	*
	550年	武定八年	高岳	元斌	东魏禅位于齐 *

表1-4 496—550年元姓仆射职官表

序号	姓名	任仆射时间	年限（约计）	左、右	仆射以上爵位、官职	标*指最高官职为仆射
1	元澄	498—500年	<2	右仆射	尚书令、司徒、任城王	—
2	元详	498年3月—500年3月	<2	左仆射	录尚书事、司空、太尉、大将军、北海王、太傅	—

续表

序号	姓名	任仆射时间	年限（约计）	左、右	仆射以上爵位、官职	标*指最高官职为仆射
3	元嘉	500—501年	<2	左仆射	尚书令、仪同三司、司徒、广阳王	—
4	元怿	506年6月—511年12月	4.5	左仆射	司空、清河王	—
5	元英	509—510年	<2	右仆射	中山王	*
6	元珍	510年10月—511年	<1	右仆射	—	*
7	元诠	511—512年	<1	右仆射	安乐王	*
8	元晖	515年8月—518年	3.5	左仆射	—	*
9	元钦	520年8月—524年	4	右仆射	仪同三司、司空（西魏废帝）	—
10	元延明	524—525年	<2	右仆射	东道行台、大司马、安丰王	—
11	元丽	525年1月—526年	2	右仆射	—	*
12	元顺	526—528年4月	<3	左、右仆射	—	*
13	元彧	524年9月—525年1月	0.4	左仆射	临淮王	*
14	元徽	525年1月—528年	<4	左仆射	尚书令、录尚书事、仪同三司、太尉、大司马、城阳王	—
15	元顼	528年5月—529年7月	1.2	右仆射	东海王	*
16	元诲	529年9月—529年12月	0.3	右仆射	范阳王	*
17	元罗	530年12月—532年5月	0.5	右仆射	尚书令、仪同三司	—
18	元谌	528年4月—531年3月	3	左仆射	录尚书事、司空、太尉、大司马、赵郡王、太保、太师	—
19	元宝炬	531年3月—532年5月	1.2	左仆射	尚书令、南阳王、太保、太尉（西魏皇帝）	—
20	元旭	545—547年5月	2.5	右仆射	大司马、太尉、襄城王	—
21	元斌	547年5月—550年	2.5	右仆射	高阳王	*

从表1-4标注*的10人中，元顺、元斌上文已证并非所指元仆射。元英、元诠、元彧、元顼、元诲5人，虽官职仅至仆射，但都有王爵，不宜单称仆射，故可排除。元珍任仆射时间甚短，不到1年，若为《齐民要术》中所记仆射，似乎未给贾思勰留下考察酿酒制曲秘方的时间，也未发现与贾氏及制曲酿酒相关的证据或线索，故亦可排除。如此，所

剩者仅元晖、元丽两人，元丽亦无相关线索可凭，而元晖却与贾思勰笔下的元仆射相距不远，其证如下。

（1）元晖任仆射时间与上文《齐民要术·白醪酒》所考写作时间契合。清人万斯同在《魏将相大臣年表》中考证，元晖于515年8月任左仆射，至518年卒。万斯同所考，与《魏书》及《元晖墓志铭》记载略有所差，《魏书·元晖传》载："肃宗初，（元晖）征拜尚书左仆射，诏摄吏部选事。"①但《元晖墓志铭》载："至于圣主统历，文母临朝……入为尚书右仆射，寻迁左光禄大夫尚书仆射，常侍悉如故。俄转侍中卫大将军尚书左仆射……春秋五十五，以神龟二年九月庚午遘疾薨于位。"②从其墓志铭所载看，元晖应先任右仆射，后迁左仆射。

三处记载相校，元晖初任仆射时间可依万斯同所考，即515年8月，但应为右仆射。而《魏书》所载516年征拜尚书左仆射，应是指从右仆射迁拜。至于生卒年，墓志铭所载应更为准确，即神龟二年（519）9月，卒于左仆射位，再按春秋五十五算，其生年则为465年。

由此，元晖应在515年8月至519年9月，先后任右、左仆射4年。这与上文所考《齐民要术·白醪酒》写于皇甫场任吏部郎中其间（517—520），时间颇为契合。这种时间上的契合，使两篇内容相近、篇次相序的章节应写于相同时间范围的推断，更具有合理性。

（2）元晖更具有制曲酿酒的物质基础。从《齐民要术》所记"家法"酿酒制曲过程发现，此"家法"不光要有专门的制曲酿酒之室，而且仪规繁复，要求谨细，处处体现出主人家的富饶与威仪。这里不妨再次提起石声汉先生的论述："这个吏部，不会是一个'吏'或'丞'，因为像那样的小官，没有在自己家里大规模地酿酒的物质条件。"诚如石声汉先生所论，这个仆射同样也必定不会是一个一般的仆射，没有大规模酿酒的物质条件，这种大规模私家制曲酿酒之法将难以施行，而元晖却能极大地满足这一条件。《魏书·元晖传》载：

（元晖）迁吏部尚书，纳货用官，皆有定价，大郡二千匹，

---

① 《魏书》卷十五《元晖传》，北京：中华书局，1974年，第379页。
② 赵超：《汉魏南北朝墓志汇编》，天津：天津古籍出版社，1992年，第111页。

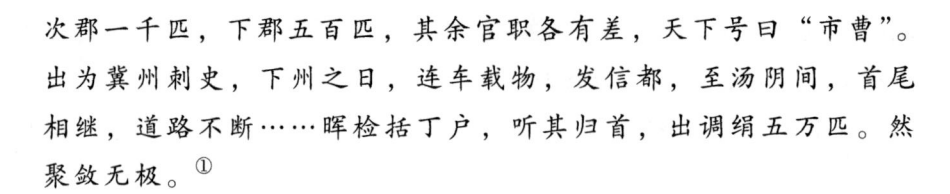

次郡一千匹，下郡五百匹，其余官职各有差，天下号曰"市曹"。出为冀州刺史，下州之日，连车载物，发信都，至汤阴间，首尾相继，道路不断……晖检括丁户，听其归首，出调绢五万匹。然聚敛无极。①

元晖任吏部尚书时卖官鬻爵，以致出为刺史搬家时货车自信都至汤阴，首尾相继，路不断绝的记述，与皇甫场如出一辙，足证两人富庶无比，这恰恰是两人具备制曲酿酒的物质条件的有力佐证。

五、从写作时间线索论《齐民要术》的成书背景

《齐民要术》体例庞大、内容丰富，鸿篇巨制必非一时一日所能写就，先前研究成果认为《齐民要术》大致成书于6世纪30年代到40年代之间，但具体成书时间，特别是对初始时间在528年或533年的考论，需要重新认识。以下即以几个较为具体的时间线索，来重新认识《齐民要术》的著述历程。

（1）卷五《种桑柘》，自注有"杜葛之乱后"语。杜葛之乱结束于永安元年（528），这说明此篇的写作时间应在528年之后而又时距不远。

（2）卷一《种谷》，曾引西兖州刺史刘仁之关于试种区田的原话。刘仁之在出帝中（533）出任西兖州刺史，东魏武定二年（544）卒。这反映出此篇应写于533年以后，但不会晚至544年。

（3）从上文皇甫吏部、元仆射考证，可得出结论：卷七中的《造神曲并酒》应写于515—519年；《白醪酒》应写于517—520年。

以上三个时间节点反映出一个问题：即写作时间最早的制曲造酒之类内容被放在靠近书尾的卷七，中间的《种桑柘》在卷五，而写作时间更晚的《种谷》却在卷一，这正是作者创作过程中思想变迁的反映。从以上三个时间点也可发现，《齐民要术》的成书时间至少跨15年甚至

---

① 《魏书》卷十五《元晖传》，北京：中华书局，1974年，第379页。

30年之久，这么长的时间跨越，随着北魏政治、经济的变迁，人的思想产生变化也是符合常情的。

"起自农耕，终于醯醢，资生之业，靡不毕书"是贾思勰对《齐民要术》的总结，表达了作者"视农为首"的重要思想。而通览全书分析却发现，书中有三卷其实与农业或者说与贾思勰在序言所述"资生之业"是有出入的，那就是卷七与卷八、卷九，按上文所考时间，在没有其他证据的情况下，不妨认为卷七才是作者的开篇之作，而卷八、卷九则是紧随其后的姊妹篇，也就是说《齐民要术》的写作应是从酒食之娱的内容开始的，对这个观点，我们不妨从北魏的社会政治变迁情况来做分析。

北魏后期的政治社会以几个历史事件为分水岭，分为不同的几个历史时期：一是北魏建国（386）到孝文帝登基（471）的前期阶段，由于离贾思勰的生活时代较远，此处不做讨论。二是自473年孝文帝改革，至528年尔朱荣制造"河阴之变"，是北魏政权相对稳定的时期。三是"河阴之变"后至北魏结束的乱世时期。北魏中期，随着孝文帝租调制等改革政策的推行，农民负担大大减轻，国家收入增加，民族矛盾和社会矛盾相对缓和，社会经济进入了一个相对快速发展的阶段。据《洛阳伽蓝记》载："于时国家殷富，库藏盈溢，钱绢露积于廊者，不可较数。""市西有退酤、治觞二里。里内之人多酝酒为业。"[①]可见北魏在此阶段，社会稳定、经济发展，使得造酒业及酒文化快速发展，从贵族到平民皆造酒、饮酒，蔚然成风，欢娱不节。《齐民要术》卷七和后面卷八的内容应正是写于此时，是社会大环境使然。

但过度欢娱自然不是富国之道，制曲造酒在生产力并不发达的古代，会消耗大量的粮食，因此，历朝历代皆有禁酒之令。《魏书·食货志》曰："正光后，四方多事，加以水旱，国用不足，预折天下六年租调而征之。百姓怨苦，民不堪命。有司奏断百官常给之酒，计一岁所省合米五万三千五十四斛九升，蘖谷六千九百六十斛，面三十万五百九十

---

① （北魏）杨衒之撰，范祥雍校注：《洛阳伽蓝记校注》，上海：上海古籍出版社，1978年，第203页。

九斤。其四时郊庙、百神群祀依式供营,远蕃使客不在断限。"①这是北魏孝明帝大约在525年左右的禁酒令,也反映出525年左右,北魏社会政治经济情况开始大不如前。

《齐民要术·种桑柘》中提到的"杜葛之乱"就始于525年。孝明帝继位以后,实际当政者为胡灵太后,政令日衰,动乱不断,"杜葛之乱"只是其中最突出的一场战乱。由此导致的528年"河阴之变",更使得北魏进入一个政权不断更迭的动乱时期,民众流离失所,饿殍遍野。由富而衰的社会巨变,自然是贾思勰所亲历的场景,《齐民要术》序言中"夫财货之生,既艰难矣,用之又无节;凡人之性,好懒惰矣,率之又不笃;加以政令失所,水旱为灾,一谷不登,胔腐相继……既饱而后轻食,既暖而后轻衣。或由年谷丰穰,而勿于蓄积;或由布帛优赡,而轻于施与;穷窘之来,所由有渐。"②之语,皆是在社会巨变下对丰年时欢娱不节,动乱时饥贫相交的深刻感悟。

这种感悟也给贾思勰《齐民要术》的著述思想带来了巨变,使其从最初的食娱之乐的写作思想逐渐提升成为关注民众疾苦、求本重农的思想醒悟。其序言末"舍本逐末,贤哲所非;日富岁贫,饥寒之渐"与"资生之业,靡不毕书"③便是这种思想转变的呐喊与实践。而写于早期的酒食之篇被放在书末,成与其后的耕田、种谷之篇放在书首的次序统筹,则是这种思想淋漓尽致的体现,更是使其成为"农圣"先哲的不灭思想精华。

---

① 《魏书》卷一百一十《食货志》,北京:中华书局,1974年,第2860—2861页。
② (后魏)贾思勰原著,缪启愉校释:《齐民要术校释》,北京:中国农业出版社,1998年,第17—18页。
③ (后魏)贾思勰原著,缪启愉校释:《齐民要术校释》,北京:中国农业出版社,1998年,第18页。

第二章　北魏政权中的贾氏兄弟

第一节　贾思伯考

考证贾思勰与贾思伯、贾思同为宗族兄弟，始于清代姚振宗的《隋书经籍志考证》曰："魏书有贾思伯，字士休，齐郡益都人，弟，思同，字士明。孝明帝时并为侍讲，授静帝《杜氏春秋》。思伯谥'文贞'，思同谥'文献'，已在魏之季世，当南朝梁武帝天监、普通、大同之时。思勰或与之同时、同族，为郡守以后不仕而农者欤。"[①]后世学者，多认同此论，并从多方面论证了此观点的正确性。

近代国学大师栾调甫先生首开"贾学"谱系研究之先河，详细查考史志，并从谱系角度梳理了贾氏族系传承，认为贾思勰与贾思伯、贾思同同属武威姑臧贾氏一族。其后，诸位研究学者如梁家勉、石声汉、缪启愉、万国鼎等人也皆从不同角度论证了贾氏三人的宗族兄弟关系，遂成定论。但因贾思勰的相关信息史志无存、考古无证，基于贾思勰的研

---

① （清）姚振宗：《隋书经籍志考证》，章锡琛：《二十五史补编》，上海：开明书店，1937年，第493页。

究结论也仅限于此,至于贾思勰的生平、为官地点、著述时间等,仍纷纭不一,尚无定论。因此,若欲考贾思勰始末之详,还应从贾思伯、贾思同入手,详细考定贾思伯兄弟二人之生平、政史及年表,才能详尽推论贾思勰与之交游相从的更多信息。

贾思伯、贾思同在《魏书》《北史》中皆有本传,且贾思伯有北魏《贾使君碑》传世,更兼贾思伯与夫人刘静怜的墓志(图2-1、图2-2、图2-3、图2-4)在1973年12月出土于山东省寿光市李二村附近,志碑现存于寿光市博物馆,与历代编纂的《寿光县志》对此墓的记载相符,可作为贾思伯研究考证的重要依据。

图2-1 《贾思伯墓志》

图2-2 《贾思伯墓志》拓片

图 2-3 《刘静怜墓志》

图 2-4 《刘静怜墓志》拓片

《魏书·贾思伯传》《贾思伯墓志铭》与《贾使君碑》残文正是贾思伯考证研究的基础，兹将原文附录于下，以饴读者参阅。

一、《魏书·贾思伯传》

贾思伯，字士休，齐郡益都人也。世父元寿，高祖时中书侍郎，有学行，见称于时。思伯释褐奉朝请，太子步兵校尉、中书舍人，转中书侍郎。颇为高祖所知，常从征伐。

及世宗即位，以侍从之勤，转辅国将军。任城王澄之围钟离也，以思伯持节为其军司。及澄失利，思伯为后殿。澄以思伯儒者，谓之必死。及至，大喜，曰："仁者必有勇，常谓虚谈，今于军司见之矣。"思伯托以失道，不伐其功，时论称其长者。后为河内太守，不拜。寻除鸿胪少卿，以母忧免。服阕，征为荥阳太守，有政绩。迁征虏将军、南青州刺史。初，思伯与弟思同师事北海阴凤授业，无资酬之，凤遂质其衣物。及思伯之部，送缣百匹遗凤，因具车马迎之，凤惭不往。时人称叹焉。寻以父忧免。后除征虏将军、光禄少卿，仍拜左将军、兖州刺史。

肃宗时，征为给事黄门侍郎。因请拜扫，还乡里。未拜，以风闻免。寻除右将军、凉州刺史。思伯以州边远，不乐外出，辞以男女未婚。灵太后不许，舍人徐纥言之，得改授太尉长史。又除安东将军、廷尉卿。思伯自以儒素为业，不好法律，希言事。俄转卫尉卿。

于时议建明堂，多有同异。思伯上议曰："按《周礼·考工记》云：夏后氏世室，殷重屋，周明堂，皆五室。郑注云：'此三者，或举宗庙，或举王寝，或举明堂，互言之，以明其制同也。'若然，则殷夏之世已有明堂矣。唐虞以前，其事未闻。戴德《礼记》云：明堂凡九室，十二堂。蔡邕云：'明堂者，天子太庙，飨功养老，教学选士，皆于其中，九室十二堂。'按戴德撰《记》，世所不行。且九室十二堂，其于规制，恐难得厥衷。《周礼》营国，左祖右社，明堂在国之阳，则非天子太庙明矣。然则《礼记·月令》四堂及太室皆谓之庙者，当以天子暂配享五帝故耳。又《王制》云：'周人养国老于东胶。'郑注云：'东胶即辟雍，在王宫之东。'又《诗·大雅》云：'邕邕在宫，肃肃在庙。'郑注云：'宫，谓辟雍宫也，所以助王。养老则尚和，助祭则尚敬。'又不在明堂之验矣。按《孟子》云：'齐宣王谓孟子曰，吾欲毁明堂。'若明堂是庙，则不应有毁之问。且蔡邕论明堂之制云：'堂方一百四十尺，象坤之策；屋圆径二百一十六尺，象乾之策；方六丈，径九丈，象阴阳九六之数；九室以象九州；屋高八十一尺，象黄钟九九之数；二十八柱以象宿；外广二十四丈以象气。'按此皆以天地阴阳气数为法，而室独象九州，何也？

若立五室以象五行，岂不快也？如此，蔡氏之论非为通典，九室之言或未可从，窃寻《考工记》虽是补阙之书，相承已久，诸儒注述无言非者，方之后作，不亦优乎？且《孝经援神契》、《五经要义》、旧《礼图》，皆作五室，及徐刘之论，同《考工》者多矣。朝廷若独绝今古，自为一代制作者，则所愿也。若犹祖述旧章，规摹前事，不应舍殷周成法，袭近代妄作。且损益之极，极于三王，后来疑议，难可准信。郑玄云：'周人明堂五室，是帝各有一室也，合于五行之数，《周礼》依数以为之室。施行于今，虽有不同，时说然耳。'寻郑此论，非为无当。按《月令》亦无九室之文，原其制置，不乖五室。其青阳右个即明堂左个，明堂右个即总章左个，总章右个即玄堂左个，玄堂右个即青阳左个。如此，则室犹是五，而布政十二。五室之理，谓为可安。其方圆高广，自依时量。戴氏九室之言，蔡子庙学之议，子干灵台之说，裴逸一屋之论，及诸家纷纭，并无取焉。"学者善其议。

又迁太常卿，兼度支尚书，转正都官。时太保崔光疾甚，表荐思伯为侍讲，中书舍人冯元兴为侍读。思伯遂入授肃宗《杜氏春秋》。思伯少虽明经，从官废业，至是更延儒生夜讲昼授。性谦和，倾身礼士，虽在街途，停车下马，接诱恂恂，曾无倦色。客有谓思伯曰："公今贵重，宁能不骄"思伯曰："衰至便骄，何常之有？"当世以为雅谈。为元叉所宠，论者讥其趣势。孝昌元年卒。赠镇东将军、青州刺史，又赠尚书右仆射，谥曰文贞。子彦始，武定中，淮阳太守。[①]

二、《贾思伯墓志铭》

魏故散骑常侍尚书右仆射使持节镇东将军青州使君贾君墓志铭
君讳思伯，字士休，齐郡益都县钓台里人也。其先乃武威之冠族。远祖谊，英情高迈，才峻汉朝。十世祖文和，佐命黄运，经纶魏道。九世祖机，作牧幽蓟，中途值乱，避地东徙，遂宅中齐，为

---

① 《魏书》卷七十二《贾思伯传》，北京：中华书局，1974 年，第 1612—1615 页。

四履冠冕。考道最，州主簿、州中正、本郡太守。伯父元寿，中书侍郎，追赠青州刺史。自太傅已降，贤明间出。君之生也，海岱萃灵，含章式载。十岁能诵书诗，成童敦悦礼传，备阅流略之书，多识前古之载。工草隶、善辞赋，文苑儒宗，遐迩归属，学优来仕，游宦北都。年廿一，释褐奉朝请。时齐使继好来聘上国，以君造次清机，有端木之辨，命对南客，应西华之选。稍迁步兵校尉转中书郎，如纶之诏，擅美□时。太和廿三年，高祖躬总六军，五牛南指。时扈行间，参谋帷幕。凯旋之交，文皇不预，革辂奄次，大渐弥留。唯机之际，执笔记言，导扬末命，顾托宣于君手。宫车晏驾，武皇继统，以君事往奉居，忠照大节，除辅国将军、河内太守。非其好也，改授鸿胪少卿。正始三年，丁母忧，去职；服阕，除荥阳太守。岁序云周，策授持节征虏将军、南青州刺史，莅政未期，遭父艰离任。君性纯孝，善执丧，四载之间，再集荼蓼，哀毁骨立，未曾见齿。终丧，除光禄少卿、迁左将军、兖州刺史。班条邹鲁，化行如神。征给事黄门侍郎转凉州刺史，未拜，除太尉公、清河府长史。俄迁廷尉卿，转卫尉，迁太常兼度支尚书，摄都官七兵二局，真殿中尚书。司管帝阍，邀巡警析。克谐金石，礼畅乐和；献替莫违，敷奏无隐。元凯润世弘多，号称武库；子□直道不回，未旬三陟。抚绩筹人，千载非二。加安东将军、青州大中正，斟酌乡部，氏□区分，抑扬昌替，污隆唯允。俄除侍读，讲《杜氏春秋》于显阳前殿。接筵御座，东面挥麈；讨论经传，博举宗致；言约义赡，辞高旨远。在己斯逸，帝功伊倍，爱业尊师，日隆其敬。虽营丘之训周王，安昌之师汉主，礼顾隆崇，亦不是过。方当服衮台阶，位穷三吏，奉文思之君，陪升中之礼，而降年不永，春秋五十八，以孝昌元年七月甲辰朔十六日，薨于洛阳怀仁里。一人恸情，百寮掺泣。齐桓之追仲父，况此非酸；汉明之悼子良，方兹未切。惟君禀承明之略，载询直之姿；含利主之道，负经国之器，忠以奉帝，孝以承亲，守虚嘿以藏声，不能而求誉。凡典二郡、牧两州、历五隶、迳三省，莫不廉白持身，平恕宰物，加以温伴冬日，润等春云，穆若清风，淡如白水，厥德可依，其人可仰，不幸早逝，呼可悲矣！即以其年十一月归葬于青州，追赠散骑常侍、尚书右仆射，使持节镇东将军、青州刺史。虽歌颂被于管弦，容像存于图画，但缋彩无弗朽之姿，玄石有永全之质，撰载芳猷，贻之九泉。

惟君笃生，命世抽英。岐嶷初载，气秀神清。行高童稚，业□弱□。

体无明□，道骏有声。文极词宗，学穷替古。怀女引系，钟鸣齐鲁。

运属飞龙，时乘九五。□潜入仕，利见高祖。释褐素枢，衣冠象阙。

陟降承明，负映日月，类彼腾□，易麟化骨。位缘德至，劳无一代。

列隶骤升，纳言亟践。饱恩饫泽，丰荣醉显。作守登州，目青祖兖。

爱结民恩，黎歌勿煎。训商者伊，师周唯吕；道贵名尊，阿衡尚父。

允穆具瞻，乃膺斯举。东面旷位，君来入□。阴阳絃燮，□实修□。

垂乘台路，将启黄扉。可言天道，福善如疑。□焉没世，武□□□。

□川泻海，翻潮不息。浮□□济，埋灵乡域。萧瑟松声，苍茫云色。

将同万古，丘陵谁识！①

三、贾思伯生平大事年表考证

（一）贾思伯生卒年为468—525年

据《贾思伯墓志》载："降年不永，春秋五十八，以孝昌元年七月

---

① 参见《贾思伯墓志》碑文，1973年12月，墓碑出土于山东省寿光市李二村附近，现存山东省寿光市博物馆。

甲辰朔十六日，薨于洛阳怀仁里……以其年十一月归葬于青州。"因此，可明确其生卒年，即468年生于北魏青州齐郡益都县（今山东省寿光市）钓台里村，525年7月卒于洛阳怀仁里，11月归葬青州老家。

（二）488年，释褐奉朝请，官居平城

墓志载："年廿一，释褐奉朝请。时齐使继好来聘上国，以君造次清机，有端木之辩①，命对南客，应西华②之选。"《魏书·贾思伯传》与墓志均载贾思伯释褐奉朝请，墓志载时年21岁，则应为488年。奉朝请一职，据俞鹿年《北魏职官制度考》载："北魏亦置奉朝请，属散骑省。孝文帝太和十七年（公元493年）《职员令》定其秩为正六品下。"③北魏官员入仕的途径不一，大致可分为：中正荐举、科目察举、皇帝征拜、官府辟举、官学入仕、尚主、荫任、归降、入粟等④。按《魏书》所载，官员的起家官职大多会标明入仕途径，贾思伯本传记其释褐奉朝请前，先载其"世父元寿，高祖时中书侍郎，有学行，见称于时。"最后又评价说："贾思伯门有旧业，经明行修，唯兄及弟，并标儒素。"估计其入仕应一则受益于伯父贾元寿而由中正举荐入仕。二则因为其兄弟两人年轻时即为乡里所重，所以其家族中重视学习儒家经学的门风传承也是朝廷择其入仕的重要因素。史载孝文帝于495年由平城迁都洛阳，因此，495年以前，贾思伯为官地点是在都城平城。

任奉朝请期间，时逢南齐使者与北魏以婚嫁修聘继好，因贾思伯有"端木之辩"的口才，所以被任命接待南朝使者，以回应使者的婚

---

① 端木即孔子的徒弟子贡，又叫端木赐，有口才又能料事。"端木之辩"是指贾思伯有端木赐一样的口才。
② 西华是道教仙宫名，为女仙所居。"西华之选"应当指南朝以嫁女修聘北魏的事情。
③ 俞鹿年：《北魏职官制度考》，北京：社会科学文献出版社，2008年，第91页。
④ 中正荐举：北魏沿袭魏晋以来的九品中正制，在各州设大中正（由中央职官兼任），按才德将本州士族品评为九等，定期向吏部推荐；科目察举：察举之法是两汉时期主要的入仕途径，魏晋后逐渐被中正荐举替代，但察举制仍保留，主要察举科目是孝廉、秀才两种；皇帝征拜：由皇帝特诏征集，直接任命；官府辟举：西汉以来，公府和州郡都可以自辟僚属，北魏沿袭；官学入仕：北魏设有中书、国子官学，其学生学业结束后可直接入仕；尚主入仕：指公主驸马授官；荫任：指凭借祖父辈功勋获授官职；归降：南北朝时，北魏政权对南朝归降的士族官吏多授以较高官职；入粟：北魏后期，庄帝因国库空虚而颁布的入粟授官制度。参见俞鹿年：《北魏职官制度考》，北京：社会科学文献出版社，2008年。

嫁请求。

(三) 494—500年，迁太子步兵校尉、转中书侍郎，居洛阳

步兵校尉、中书舍人、中书侍郎三职的历任，《魏书》与《北史》及墓志所记略有不同，且起止时间皆无明文。《魏书》载为太子步兵校尉、中书舍人，转中书侍郎，《北史》只记为累迁中书侍郎，墓志则记为稍迁太子步兵校尉转中书侍郎。《魏书》前后《职员令》规定：太子步兵校尉为东宫太子属官，其秩为正四品上，中书舍人为中书省属官，其秩为从六品上，中书侍郎为正四品上。若按《魏书》本传所记，所任官职中的中书舍人一职仅为从六品上，品秩尚低于奉朝请，官职不升反降，后又转中书侍郎品秩为正四品上，与太子步兵校尉品秩相同，这样的官位变迁应对应较大的事件才符合常理，但《魏书》并未载明缘由，且从六品到正四品也不是平转，想必中间的中书舍人一职可能为误记，应以墓志所载为正。

再考《魏书》中所载北魏职官的任期，据《魏书·房法寿传》载："旧守令六年为限，限满将代……"① 这说明北魏初期官员任期沿袭的是晋制，六年一迁。但其后又有多次变动，《魏书·高祖纪》中载太和十八年（494）诏令曰："三载考绩，自古通经；三考黜陟，以彰能否。今若待三考然后黜陟，可黜者不足为迟，可进者大成赊缓。是以朕今三载一考，考即黜陟……"② 由此可知，494年时，孝文帝将官员任期改为三年一迁。又据《魏书·张普惠传》载："夫三载之考，兴于太和；再周之陟，通于景明。"③ 又可知，到了世宗宣武帝景明（500—504）时，又重新实行回六年一迁，此后再未变过。

由以上北魏官员任期所考，若贾思伯由奉朝请至中书侍郎皆按照常规依次升迁，则488年释褐奉朝请后，北魏实行六年一迁，可推算为494年升迁太子步兵校尉，494年以后，任期实行三年一迁，因此可推算为497年转中书侍郎。而《魏书·贾思伯传》所载："及世宗即位，

---

① 《魏书》卷四十三《房法寿传》，北京：中华书局，1974年，第977页。
② 《魏书》卷七下《高祖纪》，北京：中华书局，1974年，第175页。
③ 《魏书》卷七十八《张普惠传》，北京：中华书局，1974年，第1745页。

以侍从之勤，转辅国将军"与墓志中太和二十三年（499）后，除辅国将军一致，任期正是三年。由此，也可佐证《魏书》中所记任中书舍人一职为误记，应以墓志为准。而为官地点则应在495年后随孝文帝迁都至洛阳。

（四）499年，随孝文帝南征

墓志载："太和二十三年，高祖躬总六军，五牛南指。"意思是孝文帝御驾南征，此记载与《魏书》本传相符。《魏书·高祖纪》载："（太和二十三年），三月庚辰，车驾南伐……丙戌，帝不豫……庚子，帝疾甚……夏四月丙午朔，帝崩于谷塘原之行宫"[①]。499年，是孝文帝最后一次南征，按《贾思伯墓志》所记，其时以中书侍郎之职跟随南征，这也与《魏书》本传中"颇为高祖所知，常从征伐"相合。据《北魏职官制度考》，中书侍郎是中书省的副职，职责为起草诏命，因此，《贾思伯墓志》中所记"执笔记言，导扬末命，顾托宣于君手"也并非虚言，想必孝文帝死前的遗诏，也是贾思伯所拟。

（五）500—506年，加号辅国将军、兼通直散骑常侍、持节军司、鸿胪少卿

据《魏书》本传，宣武帝即位后，贾思伯授辅国将军，其品秩为正三品下，但辅国将军只是一个加官，是立军功之后政府另外授予的名号，其实际主要官职仍是中书侍郎。如《魏书·王肃传》载："（王肃）景明二年薨于寿春，年三十八。世宗为举哀。诏曰：'肃奄至不救，痛惋兼怀，可遣中书侍郎贾思伯兼通直散骑常侍抚慰厥孤……'"这说明，501年时，贾思伯的正官仍是中书侍郎，但兼有通直散骑常侍的名号。

《魏书》在记载贾思伯授辅国将军后，还记载其作为持节军司跟随任城王元澄围攻钟离，不伐其功，为人所道之事。钟离是北魏与南梁屡次争战之地，《资治通鉴》载："（南梁）高祖武皇帝天监三年……丙

[①] 《魏书》卷七下《高祖纪》，北京：中华书局，1974年，第185页。

寅，魏大赦，改元正始……任城王澄攻钟离……魏诏任城王澄，以'四月淮水将涨，舟行无碍。南军得时，勿昧利以取后悔。'会大雨，淮水暴涨，澄引兵还寿阳……中书侍郎贾思伯为澄军司……"。因此，贾思伯任任城王元澄持节军司是在504年。

除此之外，《魏书》与墓志皆有"除河内太守，不拜，改为鸿胪少卿"的记载。按《魏书》太和二十三年（499）《职员令》[①]，贾思伯被授辅国将军号，已是从三品，而上郡太守却是四品下，虽是实职，但却品秩不高，这可能是贾思伯不愿意接受的原因，所以又被改授为鸿胪少卿，品秩为四品上。

（六）506—508年，丁母忧，免官

墓志载："正始三年，丁母忧，去职。"丁忧期限为3年。

（七）508—509年，征为荥阳太守

由《魏书·贾思伯传》和墓志中"服阕"一词可知，贾思伯为母守孝满3年之期，即在508年被重新启用，征为荥阳太守，并有政绩。

（六）509年，迁征虏将军、南青州刺史

墓志载："岁序云周，策授持节征虏将军、南青州刺史。"岁序即是岁时之顺序，云周即一周年，因此，贾思伯任荥阳太守一年后即被升迁为南青州刺史，但很快即莅政未期，遭父艰离任。墓志载"四载之间，再集荼蓼"，四载之间是指贾思伯丁母忧与丁父忧时间相隔只有四年，与《魏书·贾思伯传》中任南青州刺史后寻以父忧免相符，因此，贾思伯任南青州刺史的时间应不足一年。

（七）509—511年，丁父忧，免官

---

① 俞鹿年：《北魏职官制度考》，北京：社会科学文献出版社，2008年，第215—219页。

（八）511—514 年，征虏将军、光禄少卿、左将军、兖州刺史

据清代吴廷燮在《元魏方镇年表》中考证："延昌元年，金石萃编贾思伯碑，除持节督兖州诸军事……延昌三年，贾思伯本传征为黄门侍郎。"①吴廷燮所据为《北史》与《金石萃编》中的贾思伯碑原文，与《魏书·贾思伯传》中所载"肃宗时，征为给事黄门侍郎"相符，因此，贾思伯任左将军、兖州刺史的时间可以确信，如此，在兖州刺史之前的征虏将军、光禄少卿则应在 511 年。

（九）514—515 年，被征为给事黄门侍郎，因风闻免官

据《魏书》载，515 年正月，北魏宣武帝元恪崩于式乾殿，孝明帝元诩继位，因孝明帝时年只有 5 岁，随之而来的是新旧皇帝更替所带来的激烈朝政争夺，如宣武帝时曾当权的司徒高肇（高皇后哥哥）以及御史中尉王显就在彼时先后被杀。而贾思伯所任给事黄门侍郎并非是孝明帝所授，《魏书·元匡传》载："（元匡）出为兖州刺史。匡临发，帝引见于东堂，劳勉之。"②据吴廷燮《北魏方镇年表》所考，元匡因得罪高肇被出为兖州刺史是在延昌四年（515），此时正是贾思伯离任之时，若依上文引《魏书·元匡传》所载，元匡出发之前，宣武帝还亲自召见他，而宣武帝死于 515 年正月，因此，元匡兖州刺史的具体任命时间应在 514 年的年末，由此也可推知，贾思伯离任与元匡继任兖州刺史俱是宣武帝尚在的时候。如此，《魏书》本传中所载，被征为给事黄门侍郎后，"因请拜扫，还乡里。未拜，以风闻免"的背景就比较好理解了，那就是贾思伯作为宣武帝时迁升的旧臣，从地方官刚进朝堂就遇到时政变化，激烈的朝政争夺让他不得不以拜扫还乡为由，退后观望政局，而"未拜，因风闻免"则极有可能是受当时政治斗争的牵连影响。

---

① （清）吴廷燮：《元魏方镇年表》，章锡琛：《二十五史补编》，上海：开明书店，1937 年。
② 《魏书》卷十九上《元匡传》，北京：中华书局，1974 年，第 456 页。

（十）515—516年，太尉清河府长史

据《魏书·贾思伯传》，贾思伯给事黄门侍郎之职被免之后"寻除右将军、凉州刺史"，贾思伯再次以州郡边远为由不愿意赴任。从胡灵太后不许可以看出，彼时已是胡灵太后当政，又据《魏书·肃宗纪》载：515年8月，"群臣奏请皇太后临朝称制"[①]，因此，贾思伯被任命凉州刺史应在515年8月以后。

而贾思伯之所以能够没有被派往凉州而得以改授太尉长史是得益于同乡徐纥向胡灵太后的进言，墓志载："除太尉公、清河府长史"。《魏书·肃宗纪》载："延昌四年……八月……己丑（19日），司徒、清河王怿进位太傅，领太尉"[②]，由此可知，太尉公、清河府长史即清河王元怿的公府长史，亦可称太尉长史，品秩为从三品或正四品上，与上州刺史品秩相当。另外也可看出，贾思伯彼时并未得到胡灵太后的信任与赏识，所以仕途升迁之路并不通畅，官场维持甚至一度要靠深得胡灵太后信任的同乡中书舍人徐纥的周旋。

（十一）517—519年，安东将军、廷尉卿转卫尉卿

据墓志载，贾思伯在迁太尉长史后，"俄迁廷尉卿"，估计其担任太尉长史的时间并不长，又改迁为安东将军、廷尉卿，又因其不好法律，所以很快被转卫尉卿，但其担任卫尉卿的起止时间无确切可凭依据，唯有《魏书》本传中在其任卫尉卿后和迁太常卿之前，有贾思伯上表《明堂议》一事可做大体推测。据《河南志》载："宣阳门外……明堂，宣武八年诏建，孝明正光中始成。"[③]又据《魏书·源贺传附源子恭传》载："正光元年，（子恭）为行台左丞，巡行北边。转为起部郎。明堂、辟雍并未建就……"[④]详查《魏书》可知，北魏为修建明堂

[①]《魏书》卷九《肃宗纪》，北京：中华书局，1974年，第222页。
[②]《魏书》卷九《肃宗纪》，北京：中华书局，1974年，第221—222页。
[③]（元）佚名：《河南志》卷三，《宋元方志丛刊》第8册，北京：中华书局，2006年，第8369页。
[④]《魏书》卷四十一《源贺传附源子恭传》，北京：中华书局，1974年，第933页。

经过了长时间的讨论，许多大臣曾就明堂的建制纷纷上书发表意见。从《魏书·源贺传》附《源子恭传》中所记可以发现，正光元年（520）时，明堂未建就，这说明明堂已经开始建设，但仍未完工，而《魏书·贾思伯传》中说："于时议建明堂，多有异同"，这表明贾思伯上书时，明堂建设还在议论之中，尚未动工。因此可以确定，贾思伯上表《明堂议》的时间应该在520年以前，所以其任安东将军、卫尉卿的时间亦在520年以前，可大致推测为517—519年。

（十二）520—522年，太常卿兼度支尚书、转正都官、殿中尚书、青州大中正

《魏书》本传载，贾思伯担任卫尉卿之后，又迁为太常卿，兼度支尚书，转正都官。墓志所载则更为详细，"迁太常兼度支尚书、摄都官七兵二局，真殿中尚书……未旬三陟。加安东将军、青州大中正。"未旬三陟的意思是不到半个月的时间，就连续升迁了三次，这表明贾思伯在这个时期突然受到了重用，不断加官，而且从太常卿、度支尚书、正都官、殿中尚书，安东将军、青州大中正诸官职也可以发现，此时贾思伯已经是身兼数职的实权派。

贾思伯为何会突然受到如此重用，深考这一时期的北魏历史就能发现其中缘由。《魏书·元叉传》载：

> 叉，继长子……灵太后临朝，以叉妹夫，除通直散骑侍郎……寻迁侍中，余官如故，加领军将军。既在门下，兼总禁兵，深为灵太后所信委。太傅、清河王怿，以亲贤辅政，参决机事，以叉恃宠骄盈，志欲无限，怿裁之以法……久之，叉恐怿终为己害，乃与侍中刘腾密谋。灵太后时在嘉福，未御前殿，肃宗……乃御显阳殿。腾闭永巷门，灵太后不得出。①

《魏书·肃宗纪》载：正光元年（520），"秋七月丙子，侍中元叉、中侍中刘腾奉帝幸前殿，矫皇太后诏……乃幽皇太后于北宫，杀太

---

① 《魏书》卷十六《元叉传》，北京：中华书局，1974年，第403—404页。

傅、领太尉、清河王怿，总勒禁旅，决事殿中。"①

以上所引历史记载，即是北魏历史上比较有名的一次宫廷政变，元叉受到胡灵太后宠信后，权势日益扩大，随后引发与清河王元怿的激烈政治斗争，最终以元叉幽禁胡灵太后和杀死元怿取得胜利。史书虽未明确记载贾思伯是否直接参与了这场政治争斗，但《北史·贾思伯传》中的一句话却可以为此作注脚，曰："思伯与元兴同事，大相友昵，元兴时为元叉所宠，论者讥其趣势云。"②如此来看，贾思伯未旬三陟的仕途升迁，可能与冯元兴保持友谊关系而冯元兴又得宠于元叉，因此与其在政治上倒向元叉势力不无关系。再反观上文所考，贾思伯从太尉清河王公府长史很快就改迁卫尉卿的仕途变化，也应该是其选择政治势力的结果。

贾思伯这种政治立场的选择与其家传世业中所带有的根深蒂固的儒家传统思想有着密切的关系。儒家思想向来注重礼法，孝明帝即位后胡灵太后"临朝称制"是明显的后宫干政，此举显然有悖于儒家礼法和北魏"子贵母死"的政治制度，而从贾思伯自孝明帝登基、胡灵太后临朝初期的仕途不顺来看，贾思伯没有获得胡灵太后的信任也应当是其政治态度的反映。

若再联系上文对刘仁之和冯元兴的考证，520—525 年是冯元兴仕途中最为得意的年份，而刘仁之与冯元兴的深厚友谊或许也正是此时所建立。我们也可由此得出一个结论，即贾思伯、刘仁之、冯元兴之间既是一个休戚与共的朋友圈，又是一个政治立场一致的利益共同体。

再从贾思勰的角度去看这个朋友圈，若贾思勰也是这个朋友圈中的一环，我们也可推想其仕途升迁也必然受益其中，至于贾思勰为官高阳和为官高阳前是否还有其他任职，皆可由此作为备考。

（十三）523—525 年，孝明帝侍讲

贾思伯担任孝明帝侍讲是太保崔光表荐，与冯元兴为侍读是在同

---

① 《魏书》卷九《肃宗纪》，北京：中华书局，1974 年，第 230 页。
② 《北史》卷四十七《贾思伯传》，北京：中华书局，1974 年，第 1733 页。

时，这已在冯元兴考证文中详细考证过，即正光四年（523）。

贾思伯卒年为孝昌元年（525），这也正是冯元兴因元叉赐死而被废官的时间，这种时间上的一致并不难理解，试想，贾思伯与冯元兴共同依附于元叉，且贾思伯官职要远高于冯元兴，再鉴于两人的关系，想必冯元兴被废，贾思伯亦不能独存。所以，贾思伯的死因可能与元叉幽禁胡灵太后后被赐死不无关系，至于史书未明确贾思伯的死因为何，一则可能是因为贾思伯死时已经58岁，符合北魏时人的寿命预期。二则可能朝廷基于贾思伯身为帝师的原因并未明申贾思伯之罪，因此对其死因的记载可能就比较暧昧了。以上就是贾思伯本人的大事年表，具体见表2-1。

表 2-1　贾思伯大事年表简表

皇帝	时间	地点	官职	大事备注
高祖孝文帝元宏	468年	青州	—	出生
	488—494年	平城	奉朝请	释褐
	494—497年	平城、洛阳	太子步兵校尉	—
	497—500年	洛阳	中书侍郎	—
	499年	南征	中书侍郎	随孝文帝南征
世宗宣武帝元恪	500—506年	洛阳	中书侍郎加辅国将军、兼通直散骑常侍、持节军司、鸿胪少卿	—
	501年	寿春	同上	扬州刺史王肃卒故，贾思伯奉命去寿春（今安徽省淮南市寿县）抚慰
	504年	钟离	同上	以持节军司身份，随任城王元澄攻打南朝梁国的钟离郡
	506—508年	青州	—	丁母忧
	508—509年	荥阳	荥阳太守	官职起复
	509年	南青州	征虏将军、南青州刺史	升迁
	509—511年	青州	—	丁父忧
	511—514年	兖州	征虏将军、光禄少卿、左将军、兖州刺史	兖州官民为贾思伯立碑
	514—515年	洛阳	给事黄门侍郎	因风闻免官
肃宗孝明帝元诩	515—516年	洛阳	太尉清河府长史	除右将军、凉州刺史，以边远不拜，未获灵太后允许，经同乡中书舍人徐纥进言，改授太尉清河府长史
	517—519年	洛阳	安东将军、廷尉卿转卫尉卿	上奏《明堂议》

续表

皇帝	时间	地点	官职	大事备注
肃宗孝明帝元诩	520—522年	洛阳	太常卿兼度支尚书转正都官、殿中尚书；安东将军、青州大中正	520年元叉幽禁胡灵太后
	523—525年	洛阳	孝明帝侍讲	—
	525年	洛阳	卒	7月卒，11月归葬青州

四、贾思伯宦游足迹梳理与启示

（一）贾思伯的宦游足迹

贾思伯的主要从政时间年表，可以从正史记载和墓志铭中梳理出一个较为清晰的脉络，而与之伴随的为官宦游足迹，可以为我们推测刘仁之、冯元兴与之交往的时间和地点提供依据。贾思伯主要的生活从政轨迹可梳理如下。

488年以前，主要生活、学习于北魏的青州齐郡和北海郡（今山东寿光一带）。

488—494年，在北魏都城平城（今山西大同），官居奉朝请。

494—500年，随孝文帝迁都河南洛阳，并多次跟随孝文帝南征，先后官居太子步兵校尉、中书侍郎。

500—506年，主要在河南洛阳，官居中书侍郎加辅国将军、兼通直散骑常侍、持节军司、鸿胪少卿；其中，501年，扬州刺史王肃卒故，贾思伯奉命去寿春（今安徽省淮南市寿县）抚慰；504年，以持节军司身份，随任城王元澄攻打过南朝梁的钟离郡（今安徽凤阳一带）。

506—508年，回山东青州丁母忧。

508—509年，在荥阳（今河南郑州荥阳市）任太守。

509年，出任南青州刺史，治团城（今山东省临沂市沂水县）。

509—511年，回山东青州丁父忧。

511—514年，在兖州（今山东省济宁市兖州区）任刺史。

514—525年，一直生活在北魏都城洛阳，先后官居给事黄门侍郎、太尉长史、卫尉卿、太常卿兼度支尚书、正都官、殿中尚书、青州大中正、孝明帝侍讲。

（二）贾思伯考证的启示

若将以上贾思伯与刘仁之、冯元兴的为官履历进行综合分析后，就会发现，上述三人的宦游交汇地点只有北魏的都城洛阳，而交汇的时间大约都集中 515—525 年。

贾思伯在洛阳的时间主要分为两段：第一段是 494—504 年，但从刘仁之和冯元兴考证可知，504 年以前，刘仁之和冯元兴均未出仕为官，虽然刘仁之一直生活在洛阳，但其年龄尚小，没有与贾思伯结交的可能性。第二段是 514—525 年，这段时间内，冯元兴与刘仁之先后入朝为官，因此，应该是三人之间关系不断深化的交游时间。而从贾思伯与冯元兴的关系和政治仕途分析，520—525 年，还存在贾思伯与冯元兴因同时依附元叉势力而共同进退的情况，并且以 525 年作为一个共同的时间节点，一个卒故，一个被废官。

若将以上所考时间段的结论结合皇甫吏部与元仆射的考证结论分析，贾思勰在 517—520 年这个时间段内正在进行《齐民要术》酿酒类篇章的写作或材料收集。这反映出，这个时间段内，贾思勰必定也在京城洛阳，这与我们在刘仁之考证所得到贾思勰在写《齐民要术·种谷》时，已经与刘仁之酬酢往来为时已久的结论是一致的。而从贾思伯、冯元兴、刘仁之三人在为官时间节点上存在共同进退的特点来看，或许也可以为我们推论贾思勰的为官时间提供一个备考的论据。再从贾思勰的年龄上分析，若上文中对刘仁之与贾思勰的年龄考证正确的话，520 年，贾思勰的年龄应当在 20 几岁左右，正是其初入仕途的时间，亦可由此推测，517—520 年左右，贾思勰可能已经在洛阳为官，而其官职可能与吏部有关，这样才使得贾思勰能够有机会接触到皇甫吏部和元仆射这样的高官。而其入仕的途径自然与贾思伯在此阶段的飞黄腾达并担任青州大中正有着极大的关系。

第二节 贾思同考

贾思同是贾思伯的弟弟，《魏书》贾思伯本传后附有贾思同传。栾调甫先生曾提出贾思同即贾思勰的观点，但并未得到学术界的认同。贾思同作为寿光贾氏家族的重要代表，其官职和地位要比贾思伯更为突出，而且其卒故的时间要比贾思伯晚15年，在贾思勰的社会交往中可能会存在更大的影响，因此，贾思同的为官政史更是研究贾思勰社会交往的重要参考依据。

一、《魏书·贾思同传》

思伯弟思同，字士明。少厉志行，雅好经史。释褐彭城王国侍郎，五迁尚书考功郎，青州别驾。久之，迁镇远将军、中散大夫、试守荥阳太守。寻即真。后除平南将军、襄州刺史。虽无明察之誉，百姓安之。及元颢之乱也，思同与广州刺史郑先护并不降。庄帝还宫，封营陵县开国男，邑二百户，除抚军将军、给事黄门侍郎、青州大中正。又为镇东、金紫光禄大夫，仍兼黄门。寻加车骑大将军、左光禄大夫。迁邺后，除黄门侍郎、兼侍中、河南慰劳大使。仍与国子祭酒韩子熙并为侍讲，授静帝《杜氏春秋》。又加散骑常侍，兼七兵尚书。寻拜侍中。兴和二年卒。赠使持节、都督青徐光三州诸军事、骠骑大将军、尚书右仆射、司徒公、青州刺史，谥曰文献。

初，思同之为别驾也，清河崔光韶先为治中，自恃资地，耻居其下，闻思同还乡，遂便去职。州里人物为思同恨之。及光韶之亡，遗诫子侄不听求赠。思同遂上表讼光韶操业，登时蒙赠谥。论者叹尚焉。

思同之侍讲也，国子博士辽西卫冀隆为服氏之学，上书难《杜氏春秋》六十三事。思同复驳冀隆乖错者十一条。互相是非，积成十卷。诏下国学集诸儒考之，事未竟而思同卒。卒后，魏郡姚文安、乐陵秦道静复述思同意。冀隆亦寻物故，浮阳刘休和又持冀隆说。至今未能裁正焉。[①]

二、贾思同生平大事年表考证

（一）496年，释褐彭城王国侍郎

《魏书·高祖纪》载："（太和）二十年春正月丁卯，诏改姓为元氏。壬辰，改封始平王勰为彭城王"[②]。这说明彭城王这一爵位，始封于496年的元勰，因此贾思同释褐彭城王国侍郎必定在496年或以后。贾思同与贾思伯既然是亲兄弟，相必年龄不会相差太大，若按贾思伯生于468年，至496年时，贾思同年龄估计已在26岁左右，与贾思伯21岁出仕相比，已经晚了不少，若其出仕年份于496年再往后，则年龄偏大。因此，将贾思同释褐彭城王国侍郎的时间考为496年是较为合适的。

另外据上文对贾思伯的考证，496年时，贾思伯已官居中书侍郎。据俞鹿年《北魏职官制度考》所考证，中书省"是秉承君主意志掌管机要，发布政令的机构"[③]，中书侍郎是中书省的副职，职位仅次于中书省主官中书监或中书令。而据清代万斯同《北魏将相大臣年表》中所考，太和二十年（496），任中书省主官中书令的正是彭城王元勰，且其任职时间只有这一年。[④]因此有理由推测，贾思同释褐彭城王国侍郎或许正是受益于彭城王元勰与贾思伯同在中书省的上下级同僚关系，这也是将贾思同出仕年份考定为496年的有力依据。

其次还可以明确的是，按太和十七年（493）《职次令》，王国侍

[①]《魏书》卷七十二《贾思同传》，北京：中华书局，1974年，第1615—1616页。
[②]《魏书》卷七下《高祖纪》，北京：中华书局，1974年，第179页。
[③] 俞鹿年：《北魏职官制度考》，北京：社会科学文献出版社，2008年，第82页。
[④] 参见（清）万斯同：《魏将相大臣年表》，章锡琛：《二十五史补编》，上海：开明书店，1937年。

郎品秩为九品下，因此，贾思同出仕时所任彭城王国侍郎的官职品秩要远低于贾思伯出仕时的奉朝请。这或许可以给我们一个启示，若贾思同尚且以九品起仕，可以推测贾思勰的高阳太守（六品）必定不是起仕的第一个官职，而应是屡次升迁之后的最高和最后官职。

（二）499—521年，多次升迁后，任库部郎中、尚书考功郎

《魏书》载，贾思同从彭城王国侍郎"五迁"至尚书考功郎。因贾思同起仕的官职品秩非常低，所谓"五迁"应是泛指经历了多次升迁，且只是常规升迁。从王国侍郎升迁至尚书考功郎，官职品秩也不过由九品下升迁至六品下，故而史书记载非常简略，这使得贾思同在这段时间的官职升迁变化失去了考证线索，其间唯一可考的信息是《魏书》中对其任库部郎中的记载：

> 肃宗熙平元年六月，中侍中刘腾等奏："中宫仆剌列车舆朽败。自昔旧都，礼物颇异，迁京已来，未复更造。请集礼官，以裁其制。"……尚书左仆射元晖……兼尚书左士郎中朱元旭……库部郎中贾思同……议以为："皇太后称制临朝，躬亲庶政，郊天祭地，宗庙之礼，所乘之车，宜同至尊，不应更有制造。"①

由以上记载可知，贾思同在516年时已任库部郎中。北魏时期，官员职位升迁在不同的时期遵循三年一迁或六年一迁的制度，此制在前文贾思伯考证文中已有详细考证。贾思同的升迁也同样经历了两个阶段，即496—499年为三年一迁，而496年以后，通常是三年一考，六年一迁。因此，可依据496年和499年作为官员普遍考绩黜陟年份的起点，将这段时间内的官职变化时间节点大致推算如下。

496—499年，贾思同出仕彭城王国侍郎，满3年，第一次升迁。
505年，任期满6年，第二次升迁。
506年，任期1年，因"丁母忧"回青州。

---

① 《魏书》卷一百〇八之四《礼志四》，北京：中华书局，1974年，第2814页。

508年，丁忧期满，重新启用，有第三次升迁的可能。

509年，任期1年，因"丁父忧"回青州。

511年，丁忧期满，重新启用，有第四次升迁的可能。

515年，宣武帝驾崩，孝明帝即位，有第五次升迁可能，此时已为库部郎中或兼考功郎中。

彭城王国侍郎为王国属官，为官地点应在王国封地彭城（今江苏省徐州市彭城市），而516年时所任库部郎中为中央尚书省官员，可知其已在都城洛阳，若考其自地方官迁转为中央官的几个时间节点中，508、511年皆为丁忧后重新启用，此时没有官员考核成绩，肯定不是从地方官迁为中央官的时间节点，因此，贾思同最晚或在505年时就已经在都城洛阳出任中央官职。

据上所考，贾思同应在515年后担任库部郎中并兼尚书省考功郎中。而巧合的是，经前文考证，517年时，皇甫玚（即《齐民要术》中的皇甫吏部）任吏部郎中；元晖（即《齐民要术》中的元仆射）任左仆射，这也正是前文所考证贾思勰写作《齐民要术》酿酒篇章的时间节点。考功郎中与吏部郎中同属于吏部，分掌考功、考秀和选事，这在前文吏部、仆射职官名释中也已有考释，因此，贾思同与皇甫吏部（皇甫玚）在517年同在吏部为官，且同为元仆射（元晖）下属。如此，贾思同作为贾思勰的宗族兄长，就成了贾思勰便利的官场关系，也为我们推测贾思勰与皇甫吏部和元仆射这样的高官的交游提供了推测依据，也为我们对贾思勰在这个时间期间内可能已在洛阳为官并可能在吏部的猜测提供了推论的空间。

（三）约521—529年，先后出任青州别驾、荥阳太守、襄州刺史

"别驾"为州刺史佐史，全称是"别驾从事史"，其地位相当于州刺史的副职，因其地位较高，出巡时不与刺史同车，别乘一车，故名"别驾"。贾思同本传载其出任青州别驾时，清河崔光韶已经先在青州任"治中"，"治中"全称为"治中从事史"，属州刺史佐史，地位稍逊于"别驾从事史"。《魏书·崔亮传》附《崔光韶传》载："亮从父弟光

韶……肃宗初，除青州治中"①，由此可知，崔光韶最早在516年时出任青州治中从事史一职，但据此只能推算贾思同任青州别驾是在516年以后，准确的时间还需要用其他可以考定的时间节点来进行推论。

贾思同出任青州别驾后，又先后出任荥阳太守和襄州刺史，以上三职中，唯有襄州刺史有可以准确考定其时间的依据。

《魏书·地形志下》载："襄州，孝昌中置。领郡六，县二十。"②州治在北南阳郡（今河南方城县东南）。孝昌是肃宗孝明帝的年号，起止时间是525—527年，襄州于孝昌中置，则可确定襄州始置于526年。《魏书》贾思同本传载："及元颢之乱也，思同与广州刺史郑光护并不降。"这说明元颢之乱时，贾思同仍为襄州刺史，并与广州刺史郑光护拒绝投降元颢。元颢发动叛乱，始于尔朱荣发动"河阴之变"另立孝庄帝元子攸之际，元颢转而投靠南朝梁武帝寻求支援。其始末可见《南史》与《梁书》，所载如下：

《南史·梁本纪中》云：

> 夏四月戊戌，魏尔朱荣推奉孝庄帝。庚子，荣杀幼主及太后胡氏……冬十月丁亥，（梁武帝）以魏北海王颢主魏，遣东宫直阁将军陈庆之卫送还北……是岁，魏武泰元年，寻改为建义，又改曰永安。
>
> 中大通元年……夏四月癸巳，陈庆之攻拔魏梁城，进屠考城，擒魏济阴王晖业。五月癸酉，进克虎牢，魏孝庄帝出居河北。乙亥，元颢入京师，僭号建武……己卯，魏将尔朱荣攻杀元颢，京师反正。③

《梁书·武帝下》曰：

> 冬十月丁亥，以魏北海王元颢为魏主，遣东宫直阁将军陈庆之卫送还北。魏豫州刺史邓献以地内属。
>
> 中大通元年正月辛酉……甲子，魏汝南王元悦求还本国，许之。

---

① 《魏书》卷六十六《崔亮传附崔光韶传》，北京：中华书局，1974年，第1482页。
② 《魏书》卷一百〇六下《地形志》，北京：中华书局，1974年，第2635—2636页。
③ 《南史》卷七《梁本纪中》，北京：中华书局，1975年，第205—206页。

夏四月……癸巳，陈庆之攻魏梁城，拔之；进屠考城，擒魏济阴王元晖业。五月戊辰，克大梁。癸酉，克虎牢城。魏主元子攸弃洛阳，走河北。乙亥，元颢入洛阳。六月壬午，大赦天下。辛亥，魏淮阴太守晋鸿以湖阳城内属……己卯，魏尔朱荣攻杀元颢，复据洛阳。①

据以上所载可知，528年4月，元颢自南梁起兵进攻北魏，进攻路线为梁城（今河南商丘）、考城（今河南兰考）、荥阳（今河南荥阳）、虎牢（今郑州汜水县西）至洛阳（今河南洛阳）一线。洛阳失守后，使得洛阳以南的广州（今河南省鲁山县一带）、襄州（今河南南阳市到湖北襄阳市一带）处于元颢势力和南朝梁国的夹击包围之中。北魏新立皇帝孝庄帝元子攸在元颢攻占虎牢时就已放弃洛阳向北逃走，其他州郡"自河以南，莫不风靡"，但贾思同却能在此险境中站定立场、拒不投降，应与其家族门风和家族中历来秉承学习的儒家思想不无关系，元颢虽然与元子攸同为元氏宗族，但元颢依靠时为敌国的南朝梁国与孝庄帝元子攸争夺皇位，势必会使北魏成为南朝梁国的傀儡，因此，深受儒家传统忠君爱国思想影响的贾思同，拒绝投降元颢应有其深刻的思想渊源。也正是由于贾思同、郑光护的坚定立场，才使得北魏的大半疆土没有被南朝梁国所支持的元颢攻陷，这也使得元颢很快被尔朱荣击败。529年6月，孝庄帝重新回到洛阳后，贾思同也因不降之功"封营陵县开国男，邑二百户，除抚军将军、给事黄门侍郎、青州大中正"。

同时这也反映出，贾思同由襄州刺史升迁为"营陵县开国男、抚军将军、给事黄门侍郎、青州大中正"的时间在529年，而贾思同初任襄州刺史的时间则应当在襄州始置之初的526年，是襄州的首任刺史。

据《魏书》考证可知，贾思同于肃宗熙平元年（516）时任库部郎中，至526年（孝庄帝还宫）升任襄州刺史，期间一共是10年时间，虽然不能准确考定贾思同库部郎中与考功郎中起始和终结于哪一年，但从516年始至526年，10年内3次升迁，分别迁至青州别驾、荥阳太守、襄州刺史，考515年至526年，是孝明帝时期，政治上虽然有胡灵太后

---

① 《梁书》卷三《武帝下》，北京：中华书局，1973年，第72—73页。

当政的混乱，但皇位的交接并未出现大的纷争，政策上具有一定的稳定性和延续性，具体到官员考绩升迁的政策上，史书也未见官员考绩升迁政策的调整，应当延续了宣武帝时"三年一考，六年一迁"的升迁政策，但从贾思同10年3次迁升的情况来看，孝明帝时期肯定也存在"三年一考，考即黜陟"的情况。另外需要注意的是，据俞鹿年《北魏职官制度考》所考证，库部郎中隶属于尚书省度支尚书，考功郎中隶属于尚书省吏部尚书，以上两个官职虽然执掌不同，但却都是尚书郎中，品秩皆为六品下，品秩相同①，唯考功郎中因掌握官员考绩，可能职权上比库部郎中略上，所以，库部郎中与考功郎中之间并不是升迁的关系，而只可能是平转或者兼任，因此也不存在6年升迁的限制。由此，我们可大致推测贾思同在此期间的官职变动情况如下：

515—521年，任库部郎中，兼任考功郎中。

521—524年，任青州别驾从事史。

524—526年，任荥阳太守。

526—529年，任襄州刺史。

（四）529—534年，在京城洛阳任给事黄门侍郎、青州大中正。另孝庄帝时加号抚军将军；节闵帝时加号镇东、金紫光禄大夫；出帝时加号车骑大将军、左光禄大夫

自528年，尔朱荣奉立孝庄帝元子攸即位以后，北魏进入政权更迭纷乱的时期，皇位几经易主，官员所任官职随皇位交替而更迭频繁，无一定之规。528年至534年，短短6年间，皇位六易其主，权臣武将假拥元氏皇族自立，实则掌控朝政，北魏政权分崩离析。先后由权臣所立皇帝及年号为：

528—530年，孝庄帝（元子攸）。年号：建义（1）、永安（3）。尔朱荣所立。

530年12月—531年2月，长广王（元晔）。年号：建明（2）。

---

① 参见俞鹿年：《北魏职官制度考》，北京：社会科学文献出版社，2008年，第261页。

尔朱世隆所立。

531年2月—532年4月，节闵帝（元恭）。年号：普泰（2）。称魏为大魏。尔朱世隆所立。

531年10月—532年4月，后废帝（元朗）。年号：中兴（2）。高欢所立。

532年4月—534年10月，孝武帝（元修）。年号：太昌（1）、永兴（1）、永熙（3）。高欢所立。

534年10月—550年，孝静帝（元善见）。年号：天平（4）、元象（2）、兴和（4）、武定（8）。高欢所立。

据《魏书·贾思同传》所载，孝庄帝之后"又为镇东、金紫光禄大夫，仍兼黄门。寻加车骑大将军、左光禄大夫。迁邺后，除黄门侍郎、兼侍中、河南慰劳大使。"以上所载中，较为明确的时间节点是迁都邺城，此事在孝静帝登基的永熙三年（534）十月，而在此之前的两次加封应分别对应孝庄帝之后至孝静帝前的几个不同时期。因此，贾思同在此期间的官职可大致考证如下。

（1）529年6月—530年12月，孝庄帝封其营陵县开国男、抚军将军、青州大中正、兼黄门侍郎。据上文所考，贾思同被升迁为营陵县男、抚军将军、给事黄门侍郎、青州大中正是因为元颢之乱时贾思同有守城之功，是孝庄帝自河内返回洛阳后（即《魏书》所载孝庄帝还宫后）所封，事在529年6月。

据《魏书·孝庄纪》可知，孝庄帝对尔朱荣并不信任，在平定各方叛乱后，于永安三年（530）九月，趁尔朱荣自晋阳来朝见时，将尔朱荣和尔朱荣的儿子尔朱菩提等人杀死于明光殿，并下诏清算了尔朱荣528年"河阴之变"河沉元氏宗亲及文武百官的罪过。可以说，孝庄帝的这一举动直接导致了自己的灭亡和北魏政权的瓦解。尔朱荣的从弟尔朱世隆、尔朱仲远、尔朱兆等立即起兵复仇，并于是年12月攻陷洛阳，另立长广王元晔为帝。长广王元晔也只是个过渡皇帝，在位不到3个月即被尔朱世隆废黜，改立广陵王元恭为帝，是为节闵帝。

（2）531年2月—532年4月，节闵帝（前废帝）封其镇东将军、金紫光禄大夫，仍兼黄门侍郎。《魏书·前废帝广陵王纪》载，节闵帝元恭即位后，"诏曰：'可大赦天下，以魏为大魏，改建明二年为普泰元年。其税市及税盐之官，可悉废之。百杂之户，贷赐民名，官任仍旧。天下调绢，四百一匹。内外文武，普泛四阶；合叙未定第者，亦沾级。除名免官者，特复本职，品封依旧。'"①这说明，至节闵帝即位，自孝庄帝时所封之官，除史书中记载有明确变动的除外，其余各官仍守原职，唯品秩普遍提了四阶，提升的四阶应多指虚官，如将军名号和光禄大夫等散官名号。也由此可知，至532年4月时，贾思同主要官职应仍为黄门侍郎，其他封号为镇东将军、金紫光禄大夫。

另据《北齐书·魏收传》载："节闵帝立，妙简近侍，诏试收为《封禅书》。收下笔便就，不立稿草，文将千言，所改无几。时黄门郎贾思同侍立，深奇之，白帝曰：'虽七步之才，无以过此。'"②这说明，在节闵帝时，虽然皇帝"妙简近侍"，但孝庄帝封为黄门侍郎的贾思同，仍被节闵帝留用。因此，531年2月至532年4月，节闵帝在位时期，贾思同应该一直是黄门侍郎。

另外，再据《魏书·刘仁之传》载："（刘仁之）前废帝时兼黄门侍郎，深为尔朱世隆所信用。"可知，贾思同与刘仁之在孝庄帝和前废帝（又称节闵帝）时，曾同为黄门侍郎，有同僚之谊。

（3）532年4月—534年，孝武帝时，贾思同任黄门侍郎，加车骑大将军、左光禄大夫。尔朱世隆于531年2月奉立广陵王元恭为帝后，高欢也于531年10月在信都（今河北冀州市）立安定王元朗为帝。532年4月，高欢击败尔朱氏家族势力，又先后废黜了节闵帝元恭和自己所立的安定王元朗，史称"前、后废帝"，改立平阳王元修为帝，史称"孝武帝"，又称"出帝"。高欢废旧帝立新帝后，自己回到邺城，而出帝仍居京城洛阳。至此，虽然皇帝几经变换，但废旧立新的政治斗争由于持续时间很短就大局已定，贾思同等朝中文官，并未对这场政权的争斗产生影响，而只是顺应时势，因此，其官职并未产生大的变化。

---

① 《魏书》卷十一《前废帝广陵王纪》，北京：中华书局，1974年，第274页。
② 《北齐书》卷三十七《魏收传》，北京：中华书局，1972年，第483页。

据清万斯同《魏将相大臣年表》中所考，贾思同于孝武帝永熙二年（533），加车骑大将军。那么《魏书》贾思同本传中迁都邺城之前的车骑大将军、左光禄大夫名号，应为出帝即位后所加封。

（五）535—540年，在东魏都城邺城，任黄门侍郎、兼侍中、河南慰劳大使、侍讲，后又加散骑常侍，兼七兵尚书，侍中

《魏书·贾思同传》载："迁邺后，除黄门侍郎、兼侍中、河南慰劳大使。仍与国子祭酒韩子熙并为侍讲。"《魏书·韩子熙传》载："天平初，为侍读，又除国子祭酒。子熙俭素安贫，常好退静。迁邺之始，百司并给兵力，时以祭酒闲务，止给二人。"从韩子熙传文分析，韩子熙应是先为侍读，后授国子祭酒，时间均在迁邺之始。《魏书·孝静纪》载："永熙三年……冬十月丙寅，在城东北登位，大赦天下，改永熙三年为天平元年……庚寅，车驾至邺，居北城相州之廨。"据此可知，孝静帝迁都于邺城在534年底，因此，韩子熙先为侍读后为国子祭酒可直接考定为534年底，与贾思同本传中迁邺后，除黄门侍郎、兼侍中、河南慰劳大使。仍与国子祭酒韩子熙并为侍讲可相互考证为同时。

另据清万斯同《东魏将相大臣年表》考证，贾思同在孝静帝天平元年（534），官职为黄门侍郎、兼侍中；孝静帝天平二年（535）至兴和二年（540），官职为侍中。此考证可与本书考证相互印证。

（六）540年，卒于邺城

《魏书·贾思同传》："兴和二年卒。赠使持节、都督青徐光三州诸军事、骠骑大将军、尚书右仆射、司徒公、青州刺史，谥曰文献。"

三、贾思同宦游考证梳理与启示

（一）贾思同的主要为官宦游地点和关键时间节点

496—505年，在彭城（今江苏省徐州市彭城市）任彭城王国侍郎，及其他官职。

505—521 年，在北魏都城洛阳，几经升迁，任至库部郎中、尚书考功郎，并因父母先后丧亡丁忧，往返与都城洛阳与家乡青州益都（今山东省寿光）之间。

521—524 年，回家乡青州出任别驾从事史。

524—526 年，出任荥阳太守（今河南省郑州市荥阳市）。

526—529 年，升任襄州刺史（今河南南阳市到湖北襄阳市一带）。

529—535 年，封营陵县开国男、抚军将军、给事黄门侍郎、青州大中正，官居洛阳。

535—540 年，随北魏迁都至邺城（今河北临漳县西南邺镇一带），先后任给事黄门侍郎、侍中等职。

从贾思同的为官地点结合前文刘仁之、冯元兴和贾思伯的考证，其四人的交往的地点应主要集中在北魏的都城洛阳，交汇的主要时间节点主要集中在 505—525 年，其间，贾思伯、贾思同与刘仁之、冯元兴均有同在洛阳为官的经历，并且，529—535 年，贾思同与刘仁之有同为黄门侍郎的经历，不能不引起重视。这四人交汇的时间节点在考察各人交往与关系中具有重要意义，也为贾思勰在这个圈子中的交往参与提供了可以推测的重要依据，其交往的时间关系可参见附录二的时间考证大事年表总表。

(二) 贾思同年表及宦游、交往考证的启示

从贾思伯与贾思同的生平年表（表 2-2）考证中可以发现，贾氏兄弟两人的为官履历虽然不甚相同，但从中却可以发现以贾思伯兄弟为代表的汉族士族的官职升迁似乎有一定的规律，即都存在从低级中央职官—地方郡守—州刺史—高级中央职官的漫长升迁过程，这反映出北魏地方郡守、刺史在北魏职官制度中，已经是级别较高的官职，相当多的汉族士族终其一生，其官职不过郡守。由此可以试想，贾思伯与贾思同无论从其士族背景、声望，还是儒家的经学造诣上，都要比贾思勰出众，而贾思伯、贾思同两人仅仅起仕于六品奉朝请和九品王国侍郎，想必贾思勰的高阳太守之职也必定不是起仕之官，其应在太守之前同样有

其他低级官职的仕宦经历。

表 2-2　贾思同大事年表简表

皇帝	时间	地点	官职	大事
高祖孝文帝元宏	约 470 年	青州	—	出生
	496—499 年	彭城	彭城王国侍郎	初仕
世宗宣武帝元恪	505 年	洛阳	无考	升迁
	506 年	青州	—	丁母忧回乡
	508 年	洛阳	无考	丁忧期满，复职
	509 年	青州	—	丁父忧回乡
	511 年	洛阳	无考（可能为库部郎中）	丁忧期满，复职
肃宗孝明帝元诩	515 年	洛阳	库部郎中，兼考功郎中	—
	516 年	洛阳	同上	上"胡太后车舆议"
	521—524 年	青州	青州别驾从事史	治中崔光韶自恃资地，耻居其下，闻思同还乡，遂去职
	524—526 年	荥阳	荥阳太守	—
孝庄帝	526—529 年	襄州	襄州刺史	时值元颢叛乱，有守城不降之功
	529 年 6 月—530 年 12 月	洛阳	营陵县开国男、抚军将军、青州大中正、兼黄门侍郎	因功受封男爵，官职升迁
节闵帝（前废帝）	531 年 2 月—532 年 4 月	洛阳	营陵县开国男、镇东将军、金紫光禄大夫、兼黄门侍郎	—
孝武帝（出帝）	532 年 4 月—534 年 10 月	洛阳	营陵县开国男、车骑大将军、左光禄大夫、黄门侍郎	—
孝静帝	534 年 11 月	邺城	黄门侍郎、兼侍中、河南慰劳大使、侍讲	—
	535—540 年	邺城	散骑常侍、七兵尚书、侍中、侍讲	驳卫冀隆《服氏春秋》乖错，共十卷
	540 年	邺城	—	卒
	540 年	青州	赠使持节、都督青徐光三州诸军事、骠骑大将军、尚书右仆射、司徒公、青州刺史，谥曰文献	归葬

地方郡守、刺史的为官履历通常是北魏官员迁升中央高级官职所必需的经历，但有的时候也是朝廷政权交接与争斗过程中将官员排挤出政权核心的一种手段，而官员升迁降黜的时间节点大约可分为以下三种情况：其一，一般以朝廷通常的考绩时间为接点。其二，多发生在政权交替的时间接点。其三，因功或因罪的特殊升迁或罢黜。以上三点或许可以为下一步猜测贾思勰为官高阳太守的时间提供参考。

第三章 贾思勰的家世源流与相关学术问题

第一节 贾思勰家世源流新考

贾思勰著有世界农学史上现存最早、最系统的农学巨著《齐民要术》,被誉为"农圣"。虽然自清代开始就不断有专家、学者对贾思勰的家世信息做了大量的研究,但因贾思勰本人在史志中无任何记载,唯有《齐民要术》序言中留下的"后魏高阳太守贾思勰撰"几个字,可作为后人研究的依据。史料缺乏兼无考古实证,使得现有对贾思勰本人的研究论述中,唯有贾思勰里籍为北魏青州齐郡益都人(今山东寿光人)的结论为学术界所认同[1],其生卒年月、为官生平等信息皆难以考证,研究结论大多模糊并存在诸多争议。

关于贾思勰家世的考证,清代学者姚振宗在《隋书经籍志考证》中

---

[1] 石声汉译注,石定扶、谭光万补注:《齐民要术》上册,北京:中华书局,2015年,第6页;栾调甫:《齐民要术考证》,台北:文史哲出版社,1994年,第24页;郭文韬、严火其:《贾思勰王祯评传》,南京:南京大学出版社,2011年,第7页;孙金荣:《齐民要术研究》,北京:中国农业出版社,2015年,第15—30页。

云:"贾思勰或与《魏书》中贾思伯、贾思同为同时同族"①,近代"贾学"研究功臣栾调甫先生在《〈齐民要术〉作者考》一文中,亦参引近人吴承仕对《魏书》《北齐书》《新唐书·宰相世系表》的相关研究,以及清代嘉庆年间《寿光县志》中的相关考证后认为,"贾思勰与北魏贾思伯、贾思同是同族兄弟"的推测,的确有这种可能性,但他指出,吴承仕与嘉庆《寿光县志》所考,虽然据排行的"思"字推定贾思勰与"二贾"为兄弟,但都没有举出其他有力的佐证。②

考证贾思勰的家世背景,无疑可为确定贾思勰的生活年代、籍贯乃至《齐民要术》的成书背景、成书时间,以及对书中所述农业技术对应地理环境的研究提供重要的佐证具有重要意义,但前人的模糊结论,显然不能解决如上问题,因此,仍有继续考证的必要。

一、贾思勰与贾思伯家族关系的谱牒学考证

贾思伯与贾思同是甘肃武威贾氏寿光分支的杰出代表。从史志索引的资料和《齐民要术》中隐约遗留的线索可以发现,贾思伯、贾思同两人与贾思勰不仅相识相知,而且关系密切。前人对"三贾"是同族兄弟的推测,除了从《魏书》与《齐民要术》中可找到推论三人关系的蛛丝马迹外③,还可从《新唐书·宰相世系表》中找到谱牒学上的考证依据来厘清贾思勰的家世渊源。

贾氏氏族的源流可见于《新唐书·宰相世系表》载:

> 贾氏出自姬姓。唐叔虞少子公明,康王封之于贾,为贾伯,河东临汾有贾乡,即其地也,为晋所灭,以国为氏。晋公族狐偃之子射姑为晋太师,食邑于贾,字季他,亦号贾季。汉有长沙王太傅谊,生璠,尚书中兵郎。生二子:嘉、恽。嘉,宜春太守,生夐,游击

---

① (清)姚振宗:《隋书经籍志考证》卷三十二《农家》,章锡琛:《二十五史补编》第四册,北京:中华书局,1955年影印本,第1531页。
② 栾调甫:《齐民要术考证》,台北:文史哲出版社,1994年,第9页。
③ 刘志国:《〈齐民要术〉重要历史人物线索刘仁之考证》,《古今农业》2018年第1期,第39页。

第三章　贾思勰的家世源流与相关学术问题

将军。五子：洪、润、沕、湘、注。沕，轻骑将军，生晔，下邳太守。二子：冰、渊。渊，辽东太守。三子：纳、邠、丕。丕生沂，秘书监。二子：廷玉、秀玉。秀玉，武威太守，生衍，兖州刺史。生龚，轻骑将军，徙居武威。二子：彩、诩。诩，魏太尉、肃侯，生玑①，驸马都尉、关内侯，又徙长乐。二子：通、延。通，侍中、车骑大将军。三子：仲安、仲谋、仲达。仲达，颍川太守。生疋，字彦度，轻车将军、雍州刺史、酒泉郡公。二子：叉、康。康，秘书监。二子：锴、钧。钧生弼，散骑侍郎。二子：躬之、匪之。躬之，宋太宰参军。四子：希镜、希远、希逸、希叟。希镜，南齐外兵郎，生梲，义兴郡太守。生执，梁太府卿。二子：暹、肇。肇二子：寰、宏。宏，后梁中军长史。生勰，北齐青兖等州刺史、河东公。二子：皞、巘。巘，殿中监。三子：懿、愍、宪。宪避葛荣之难，避地浮阳。②

从谱牒学考证寿光贾氏氏族源流始于"贾学"功臣栾调甫先生，寿光市政府编定的《贾思勰志》亦力图从谱牒学详考寿光贾氏的源流，但都没有完全厘清其关系。谱牒之学始于东晋人贾弼，并盛行于南北朝，宋代所编《新唐书》中的《宰相世系表》即多参考谱牒之书而成，其中所载贾氏的宰相谱系流传对贾思勰的家世源流研究具有非常重要的参考价值。但据栾调甫先生详考《汉书》《晋书》《魏书》等正史记载后发现，《新唐书·宰相世系表》所载贾氏氏族源流存在一些错代衍漏的问题，如："宏，后梁中军长史。生勰，北齐青兖等州刺史、河东公……"这说明贾氏氏族中有叫贾勰者，是北齐人，但后面却又载，贾勰孙贾宪"避葛荣之难，避地浮阳"。史载"葛荣之难"始于525年，终于528年，而北齐则始于550年，可见如《新唐书·宰相世系表》中所载，孙子贾宪的生活年代早于其祖贾勰，这明显是一个史事记载或世代颠倒的错误，且如此之错不只一处。而正是这些错误，让原本清晰的

---

① 此处贾玑，在《贾使君碑》中写为"九世祖玑"，在《贾思伯墓志》中写为"九世祖机"，因此是指同一人，下文中均以墓志记载贾机为正，不再赘释。
② 《新唐书·宰相世系五下》，北京：中华书局，1975年，第3387—3388页。

证据变得支离模糊。

《新唐书·宰相世系表》中的贾宏、贾翩、贾宪和所述历史事件葛荣之难与考证标的贾思勰多有关联：（1）贾思勰在《齐民要术》中提到过杜葛之乱，即《新唐书·宰相世系表》中提到的葛荣之难，正处于《齐民要术》写作的中期。（2）贾翩与贾思勰一字之差，是否是同一人，是一个很值得研究的线索。（3）《新唐书·宰相世系表》中贾宏与《贾使君碑》中所记贾思伯曾祖同名，也不能简单地认为是一个巧合。因此，可用《新唐书·宰相世系表》所记，参合《贾使君碑》《贾思伯墓志》所载世系共同来推论贾思伯、贾思同兄弟与贾思勰的宗族关系。

此外，《贾使君碑》所载贾思伯世系如下：

> 君讳思伯，字士休，武威姑臧人也。晋太师贾他之后，□□太傅谊□□□□□□□□□□□□□。九世祖玑，魏青龙中为幽州刺史，行达冀州广川界，因患丧亡，遂为□□□□□□□□□□□幽州刺史。高祖腾，燕州别驾、宜都王司马。曾祖宏，少有令誉，未宦早丧。祖□□□□□□□□□郡，遂□青州。父道最，本州中正、州主簿、齐郡太守。①

另外，《贾思伯墓志》所载寿光贾思伯世系如下：

> 君讳思伯、字士休，齐郡益都县钧台里人也。其先乃武威之冠族，远祖谊，英情高迈，才峻汉朝。十世祖文和，佐命黄运，经纶魏道。九世祖机，作牧幽蓟，中途值乱，避地东徙，遂宅中齐，为四履冠冕。考道最，州主簿、州中正、本郡太守。伯父元寿，中书侍郎，追赠青州刺史。自太傅已降，贤明间出。②

参合以上三处记载，我们可以整理寿光贾思伯家族谱系如图 3-1 所示。

---

① 《贾使君碑》又名《贾思伯碑》，现存曲阜孔庙。碑最旧拓本为明代拓本，有石印本明代拓本传世，王孝禹收藏题字，今藏故宫博物院。
② 参见《贾思伯墓志》，1973 年 12 月，墓碑出土于山东省寿光市李二村附近，现存与山东省寿光市博物馆。

第三章 贾思勰的家世源流与相关学术问题

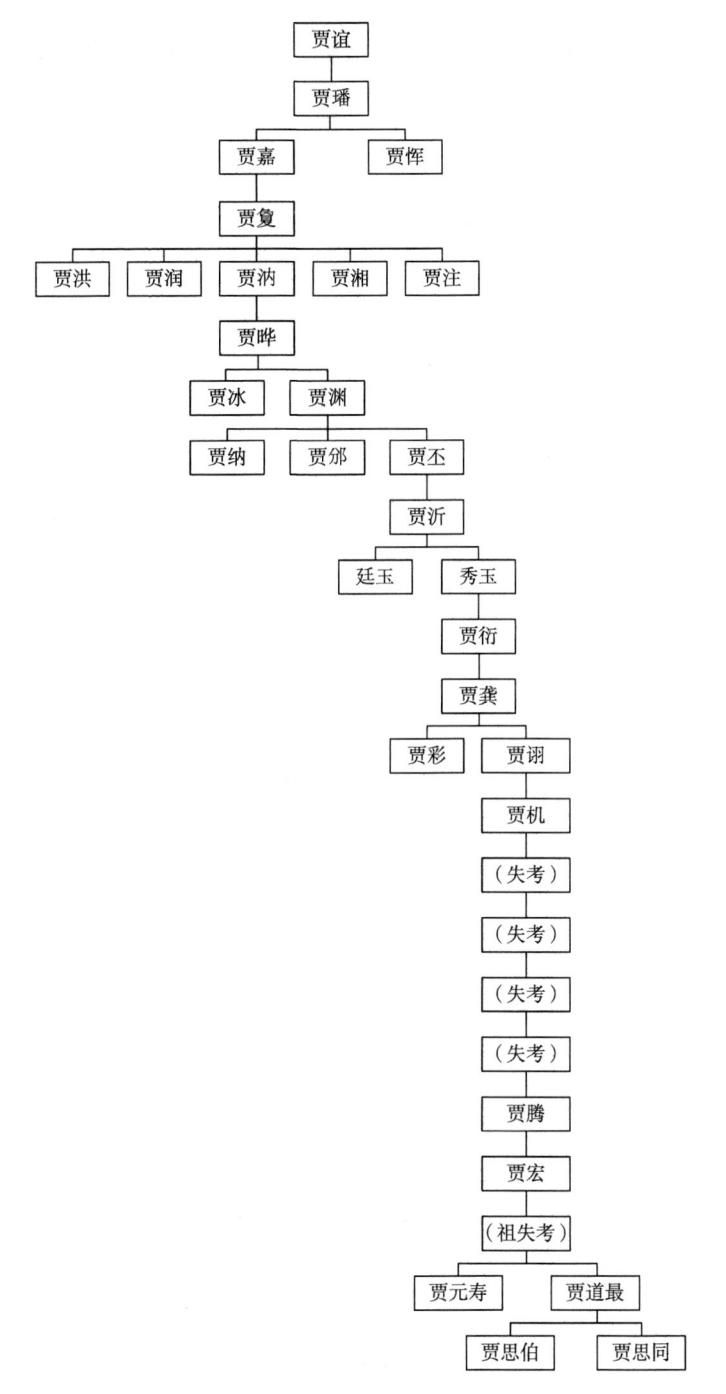

```
                    贾谊
                     │
                    贾璠
                     │
            ┌────────┴────────┐
           贾嘉              贾恽
            │
           贾复
            │
   ┌────┬───┼────┬────┐
  贾洪 贾润 贾汭 贾湘 贾注
            │
           贾晔
            │
        ┌───┴───┐
       贾冰    贾渊
        │
   ┌────┼────┐
  贾纳  贾邻  贾丕
            │
           贾沂
            │
        ┌───┴───┐
       廷玉    秀玉
                │
               贾衍
                │
               贾龑
                │
            ┌───┴───┐
           贾彩    贾诩
                    │
                   贾机
                    │
                  （失考）
                    │
                  （失考）
                    │
                  （失考）
                    │
                  （失考）
                    │
                   贾腾
                    │
                   贾宏
                    │
                 (祖失考)
                    │
              ┌─────┴─────┐
            贾元寿      贾道最
                         │
                   ┌─────┴─────┐
                  贾思伯     贾思同
```

图 3-1　贾思伯家族谱系图

73

《新唐书·宰相世系表》中所载自贾诩后贾氏世系图谱如图3-2所示。

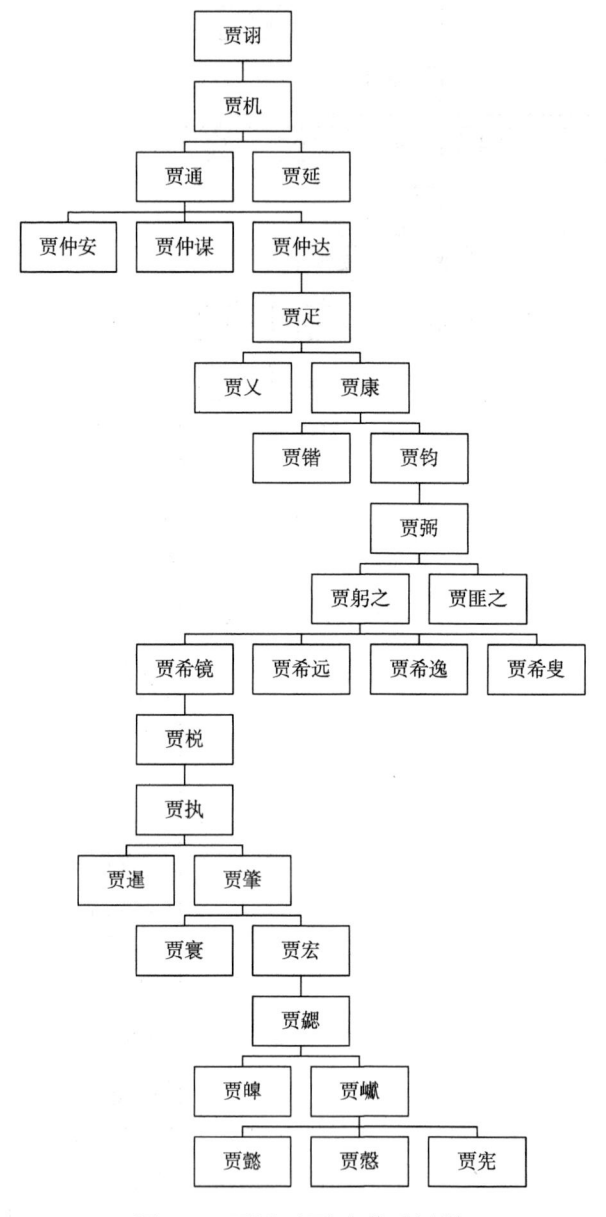

```
                    贾诩
                     │
                    贾机
                     │
              ┌──────┴──────┐
             贾通          贾延
              │
       ┌──────┼──────┐
      贾仲安  贾仲谋  贾仲达
                     │
                    贾疋
                     │
              ┌──────┴──────┐
             贾义          贾康
                     │
              ┌──────┴──────┐
             贾错          贾钧
                     │
                    贾弼
                     │
              ┌──────┴──────┐
             贾躬之         贾匪之
                     │
       ┌──────┬──────┼──────┐
      贾希镜  贾希远  贾希逸  贾希叟
        │
       贾棁
        │
       贾执
        │
    ┌───┴───┐
   贾遥    贾肇
            │
     ┌──────┴──────┐
    贾襄          贾宏
                   │
                  贾飍
                   │
            ┌──────┴──────┐
           贾皞          贾巘
                   │
            ┌──────┼──────┐
           贾懿   贾愍   贾宪
```

图3-2 贾诩后贾氏世系图谱

按《贾思伯墓志》所载："（贾思伯）其先乃武威之冠族，远祖

第三章　贾思勰的家世源流与相关学术问题

谊……十世祖文和",再据《三国志·魏书·贾诩传》载："贾诩字文和,武威姑臧人也。"①这表明,贾思伯十世祖文和即指贾诩无疑,且自贾思伯父亲贾道最往上至贾诩为十世。而《新唐书·宰相世系表》中所记,贾疋孙贾宪所避葛荣之难的始作年,正是贾思伯卒年(525)②,若按《新唐书·宰相世系表》如此记载,则贾宪与贾思伯应当为同时代人,但《新唐书·宰相世系表》载贾宪以上至贾诩却是十六世,比《贾思伯墓志》所载世系整整多出六世,因此两者必有一误。《贾思伯墓志》为贾思伯死后,其后辈亲朋好友所立,而《新唐书·宰相世系表》则为宋代人据谱书编撰,因此《新唐书·宰相世系表》资料价值的可靠性显然比不上前者,再从《新唐书·宰相世系表》中所记贾宪与贾疋史事时间颠倒的明显错误来看,必定是《新唐书·宰相世系表》存在世代衍阙之误。栾调甫先生曾考证云:

> 当出自谱中郡望的混误,因为据《三国志》贾氏两传③考之,贾诩和贾逵两人同仕魏朝,诩居武威郡姑臧,逵家河东郡襄陵,以两县之地相距较远,应该是同姓而非同族,按照谱书分别郡姓的成例,应当有武威、河东两个郡望,但查《世系表·序》④,只有武威一族……因此,考辨序中的世系,最小限度可以说,弼与其子三人,希镜兄弟四人,拙(桢)及子执二人,他们五世九人是属于河东一族的,因此,也就窥测到序文所根据的贾氏谱书,是一个混合武威、河东两谱的集成本。⑤

栾调甫先生的考证,论证严谨,证据翔实可信。因此,《新唐书·宰相世系表》中贾弼以后五世九人均不是贾诩之后,应当予以剔除。

再据南朝宋人裴松之注《三国志·魏书·贾诩传》载:

---

① 《三国志》卷十《魏书·贾诩传》,北京:中华书局,1959 年,第 326 页。
② 《贾思伯墓志》载:"降年不永,春秋五十八,以孝昌元年七月甲辰朔十六日,薨于洛阳怀仁里。"
③ 贾氏两传:指《三国志》中贾诩传和贾逵传。
④ 即《新唐书·宰相世系表》的序文。
⑤ 栾调甫:《齐民要术考证》,台北:文史哲出版社,1994 年,第 33 页。

贾诩字文和，武威姑臧人也……文帝即位，以诩为太尉。进爵魏寿乡侯，增邑三百，并前八百户。又分邑二百，封小子访为列侯。以长子穆为驸马都尉。诩年七十七，薨，谥曰肃侯。子穆嗣，历位郡守。穆薨，子模嗣。世语曰：模，晋惠帝时为散骑常侍、护军将军，模子胤，胤弟龛，从弟疋，皆至大官，并显於晋也。

由此可厘定《三国志》中所载贾诩后世系为图3-3所示。

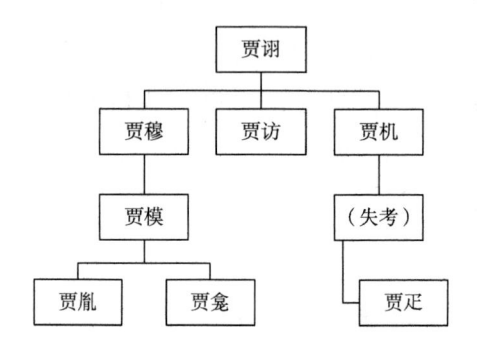

```
                    贾诩
         ┌───────────┼───────────┐
        贾穆         贾访         贾机
         │                        │
        贾模                     （失考）
      ┌──┴──┐                     │
     贾胤   贾龛                  贾疋
```

图3-3　《三国志》中所载贾诩后世谱系

裴松之注《三国志》载贾诩有二子：贾穆、贾访。贾穆子贾模。裴松之又引南朝宋刘义庆所著《世说新语》注曰："贾模有子贾胤、贾龛，贾龛的从弟为贾疋"，由此可知，贾疋是贾诩曾孙，"贾龛从弟"也说明贾疋并非贾穆、贾模所传。《晋书》卷六十中有《贾疋传》，载曰："贾疋，字彦度，武威人，魏太尉诩之曾孙也。"[①]由以上所载可以明确的是，贾疋是贾诩的曾孙，贾机的孙子，贾诩至贾疋为四世。《新唐书·宰相世系表》中亦有贾疋，为贾机之后，但却载为贾诩的五世孙。《新唐书·宰相世系表》所载贾诩至贾疋世系，比《三国志》和《晋书》所载多出一世，究其正误，应依年代相近者为据，因此应依距贾诩时代更近的裴松之注引《世说新语》和《晋书》为正。另据《资治通鉴》载："孝惠皇帝下。光熙元年（丙寅）……马瞻等入长安，杀梁柳，与始平太守梁迈共迎太宰颙于南山。弘农太守裴廙、秦国内史贾

───────────────
① 《晋书》卷六十《贾疋传》，北京：中华书局，1974年，第1652页。

第三章 贾思勰的家世源流与相关学术问题

龛、安定太守贾疋等起兵击颙,斩马瞻、梁迈。疋,诩之曾孙也。"[①]此处也记载贾疋为贾诩曾孙,并与贾龛同时且官阶相同,以上足以证明《新唐书·宰相世系表》中自贾诩五传至贾疋的世代有误。

《新唐书·宰相世系表》之错还可做如下辨析:其一,《新唐书·宰相世系表》中所载贾疋向上两代中,贾通、贾延与仲安、仲谋、仲达五人,史志皆无传,并载"仲达,颍川太守。生贾疋。"据《晋书·贾疋传》可知,贾疋为晋怀帝时代的人,其父显然也是晋朝人,而《新唐书·宰相世系表》中贾疋父名"仲达"与晋高祖司马懿的字相同,有违避讳之规。其二,据《贾思伯墓志》和《贾使君碑》可知,贾机为三国时曹魏人,青龙年间(233—237)做过幽州刺史,《新唐书·宰相世系表》中载贾机生贾延,但《前汉纪》中却有贾延为汉哀帝(前25—前1)时御史大夫的记载[②],如果《前汉记》与《新唐书·宰相世系表》中所载贾延为同一人的话,前汉时的贾延显然不可能如《新唐书·宰相世系表》所载在三国曹魏人贾机之后。以上两辨也表明《新唐书·宰相世系表》中贾诩至贾疋的世代也是存在颠倒与衍阙的。综上辨误分析后我们可以明确的是,《新唐书·宰相世系表》中贾诩至贾疋传五世的记载不足凭信,应以四世为据。

如此,则《新唐书·宰相世系表》中自贾宪以上至贾诩比《贾思伯墓志》多出的六世,就可以理清了。而从《新唐书·宰相世系表》中所记贾宪与贾勰的史事时间颠倒来看,贾勰为贾宪之孙的记载也极有可能是世代顺序颠倒之误,实际应是贾宪为贾勰之孙,若此推理正确,再剔除《新唐书·宰相世系表》中多出的六世,那么贾勰与贾思伯、贾思同兄弟则正好为同代人,即同为自贾诩起的第十一世。再按《新唐书·宰相世系表》中贾宏与《贾思伯碑》中所记贾思伯曾祖贾宏同名且世代无差分析,这两处所载贾宏应是同一个人,如此,则贾思伯、贾思同兄弟与贾勰应是三代以内的堂叔兄弟。

---

① 《资治通鉴》卷八十六《孝惠皇帝下》"光熙元年丙寅"条,北京:中华书局,1956年,第2717—2720页。
② 参见(汉)荀悦:《前汉纪》卷二十九《前汉孝哀皇帝纪》,《钦定四库全书荟要》,长春:吉林出版集团,2005年,第29页。

二、"贾勰"即"贾思勰"单称的补证

至于贾勰是否即是贾思勰的单称,栾调甫先生在《〈齐民要术〉作者考》一文中曾提出这个观点,认为在世次上虽然有差错,但可以从宋朝人所修《新唐书·宰相世系表》因距时久远,可能存在错误的角度解释,是能够讲得通的。笔者综合以上对贾氏氏族世系的考证,重拾栾调甫先生的这一观点,并于下文再做补证。但栾调甫先生认为贾思勰与贾思同为同一人,学术界多不认同,并有大量相关的论证,此处不再赘述。

(一)"勰"的异体字为"恖"

《汉语大字典》中解释:"〈说文〉:'恖'同思之和,从劦从思。(1)同'协'。和,和谐。〈尔雅·释诂上〉:'勰,和也。'郝懿行义疏:〈说文〉云:'勰,同思之和。'(2)思,〈广韵·恬韵〉:'勰,思也。'"由以上解释可见,"勰"的异体字为"恖",即"思劦",因此,单从字面意思理解,"勰"即"思勰",意思相通,可互为表字。因此,将"思勰"单称为"勰"是可以讲得通的,或者也可以认为,"思勰"本就是"恖"到"思劦"再到"思勰"的讹变。

(二)《新唐书·宰相世系表》中存在名、字易用和单称的情况

从《新唐书·宰相世系表》所载贾氏谱系中的姓名分析,存在"名"与"字"混用和名字单称的情况。例如,《新唐书·宰相世系表》中载有贾希镜,为贾弼之孙、贾匪之之子。而据《南齐书·贾渊传》载:"贾渊,字希镜,平阳襄陵人也。祖弼之,晋员外郎。父匪之,骠骑参军。世传谱学。"①这充分说明,贾希镜在《新唐书·宰相世系表》中用的是字,其名为贾渊,究其原因,可能是谱牒作者避先祖讳或《新唐书》著者避唐高祖李渊讳,故而弃名用字,此即名、字易用之例;再如《新唐书·宰相世系表》中所载贾弼,《南齐书》中载为贾

---

① 《南齐书》卷五十二《贾渊传》,北京:中华书局,1972年,第906页。

弼之，实为同一人，此为名字单称之例。从以上两例考之，《新唐书·宰相世系表》中的贾勰也极有可能是贾思勰的单称，亦或"思勰"与"勰"是名、字易用。

（三）《齐民要术》作者亦有"贾勰"之说

关于《齐民要术》的记载最早见于《隋书·经籍志》载曰："《齐民要术》十卷，贾思勰撰。"①《隋书》为唐代魏征等人所撰，距《齐民要术》成书时间不到100年，此间《齐民要术》的流传以原本和手抄为主，揣其面貌应较接近于作者原书，载录作者之名应当无错，但《隋书》后不少古籍史志中亦有载为贾勰所撰的记录，列举如下：

吴承仕在《经籍旧音序录》中考证："《旧唐志》载：'〈齐人要术〉十卷，贾勰撰'，则'勰'即'思勰'，殆无可疑。"②《旧唐志》即《旧唐书》，为后晋人所撰，成书时间离唐朝灭亡不远，是至今发现在《隋书》之后距《齐民要术》成书时间最近的历史记载。

宋代韩淲撰《涧泉日记》载："案赵过始为牛耕见贾勰《齐民要术》。"③《齐民要术》迄今为止发现的最早版本为北宋天禧四年（1020）的崇文院刻本，比同为宋代的《涧泉日记》成书时间略早，这说明《齐民要术》流传至宋代时，虽然已经有官刻本的出现，但《齐民要术》的作者一直有贾勰与贾思勰两种版本同时存在。再如，清代俞正燮撰《癸巳类稿·书刘杳传后》载："魏贾勰《齐民要术》卷七作'櫄酒法'，云：取櫄叶合花酿之……"④等皆写为贾勰。直到近代和20世纪初的诸多著述中也一直有贾勰著《齐民要术》的表述。

综上可见，对于《齐民要术》的作者，原本一直就有贾勰与贾思勰两种说法，而从其字义上考证，"勰"与"思勰"意思相通，即可互来表字，亦可单称，应是同一人，与《新唐书·宰相世系表》中贾勰相符合，因此《齐民要术》的作者贾思勰即是《新唐书·宰相世系表》中所

---

① 《隋书》卷三十四《经籍三》，北京：中华书局，1973年，第1010页。
② 吴承仕：《经籍旧音序录 经籍旧音辨证》，北京：中华书局，1986年，第58—59页。
③ （宋）韩淲：《涧泉日记》卷中，北京：中华书局，1985年，第22页。
④ （清）俞正燮撰：《癸巳类稿》，上海：商务印书馆，1957年，第264页。

载贾氏世系中的贾勰，至于《新唐书·宰相世系表》中载贾勰任青、兖州刺史，可能为贾勰祖父贾宪的死后赠谥之误。

三、结语

以上考证表明，贾思勰即是《新唐书·宰相世系表》中的贾勰，并与《魏书》等史志中所载贾思伯、贾思同是三代以内的宗族兄弟关系，证明了前人对贾思勰与贾思伯、贾思同是宗族兄弟关系的推测是正确的，并找到了合理的依据，这也为贾思勰的籍贯为北魏青州齐郡益都人（今山东寿光人）的考证增添了新的有力佐证。

第二节　贾思勰籍里的考证综述

对贾思勰本人的考证，以籍里考证为最多，成果最为显著，其籍里为北魏青州齐郡益都人（时郡治在今山东省寿光市城南益城村）。贾思勰籍里为今山东寿光人的考证已为学术界所认同，已成定论。此处，将持此观点的专家学者和主要论述与依据综述于下。

一、持此定论的老一辈专家学者与论述

（一）栾调甫与《齐民要术考证》

栾调甫（1908—1972），山东省蓬莱县人。原名栾廷梅，字调甫，后以字行，文号山东侉子，老一辈学人喜以"侉公"见称。曾任齐鲁大学、山东大学、山东师范学院等校教授，齐鲁大学国学院研究所主任、文学系主任等职，并任山东省立图书馆设计委员会委员、山东省科学院研究员等兼职。晚年曾出任山东省博物馆馆员、山东省文史研究馆馆员、馆长，山东省政协委员、常委等职。

栾调甫先生不遗余力于考据之学，他考据路数宽，几乎无古不成考，有考必成文，放笔纵墨，著述宏富，颇多建树，堪称多产考据学家。对《齐民要术》一书作了《作者考》《版本考》《引用书目考》三大考证，十余万言，农业界称赞他为《齐民要术》研究开创之人，"贾学第一功臣"。他在《齐民要术考证》一文中指出："贾思勰是元魏时代的青州齐郡人。"①

（二）农业史先驱"东万、西石、南梁、北王"的论述

在开拓农业史学科的前辈学者中，有"东万、西石、南梁、北王"之说，分别指分处四方的农业部下属四个重点农业史研究单位的学科带头人。东即中国农业遗产研究室（1955年成立，位于南京，受南京农业大及农科院双重领导）的万国鼎（1897—1963）；西为原西北农业大学的古农学研究室（1956年成立，位于陕西杨凌）的石声汉（1907—1971）；南为华南农业大学的农业历史遗产研究室（1978年成立，位于广州）的梁家勉（1908—1992）；北则是北京农业大学（即今中国农业大学）农史研究室（1978年成立）的王毓瑚。这四位先辈都是中国农史学界德高望重的饱学之士，对《齐民要术》及作者贾思勰都有丰富的论述考证。

1. 万国鼎先生及其论述

万国鼎（1897—1963年）是我国著名的农史学家、农史学科的开拓者之一，原金陵大学农史研究室（1912）和中国农业遗产研究室（1955）的创建者。毕生从事农史研究，在农业科技史研究、农史文献整理等方面卓有成就。

万国鼎先生在《论〈齐民要术〉——我国现存最早的完整农书》一文中推测："他或许也可能是齐人（山东人），因为他和齐郡益都人贾思伯（卒于525年）、思同（卒于540年）两兄弟（详见《魏书·贾思伯传》）同姓排名而又同时（思勰生存年代的推断见后），他可能就是

---

① 栾调甫：《齐民要术考证》，台北：文史哲出版社，1994年，第24页。

思伯的本家。"①

2. 石声汉、石定扶与《〈齐民要术〉今释》和全译

石声汉（1907—1971），湖南湘潭人。农史学家、农业教育家和植物生理学专家。曾长期从事生物学和植物生理学的教学与研究，是最早用科学方法研究中国哺乳类动物的学者之一。1924年入武昌高等师范生物系，1928年于中山大学结业。1933年赴英国伦敦大学求学，获植物生理学哲学博士学位。回国后历任原西北农学院、同济大学理学院、武汉大学教授。1951年后任原西北农学院教授、古农学研究室主任。先后撰写了《齐民要术今释》《〈四民月令〉校注》《〈农政全书〉校注》等专著，是中国农史学科重要的奠基人之一。

1955年4月，农业部农业宣传总局邀集有志于祖国农业遗产研究的专家学者，商讨整理祖国遗产工作时，对《齐民要术》的整理做了初步决定："由南京农学院万国鼎教授和西北农学院石声汉教授分工合作。分别校释后，相互审校，然后整理，得出一个比较上易读易懂的注释本。"1957年至1958年，科学出版社陆续出版了四分册的《齐民要术今释》，是近代学者以现代科学方法系统整理的第一部中国古代重要的农书，在国内外学术界引起了极大反响。

2012年，中华书局邀请石声汉的女儿石定扶女士在《齐民要术今释》的基础上对《齐民要术》进行全注全译，并于2015年正式出版。

石声汉、石定扶的观点认为，"贾思勰是祖居山东的汉族，而不是汉化了的鲜卑人。他的籍里，包括他的出生地、成长地和告休后家居度田园生活、写作《齐民要术》的所在地，应该就在山东青州的益都县（当时的益都县，县治在今山东寿光市境内）。"②

3. 梁家勉先生及若干论述

梁家勉（1908—1992），广东广州人，农业史学家。长期从事我国

---

① 万国鼎先生关于贾思勰籍里的推断，参见王思明，陈少华主编：《万国鼎文集》，北京：中国农业科学技术出版社，2005年，第43—53页。
② 参见石声汉译注，石定扶、谭光万补注：《齐民要术译注》上册，北京：中华书局，2015年，第6页。

农业历史遗产的发掘、整理工作,对《南方草木状》《齐民要术》有深入的研究。撰有《〈诗经〉之生物学研究发凡》《中国梯田考》《逐步丰富的祖国农业学术遗产》等九十余篇论文。著有《徐光启年谱》,校勘并简释《全芳备祖》。

梁家勉先生在《〈齐民要术〉的撰者、注者和撰期》一文中指出,"《齐民要术》的撰者,其名字不应做贾勰或贾思协,而应作贾思勰……其籍贯和履历并不是完全'未详',而是略可考知是山东境人,且可能是青州齐郡益都人。跟贾思伯、贾思同是同族,是弟辈,跟刘仁之是相识。"并先后在《有关〈齐民要术〉若干问题的再探讨》《有关〉齐民要术〉的几个问题答天野先生》文章中反复论证和确认以上观点。①

4. 王毓瑚先生及相关论述

王毓瑚(1907—1980),字连伯,河北省高阳县人。农业史学家、经济史学家、农业教育家、农书目录专家。早期从事经济思想史和中国经济史的研究、著译,后期致力于整理、校注古农书,推进农业经济史和农业技术史的研究,肇端于比较农业史、农学思想史、世界农业史的研究,并在培养农史研究人才方面做出重要贡献。

王毓瑚先生在《中国古代农业科学的主要成就》一书中,曾简要述及:"据史书记载,后魏末期还有两位著名的经学家,就是齐郡益都县(今山东省益都县)的贾思伯、贾思同兄弟二人,因为姓名相近,有人认为这三位学者可能出自一家。"因为王毓瑚先生的著述年代较早,当时贾思伯墓②尚未被考古发现,所以将《魏书》中所载贾思伯为北魏益都人,简单的注为今山东省益都县③,是一个疏误。

---

① 梁家勉先生关于《齐民要术》的相关论述,参见倪根金主编:《梁家勉农史文集》,北京:中国农业出版社,2002年,第19—43页。
② 贾思伯墓在1973年12月出土于寿光市李二村附近,墓志现存与山东省光市博物馆。
③ 王毓瑚所指今益都县为今山东省青州市的曾用县名,与山东省寿光市搭界。而北魏时的齐郡益县郡、县治皆在今寿光境内,相关论述参见贾效孔,国乃全:《贾思勰籍里考证研究》,北京:中国农业科学技术出版社,2017年,第7—8页。

二、其他当代学者的论述

（一）郭文韬、严火其与《贾思勰王祯评传》

郭文韬，南京农业大学教授、博士生导师，中国农业科学院研究员，中国农业历史学会常务理事、顾问，中国农业经济史研究会常务理事；严火其，南京农业大学教授、博士生导师，主要从事农学思想史、科学技术哲学、科学技术史研究。

郭文韬、严火其合作撰写的《贾思勰王祯评传》一书中认为，"可喜的是，历代的研究者，对贾氏的出生地还是有大致一致的看法。那就是贾思勰为北魏齐郡益都人。"并详细考证贾思勰与北魏贾思伯、贾思同为兄弟关系和其籍贯为山东寿光人。并指出：今人万国鼎、梁家勉、天野元之助等也都持这一观点。①

（二）孙金荣在《齐民要术研究》中的考证

孙金荣先生在《齐民要术研究》一书中从古今益都、青州、寿光行政区划的沿革角度对贾思勰的籍贯有详细论证，摘要如下：

> 在汉代，青州治下的寿光县、益县、武帝封菑川懿王子胡侯国城，这两县一侯国彼此疆界交结是毋庸置疑的，北魏贾思伯、贾思同、贾思勰的出生地如果推至汉代，大致就在三地交接地带……
>
> 后汉时，寿光县、益县，均有汉青州治下的北海国（郡）改属乐安国（郡）……
>
> 《旧唐书·地理志》："益都，汉县。在今寿光县南十里故益都城是也。北齐移入青州城北门外为治所。"《寿光县志·舆地志》："考《旧唐志·元和志·括地志》，并委曹魏于今寿光县南十里汉益县故城置益都县。《水经注》于巨洋枝津所逐益都侯城，即王胡城，称为北益都城。其城在益城北。如非益改益都，何以称为北益都耶？"

---

① 郭文韬，严火其：《贾思勰王祯评传》，南京：南京大学出版社，2011年，第7—11页。

曹魏时，寿光属青州乐安郡，益都属青州齐郡。但这里说的曹魏时的青州益都县的位置应是后来贾思伯、贾思同、贾思勰的出生地。也就是说贾思勰的故里在曹魏时属益都县，在今属寿光县（市）。①

（三）其他相关学者及论述

李元卿先生发表的《贾思勰故里考》一文，从史志文献角度详考古今益都与寿光的沿革，得出结论："贾思勰的故里应是北魏山东益都，即现在的山东寿光。中学的《中国历史》课本和某些书籍说贾思勰故里是现在的青州市或益都县，都是不对的，他们把北魏时的益都同现在的青州、益都等同了。"②

李森先生在《贾思勰应为今寿光人》一文中提出，"贾思勰应是益都人的推测，非常有理极为可信，已被学术界所接受，成为不争的共识。但是问题的症结在于，北魏时期的齐郡益都县，其在今寿光而不在青州……进一步讲，学术界赖以为贾思勰确定籍贯的北魏人贾思伯、贾思同兄弟二人，实际上均是今寿光人。晓明了这一点，我们说重新考证得出的贾思勰应是今寿光人的结论，可以定案，毋庸置疑。"③

三、寿光本地研究者对贾思勰籍里的研究

寿光作为"农圣"贾思勰的出生地，寿光人民一直为在历史上能拥有这样一位伟大科学家而自豪。但20世纪70—80年代，一些权威出版物中对贾思勰籍贯的表述却存在模糊和分歧，如：

上海辞书出版社1979年版《辞海》（第4214页）："贾思勰，我国古代农学家。山东益都人。"1989年版缩印本《辞海》（第2071页）："贾思勰，我国古代农学家。山东益都（今青州市）人。"

上海人民出版社1980年版王仲荦先生《魏晋南北朝史》（第1036

---

① 孙金荣：《齐民要术研究》，北京：中国农业出版社，2015年。
② 李元卿：《贾思勰故里考》，《中国石油大学学报》（社会科学版）1993年第4期。
③ 李森：《贾思勰应为今山东寿光人》，《中国史研究》1999年第3期。

页）："（贾）思勰为山东益都人。"

山东人民出版社1994年版安作璋先生主编的《山东通史·魏晋南北朝卷》（第459页）："贾思勰，山东青州人。"

人民教育出版社历史室编著的初级中学教材《中国历史》第一册（第161页）："贾思勰，山东益都人。"书中对"益都"的注文为："今山东青州。"

鉴于以上出版物对贾思勰籍里的模糊和错误表述，寿光当地的研究学者也纷纷展开考证，对贾思勰的籍贯问题进行了充分的论证，并发表大量学术文章，如：

李群[①]《贾思勰与〈齐民要术〉》，发表于《自然辩证法研究》1997年第2期；魏涌汉《贾思勰的籍贯及其农业观》和王冠三《贾思勰籍贯辨误》，1984年8月10日刊登于寿光县地方史志编纂委员会编制的《寿光县志资料》，并于2013年选登于徐莹、李昌武主编的《贾思勰与齐民要术研究论集》[②]；孙仲春《贾思勰考》，载于1992年《潍坊史志》；侯如章《简论贾思勰与〈齐民要术〉》，载于1992年《潍坊文化通鉴》第七编《北海名邑文绩多》；孙仲春、葛怀圣《农学家贾思勰高阳太守考》；贾效孔《贾思勰籍里考证及其农学巨著〈齐民要术〉》；崔英魁、焦方增《编纂〈贾思勰志〉及济南泉城广场贾思勰籍贯订正的有关情况》，并于2013年选登于徐莹、李昌武主编的《贾思勰与齐民要术研究论集》。[③]

以上寿光当地的专家、学者以历史的使命感并从科学研究的态度出发，对贾思勰的籍贯从历史文献和考古实证的不同角度进行了翔实科学的研究，一致认为贾思勰的籍贯为北魏时山东齐郡益都（今山东寿光）人。并通过实际行动，得到了上海辞书出版社、中国农业科学院、中国农业大学等研究单位的明确肯定，从而纠正了贾思勰籍贯在一些权威刊

---

① 李群，1997年，时任寿光市人民政府市长。
② 徐莹，李昌武主编：《贾思勰与齐民要术研究论集》，济南：山东人民出版社，2013年，第3—42页。
③ 徐莹，李昌武主编：《贾思勰与齐民要术研究论集》，济南：山东人民出版社，2013年，第3—42页。

物中的错误、模糊的表述状态。①

四、贾思勰籍贯在寿光的主要依据综述

（1）贾思勰在《齐民要术》中谈及青州时称"父老"，如卷四《种枣》载："案青州有乐氏枣，丰肌细核，多膏肥美，为天下第一。父老相传云：'乐毅破齐时，从燕携来所种也。'齐郡西安、广饶二县所有名枣即是也。""父老"当是指本州即青州，齐郡以及西安、广饶是青州下辖的郡和县，因此作者的籍贯可考定为北魏的青州齐郡。

（2）贾思勰在《齐民要术》中多"齐人齐俗"的表述，如卷一《耕田》中有："今自济州以西犹用长辕犁、两角楼……未若齐人蔚犁之柔便也。"卷八《黄衣黄蒸及蘖子》篇中作黄衣法注："齐人喜当风扬去，此大谬。"卷六《养牛马驴骡》篇家政法注："四月毒草与茭豆不殊，齐俗不收，所失大也"等，"齐人齐俗"亦应指北魏时的青州齐郡。

（3）贾思勰与贾思伯、贾思同为三代以内的同族兄弟（前文已有详细考证论述，此不赘述）。《魏书·贾思伯传》载："贾思伯，字士休，齐郡益都人（今山东寿光）也。"因此，贾思勰也应是北魏时齐郡益都（今山东寿光）人。

（4）史志文献记载贾思伯、贾思同墓在今寿光市。历代编纂的《寿光县志》均记载贾思伯及其弟贾思同墓在县城西南李二村东北，如民国《寿光县志》卷三《古迹志·冢墓》载："北魏尚书贾思伯及其弟思同墓在县城西南十里李二村东北。《魏书》思伯、思同为益都人，各有专传。按元魏时益都即今县治南故益城，其葬斯地固宜，今双冢犹

---

① 寿光当地研究人员于1999年，先后向上海辞书出版社与山东省人民政府反映贾思勰籍贯的错误表述问题，并由上海辞书出版社向中国农业科学院、中国农业大学等研究单位核实后，得到明确答复，新版《辞海》中"贾思勰"条目将以新的考证成果为准，并出具证明。济南文化广场山东十二圣中贾思勰雕像底座的说明文字也因此改为"贾思勰，山东益都（今寿光市）人。参见崔英魁，焦方增：《编纂〈贾思勰志〉及济南泉城广场贾思勰籍贯订正的有关情况》，徐莹，李昌武主编：《贾思勰与齐民要术研究论集》，济南：山东人民出版社，2013年，第13页。

并列。"①

（5）贾思伯、贾思同墓的考古发现。1973年12月，李二村群众平整地面时将贾思伯墓挖毁，考古发掘后，发现了贾思伯与夫人刘静怜的墓志铭，证实了史志中记载贾思伯、贾思同墓在寿光的真实性。1995年，与贾思伯墓并列的贾思同墓因沙层塌陷被发现，寿光市博物馆随即进行抢救性发掘，因盗扰严重，未发现墓志，但从随葬品形制来看与贾思伯墓相似。②贾思伯、贾思同墓的出土，从考古实证角度证实了贾思伯、贾思同的籍里。

（6）贾思勰墓址可能在寿光。据山东石油大学李元卿先生考察，寿光李二村南500米处原有高6米、占地3亩的古墓一座，现已被平。曾有村民在墓址5米深土层中发现砖墙，经当地文物部门鉴定为汉唐间物品，与贾思伯、贾思同墓中出土砖块为同一时代。查阅史志可知，寿光此地在汉唐年间除贾氏三人外并无其他高官或知名人士，且此墓与贾思伯、贾思同墓相距不远，推测为贾思勰墓的可能性较大。若对此墓作进一步详细发掘，可能会发现有价值的实物考证资料。③

第三节　贾思勰为官高阳郡治新考

北魏贾思勰著有世界农学史上最早最有价值的农学巨著——《齐民要术》，对其身世的研究也历来受到学术界的关注和重视。但因史书中没有他的任何记载，对其历史信息，特别是为官高阳太守郡治的研究，一直众说纷纭，观点不一。

从《齐民要术》序言中"后魏高阳太守贾思勰撰"的署名可知，贾思勰曾担任过北魏（又称后魏）高阳太守一职，但因北魏高阳郡有两

---

① 民国《寿光县志》卷三《古迹志·冢墓》，台北：成文出版社，1968年，第65页。
② 寿光市博物馆：《山东寿光东魏贾思同墓清理简报》，《中原文物》2016年第5期。
③ 李元卿：《贾思勰故里考》，《中国石油大学学报》（社会科学版）1993年第4期。

处，一处在今山东临淄，北魏属青州。一处在今河北高阳，北魏属瀛州。因此，对贾思勰为官郡治的学术探讨，一直有两种相持不下的观点：如学者王毓瑚、梁家勉先生等人认为是在瀛州高阳；栾调甫、万国鼎、王仲荦先生等人认为是青州高阳，山东农业大学孙金荣先生亦持此论。至于贾思勰到底为官何处，诸位专家、学者虽多有论述，但一直没有找到有说服力的证据，故而各主一说。笔者经通查《魏书》《北史》等史籍后发现，贾思勰为官高阳郡治问题，可从史籍记载和北魏职官制度上找到其为官郡治为河北高阳的考辨依据，以俟方家指正。

一、对诸前研究中代表性论述的探析

（一）梁家勉先生认为贾思勰为官高阳郡治在瀛州（今河北高阳县）

梁家勉先生先后撰文《〈齐民要术〉的撰者、著者和撰期》《有关〈齐民要术〉若干问题的再探讨》，对贾思勰为官高阳郡治进行过考证，认为应在瀛州（今河北高阳县）。其所据有三[①]。

其一，贾思勰在《齐民要术》中自述亲历井陉以东，井陉今属河北，据此推测，是作者赴任河北高阳时从此经过。

其二，《齐民要术·白醪曲》中提到的皇甫吏部可能为高阳王元雍的女婿皇甫场。从元雍当时为镇军将军和都督冀、瀛州诸军事猜测，其封地为瀛州高阳郡，并认为元雍的家属可能部分居洛阳，部分居瀛州或其他邻州，而皇甫场可能因此一度居瀛州，为贾思勰在高阳太守时就地询问白醪曲的制作提供了可能性。

其三，《齐民要术》中曾提及河北境内的杜葛乱后，据此推测，贾思勰可能是在杜葛之乱以后才来到河北高阳郡任太守，时间最早应在杜葛之乱结束的528年9月以后。

但以上所论中，对梁家勉先生以《齐民要术》中所提河北相关地名

[①] 倪根金主编：《梁家勉农史文集》，北京：中国农业出版社，2002年，第19—37页。

和历史事件作为考证贾思勰为官地点的依据，孙金荣先生从统计学的角度提出了不同意见，他认为，《齐民要术》中提到河北的地名、人事、物产与山西地名、人事、物产数量相当，而提到山东的地名、人事、物产多于以上两地，因此，不能单凭这一点判断贾思勰为官的高阳郡是河北高阳还是青州齐郡的高阳。①笔者也认为的确如此。

对梁家勉先生所论《齐民要术》中"皇甫吏部（皇甫玚）"与高阳王元雍封地之论据，据张鹤泉先生对北魏王爵封授制度相关研究考证，"北魏国家对诸王实行'不之国'的规定，并采取禁止诸王到封国所在州任刺史的回避措施"②，这一研究结论为高阳王封地与高阳太守郡治的区分提供了重要参考。《魏书·张普惠传》载："今之诸王，自同列国，虽不之国，别置臣僚，玉食一方。"这说明北魏时期所封王爵并不能到其封地居住，由朝廷另置臣僚进行管理，因此高阳王并不居于封地之内。另外，皇甫玚身居吏部高位，且只是元雍女婿，应当不会以元雍家属身份随迁，史籍中也未有皇甫玚一度居瀛州之证据。由此可见，梁家勉先生对高阳王元雍封地在河北高阳的推断，难以为据。

（二）孙金荣先生考证贾思勰为官高阳郡治在青州（今山东临淄境内）

孙金荣先生在《贾思勰为官"高阳"郡治考》一文中，对梁家勉先生所论提出了不同看法，认为贾思勰为官高阳郡治应在青州（今山东临淄境内）。其主要推论有以下几点③。

其一，从统计学角度对贾思勰在《齐民要术》中提到今山东与河北两地物产资料时的语言进行比较分析后，他认为，"（贾思勰）对北魏青州（属今山东省）的风土人情的了解，更直接、更全面、更深入"，

---

① 参见孙金荣：《贾思勰为官"高阳"郡治考》，《山东社会科学》2014年第1期。
② 关于"禁止诸王到封国所在州任刺史的回避措施"，张鹤泉先生详列了北魏所封31位王爵的封地与所任州刺史的比较表，发现皆符合这一制度。需要注意的是，张鹤泉先生将高阳王元雍的封地注为了瀛州高阳，应是百密一疏，当为青州高阳，不然，"元雍都督冀、相、瀛三州诸军事"就违背了这一规律。参见张鹤泉：《北魏后期诸王爵位封授制度试探》，《中国史研究》2012年第4期。
③ 参见孙金荣：《贾思勰为官"高阳"郡治考》，《山东社会科学》2014年第1期。

由此提出，贾思勰在北魏青州生活和工作的可能性更大，做青州高阳太守的可能性更大。

其二，从语言学角度分析，《齐民要术》中所用方言、俗语以山东最为突出，另有苏北、浙东方言，而没有明显的河北方言。由此认为，贾思勰在北魏青州齐郡生活、工作，并在青州做高阳太守的可能性更大。

其三，从《齐民要术》的酿酒篇章和两处高阳的传统产业分析，认为酿造业是青州高阳（今山东临淄境内）的传统产业，并有着较多的酒文化传承；并认为贾思勰为官、生活过的高阳郡和高阳王元斌生活过的高阳县酒醋酿造之风盛行。综上论述后，得出贾思勰为官青州高阳的结论。

但综合孙金荣先生以上三方面的论证，笔者认为贾思勰为官郡治是青州高阳的证据依旧不是十分充分。以上证据中第一、二条，仅对证明贾思勰籍贯在北魏青州（今山东寿光境内）是颇为有利的证据。贾思勰是北魏青州人，自然对家乡的物产情况更为熟悉，但这不能进一步说明贾思勰为官高阳太守郡治就是在青州。第三条中，青州高阳（今山东临淄境内）有酒、醋这些传统酿造业也不能充分说明贾思勰就在青州高阳为官；另外，高阳王元斌其封地也因北魏封爵制度中"不之国"的规定，与高阳太守并无必然联系。所以，孙金荣先生最后也仅得出在青州高阳郡可能性较大的模糊结论，并不能排除贾思勰任职瀛州高阳郡的可能性。

鉴上，贾思勰究竟是山东青州高阳太守还是河北瀛州高阳太守仍需进一步探讨。笔者认为，探讨贾思勰为官高阳的郡治问题，除了从以上几个角度去辨析外，还可从高阳郡的历史沿革与北魏职官制度上寻找贾思勰为官地点的新证据。

二、高阳郡的历史沿革

孙金荣先生考证高阳郡沿革曰："河北先有后燕高阳郡，后有北魏高阳郡。山东先有流亡高阳县，再有侨置高阳郡，再有实设高阳郡。"[①]

---

① 孙金荣：《贾思勰为官"高阳"郡治考》，《山东社会科学》2014年第1期。

这是一个较为准确的论述，但却缺少两处高阳沿革时间的考证。笔者不揣浅陋，补考如下：

据《晋书·地理志上》载："高阳国泰始元年置。统县四，户七千。博陆、高阳、北新城侯相。蠡吾。"①可见，西晋265年时，冀州（今河北）始有高阳国。晋惠帝末年，"八王之乱"导致中国北方地区被少数民族逐鹿中原，司马氏王室南迁建立东晋政权，西晋由此灭亡，西晋时所封高阳王国亦不复存在，王国封地渐改为郡治。西晋亡后，北方地区先后建立了前赵、后赵、前秦、前燕、后燕、南燕、北燕等少数民族政权，史称"五胡十六国"。据北魏崔鸿著《十六国春秋·慕容垂》载："燕元二年……垂攻邺久不下，将北诣冀州。乃命赵王屯信都，乐浪王屯中山，召辽西王农还邺……农至高邑，遣从事眭邃近出。违期不还，长史张攀请讨之，农不应，假邃高阳太守。"②由此记载中的高阳太守官名可证，晋之高阳国在后燕时已成为高阳郡。

398年，北魏进攻后燕，夺取冀州部分地区，后燕部分官员逃至青州一带，建立了南燕（时临淄属于南燕）政权，都广固城（今山东青州境内）。但南燕地处北魏和东晋的南北夹击之下，政权存在时间为时甚短，是一个流亡政权，行政机构并不完善。至东晋义熙五年（409），东晋丞相刘裕击破广固城灭南燕，复收青、兖二州。420年，刘裕代晋建立刘宋，其第三子刘义隆在青州置高阳郡，属侨冀州，辖安平、高阳、饶阳等县。③这段时期，与南方相对稳定的东晋和刘宋政权相比，北方地区却政权翻覆，战乱不断，百姓民不聊生，多有南渡之心。《宋书·州郡一》载："自夷狄乱华，司、冀、雍、凉、青、并、兖、豫、幽、平诸州一时沦没，遗民南渡，并侨置牧司，非旧土也。"④这表明刘宋代晋后于辖境内设置侨置州郡，意在招抚南渡的北方中原流民，冀州即为侨置州之一；《宋书·州郡二》则载："冀州刺史，江左立南冀

---

① 《晋书》卷十四《地理志上》，北京：中华书局，1974年，第424页。
② （清）汤球：《十六国春秋辑补》卷四十三，北京：中华书局，1985年，第339页。
③ 《淄博市临淄区志》载："公元420年，刘宋时，临淄县南境析立广川县，属广川郡；北境析立重合县，属渤海郡；西北境析立高阳县，属高阳郡。"
④ 《宋书》卷三十五《州郡一》，北京：中华书局，1974年，第1028页。

第三章 贾思勰的家世源流与相关学术问题

州，后省。义熙中更立，治青州，又省。文帝元嘉九年，又分青州立，治历城，割土置郡县。领郡九，县五十，户三万八千七十六，口一十八万一千一。"①据以上《宋书》中所载，南朝刘宋曾反复割青州地侨立冀州，因此，若有侨置高阳郡，当先为侨冀州所属。但《宋书·州郡二》其后又云："高阳太守。高阳，前汉县名，属涿，后汉属河间。晋武帝泰始元年，分涿为范阳，又属焉。后又分范阳为高阳。江左屡省置，孝武又侨立，何无。"②由此可见，沈约在撰写《宋书》时，侨冀州中已经没有高阳郡的记录。《魏书》则载："高阳郡，故乐安地，刘义隆置，魏因之。"史载北魏攻陷青州治所东阳城是在北魏皇兴三年（469），青州入北魏后，魏因宋制，在青州仍设高阳郡，由此可见，青州高阳郡在刘宋时已划归青州，不再属于侨冀州。又据《宋书·州郡一》载："太宗初，索虏南侵，青、冀、徐、兖及豫州淮西，并皆不守，自淮以北，化成虏庭。于是于钟离置徐州，淮阴为北兖，而青、冀二州治赣榆之县。今志大较以大明八年为正，其后分派，随事记列。内史、侯、相，则以升明末为定焉。"③《宋书》作者言及州郡的分置是以大明八间（464）为准，依此推断，侨置的冀州高阳郡可能在刘宋大明八年（464）前即已归入青州，而不再是侨置属性，因此《宋书》中才会有侨置冀州中"何无"高阳郡的疑问。

青州纳入北魏后，北魏便有了两处高阳郡治，即：原属定州后于488年改瀛州的高阳郡和469年新纳入的青州高阳郡。可见史载如下：

《魏书·地形志》载：

> 瀛州，太和十一年分定州河间、高阳，冀州章武、浮阳置，治赵都军城。领郡三，县十八，户一十万五千五百四十九，口四十五万一千五百四十二……高阳郡，晋置高阳国，后改。领县九，户三万五百八十六，口一十四万一百七。高阳前汉属涿，后汉属河间国，

---

① 《宋书》卷三十六《州郡二》，北京：中华书局，1974年，第1098页。
② 《宋书》卷三十六《州郡二》，北京：中华书局，1974年，第1102页。
③ 《宋书》卷三十五《州郡一》，北京：中华书局，1974年，第1028页。

晋复。有郝神、高阳城。①

《魏书·地形志》载：

> 青州，后汉治临淄，司马德宗治东阳，魏因之。领郡七，县三十七，户七万九千七百五十三，口二十万六千五百八十五……高阳郡，故乐安地，刘义隆置，魏因之。领县五，户六千三百二十二，口一万七千六百六十七。高阳、新城、邺、安次、安平。②

三、从北魏职官制度看高阳王封地与高阳太守郡治的关系

诸前对贾思勰为官郡治的研究论述中，大多认为高阳王与高阳太守之间存在一定的联系，或者认为高阳王或其亲属就在其封地生活、居住，并以此来考证贾思勰任高阳太守的为官地点，对此前文已证，高阳王与高阳太守之间实际并不存在行政隶属关系。如此，高阳王封地与高阳太守郡治之间互不隶属的关系，则从反证角度提供了一条探析贾思勰为官高阳郡治的可行之路。

据张鹤泉先生的研究，北魏爵位制度以孝文帝太和十六年（492）的爵位制度改革为界，分为前期和后期两个阶段，并具有显著不同的制度特征。③

北魏前期的爵位制度始于道武帝天兴元年（398），等级分为王、公、侯、子四级，以王爵为最高，但具有明显的虚封特征。北魏前期的爵位称号明显沿袭了西晋的名称，但又分为多种情况：一类是沿袭了西晋的王国封地名称或遥领江南郡、县地名，并非北魏辖境中的实设郡县。也就是说这类爵位封号下面根本无法对应实际封地，受封爵位的官员，当然也就谈不上对封地的管理。宋人马端临曾例证过这一问题曰："其时虽有受封之名，而未尝与之食邑。又道武以来，有受封为建业公、丹阳侯、会稽侯、苍梧伯之类，此皆江南之地，未尝为魏所有。可

---

① 《魏书》卷一百〇六上《地形志》，北京：中华书局，1974年，第2469页。
② 《魏书》卷一百〇六中《地形志》，北京：中华书局，1974年，第2522—2523页。
③ 参见张鹤泉：《孝文帝爵制改革后的北魏散爵封地》，《古代文明》2016年第4期。

见当时五等之爵多为虚封。"①另一类则是用北魏境内的实设郡、县之名进行的爵号虚封，如乐平王、新兴王、长乐王、阳平王、京兆王、章武王、安定王、咸阳王、河南王等，对这类辖境内有实际郡、县的爵位封地管理与其他一般行政郡县的管理也并无明显区别，受封诸王名下的封地郡与一般行政郡一样，均以太守作为行政长官。例如，长乐王拓拔处文，为道武帝天赐四年（407）所封，而据《魏书·屈尊传》载："太祖素闻其名，厚加礼焉……中原即平，赐爵下蔡子……卒，时年七十。子须袭。除长乐太守，加镇远将军。"②可见在道武帝时，所封长乐王的封地内是设有长乐太守管理的。这种虚封爵位的制度直到孝文帝爵位改革（492）以前一直没有变化。在王国封地内设郡守进行治理的做法是北魏前期虚封爵位制度的明证，此时期内的爵位封号只是一种地位的象征，爵位与封地之间并无直接联系。

太和十六年（492），孝文帝颁布新的职官制度，对爵位制度进行改革，逐渐以实封爵位形式替代旧的虚封爵位制度，以扩大统治集团的利益和巩固自己的政权。实封爵位设王、开国郡公、开国县公、开国县侯、开国县伯、开国县子、开国县男，后期又增加开国乡男。王与开国郡公以郡为封地，郡公以下以县、乡为封地。

以太和十六年（492）改革为界的北魏后期实封爵制度有着与前期明显不同的特点，冠以"开国"字样的实封爵开始享有封地内的食邑经济特权。值得注意的是，北魏对这些实封王爵、开国爵封地的管理上，所设的职官亦开始不同于一般行政郡、县，"受实封的封君，其所在封地称为国。相当于郡的封国，其治民的长官，王国称内史，公国称相……皆有朝廷任命。"③这可从《魏书》所载《后职员令》中找到明证，其中便有上述王国封地的职官名称，如上郡内史、相；中郡内史、相；下郡内史、相。与之相对应的一般行政郡则称为：上郡太守、中郡太守、下郡太守。这种由国家单独设置爵主封地内职官的制度，既是显示封地与一般郡县管理的不同之处，也是有效限制封爵主对封地管

---

① （元）马端临：《文献通考》第7册，济南：山东画报出版社，2004年，第320页。
② 《魏书》卷三十三《屈尊传》，北京：中华书局，1974年，第777页。
③ 俞鹿年：《北魏职官制度考》，北京：社会科学文献出版社，2008年，第355页。

理和控制的重要措施，与北魏对诸王实行'不之国'的规定和所任州刺史回避封地制度是相配合的。北魏后期的此类政策，使得王国封地与一般郡、县仅存在理念属性上的不同，从行政角度来看，封国与郡差别不大。

综上分析可明确的是：其一，北魏后期（493年以后）王国封地和一般行政郡在职官名称上存在明显区别，即王国封地称"内史"，而一般行政郡仍称"太守"。这也反映出高阳王国的封地和高阳太守的治郡不会在同一郡。其二，高阳王并不在封地内生活和居住，也不太可能任封地所在州之刺史。其三，无论是从北魏前期还是后期的爵位制度来看，高阳王与高阳太守之间均没有行政隶属关系，故而高阳王封地与高阳太守治郡只需证其一，就可知其二。

四、高阳王封地与高阳太守郡治考探

（一）北魏的高阳王与王爵封授时间

统查《魏书》可知，北魏获封高阳王的仅有三人：拓跋濬、元雍、北齐时降为高阳县公的元斌。

（1）拓跋濬。据《魏书·世祖纪》载："正平元年……十有二月丁丑，车驾还宫。封皇孙濬为高阳王。寻以皇孙世嫡，不宜在蕃，乃止。"[①]拓跋濬为北魏世祖皇帝拓跋焘之孙，后即位为文成帝，是北魏所封第一位高阳王，但受封王爵时间甚短，与贾思勰生活年代所距较远。另据上文所析，北魏孝文帝爵制改革之前的王爵并无实际封地。

（2）元雍。据《魏书·元雍传》载："太和九年，封颍川王。"[②]《魏书·高祖纪》载："（太和十八年）……二月乙丑……行幸河阴，规建方泽之所。丙申，河南王幹徙封赵郡，颍川王雍徙封高阳。"[③]由此可知，元雍是在太和十八年（494）由颍川王徙封高阳王，正是孝文

---

① 《魏书》卷四下《世祖纪》，北京：中华书局，1974年，第105—106页。
② 《魏书》卷二十一上《元雍传》，北京：中华书局，1974年，第552页。
③ 《魏书》卷七下《高祖纪》，北京：中华书局，1974年，第174页。

帝太和十六年（492）实爵制改革的具体体现，而494年之前，北魏并无高阳王实封爵。至528年，尔朱荣制造"河阴之变"，元雍与儿子元泰同时遇害，元雍高阳王封爵由儿子元斌承袭。

（3）元斌。据《魏书·元雍传》载："（元雍）嫡子泰……与雍同时遇害。追赠侍中、特进、骠骑大将军、太尉公、武州刺史、高阳王、谥曰文孝。子斌，袭。武定中，官至尚书右仆射。齐受禅，爵例降。"[①]

由以上史志所载，可确知北魏高阳王爵位受封之时间：除拓跋潜因封爵为时甚短且为虚封，可不做分析外，高阳王元雍王爵受封时间应为494—528年，高阳王元斌王爵受封时间应为528—550年。

（二）贾思勰高阳太守郡治考辨

史书对高阳王封地之记载如同高阳太守郡治一样，并没有对两处高阳详加甄别，推其原因可能与北魏后期的王爵实封体制有关。受封王爵的官员虽有了实际封地，但却既不能到封地居住，也不能到封地所属州任刺史，而是由朝廷另行封授职官"内史"进行管理，或许高阳王封地自始就与高阳太守郡治别居两处，未曾变过，因此，只习惯性称"高阳太守"或"高阳内史"而不加区分，可能是人尽皆知，不需要甄别的事情。鉴上，"不之国"与"刺史回避封地制度"以及"高阳内史"与"高阳太守"的官名之别，就成了探析高阳王封地与高阳太守郡治的关键证据，只需在时间上加以甄别就可以了。以下所列五条史证即是探析高阳太守郡治与高阳王封地之力证。

第一，《魏书·元雍传》载："（元雍）世宗初，迁使持节、都督冀相瀛三州诸军事、征北大将军、开府、冀州刺史、常侍如故。雍在二州，微有声称。入拜骠骑大将军，司州牧。"[②]元雍为太和十八年（494）徙封高阳王，至宣武帝初年，赴任冀州刺史，并都督冀相瀛三州诸军事。宣武帝初年（500左右），正是北魏施行王爵实封制不久，其制度实施应相对严格，因此，若按"刺史回避封地制度""督冀相

---

① 《魏书》卷二十一上《元雍传》，北京：中华书局，1974年，第557页。
② 《魏书》卷二十一上《元雍传》，北京：中华书局，1974年，第552页。

瀛三州诸军事"的职责说明其封地应当不会在瀛州高阳，而应在青州高阳。

第二，《北史》载："库狄峙……仕魏，位高阳郡守，政存仁恕，百姓颇悦之。孝武西迁，峙乃弃官从入关。"①以上在《周书》中也有相同记载。这反映出，库狄峙在孝武帝西逃建西魏政权（534）时曾做过高阳太守，因跟随孝武帝出逃而弃高阳太守之位。由此可分析，时库狄峙所任高阳太守的地点必在与西魏相邻的河北，这才能使库狄峙有机会跟随孝武帝西逃，而如果为官地点在青州高阳的话，这将势必难以成行。

第三，《魏书·许彦传》附《许晔传》载："（许）逊弟晔，字叔明，性开率。州治中、别驾、西高阳太守、太中大夫。兴和三年卒，年四十一。赠镇东将军、瀛州刺史。"②这是一例高阳太守郡治在河北之显证，因为"西高阳太守"显然是与青州高阳相对而言所讲的，其位置与青州高阳比起来显然是西边。而从其赠谥瀛州刺史分析，按北魏加一级赠官职、谥号的成例，也可看出许晔生前应在河北瀛州任高阳太守，死后才会获赠谥号瀛州刺史。

第四，《北史·阳昭传》载："（阳）昭字元景，学涉史传，尤闲案牍……天保初，除给事黄门侍郎。后以风气弥留，不堪近侍，出除青州高阳内史，卒于郡。"③这一记载明确反映出青州高阳的行政长官是内史而非太守，内史正是北魏后期王爵封地内的特有职官，与太守级别相当，职守无异。这也表明，高阳王的实封地是在青州高阳，此与证据一可相互印证。

据五，《北齐书·文宣帝纪》载："（武定八年）三月辛酉，又进封齐王，食冀州之渤海长乐安德武邑、瀛州之河间五郡，邑十万户……夏五月辛亥，帝如邺。甲寅，进相国，总百揆，封冀州之渤海长乐安德武邑、瀛州之河间高阳章武、定州之中山常山博陵十郡，邑二十万户，

---

① 《北史》卷六十九《库狄峙传》，北京：中华书局，1974年，第2394页。
② 《魏书》卷四十六《许彦传附许晔传》，北京：中华书局，1974年，第1038页。
③ 《北史》卷四十七《阳昭传》，北京：中华书局，1974年，第1730页。

加九锡，殊礼，齐王如故。"①武定八年（550）虽是东魏、北齐相交的年份，但如上所载反映的是，推翻北魏建立北齐政权的文宣帝高洋在武定八年（550）的三月和五月，先后被北魏皇帝加封齐王和相国，并将瀛州高阳郡在内的十郡作为其封地。此时北魏政权虽名存实亡，但北魏皇帝并未实际禅位，这一政令仍是北魏皇帝笼络高洋的政治决策，并非出于胁迫。因此，如果高阳王封地是在瀛州高阳郡的话，北魏皇帝是不可能将自己宗亲所属封地再转封给齐王高洋的，这亦是高阳王封地不在瀛州而在青州之旁证。

五、结论

以上所据五条证据的时间节点，起始自500年，结束至550年，几乎囊括了高阳王封爵存续的整个时间段，由此互相印证的证据链条，足可形成一个清楚的认识，即高阳王的实封地是在青州高阳郡，高阳太守的郡治是在相对靠西的瀛州高阳郡。而据贾思勰的生活年代②分析，其出任高阳太守的时间不可能在元雍改封高阳王（494）之前，因此，贾思勰所任高阳守太是在北魏瀛州高阳郡（今河北高阳）而非青州高阳郡（今山东临淄境内）是可以确考的。

第四节　贾思勰为官高阳太守的时间考证

北魏对官员升迁实行考课制度，通常情况下每三年考课一次，但官员升迁年限在不同的时期又分为三年一迁和六年一迁。北魏具有相对稳定的考课升迁制度大致上分 4 个阶段：494 年以前大致为三年一考，六年一迁；494 年至 500 年，孝文帝将教课升迁制度改为三年一考，考即

---

① 《北齐书》卷四《文宣帝纪》，北京：中华书局，1972 年，第 44—45 页。
② 参见刘志国：《〈齐民要术〉中的历史人物刘仁之考证》，《古今农业》2018 年第 1 期。

黜陟，即三年一迁；500年以后，又改回为三年一考，六年一迁，但孝明帝（516—528）可能也存在三年一迁的情况，但以六年一迁为主[①]；自孝庄帝后，北魏政局动乱，官员黜陟多随政治事件而改变。因此，北魏官员一个官职在任的时间一般是三至六年，如此，在考证职官升迁时，在没有明显职官升迁证据的情况下，我们可按以上阶段划分，以三年或六年为限来考定相应的时限。

通查《魏书》《北史》等史志发现，高阳太守的职位虽不值得正史为其单独列传，但却散见于其他入史官员的履历中，可喜的是，将高阳太守的记载索引梳理后发现，高阳太守一职的官员更替仍是大致有序可考的，这也为我们推算贾思勰大致于何时到高阳任太守提供了依据。

以下为通查《魏书》《北史》中出任过高阳太守一职的职官名录和时间考证。

（一）刘文晔在514年之前做过高阳太守

《北史·刘文晔传》载："文晔有志尚，综览群书，轻财重义……卒于高阳太守，赠兖州刺史，谥曰贞。"[②]《魏书·刘文晔传》载："世宗世，除高阳太守。延昌中卒。"[③]

据《北史》所载，刘文晔卒于高阳太守，说明刘文晔的太守之任期未满，而《魏书》则载其卒于延昌中，延昌年号始于512年，终至516年，因此，延昌中大致可以推算为514年，太守一任三年，一般来说至多两任就要黜迁，最晚从514年向前推两任，文晔大约在508—514年任职高阳太守。

（二）元谭在公元521年之前做过高阳太守

《魏书·元谭传》载："赵郡王干……子谧……谧弟谭，颇强立，少为宗室所推敬。自羽林监出为高阳太守，为政严断，豪右畏之。肃宗

---

① 参见前文《贾思伯大事年表考证》部分。
② 《北史》卷三十九《刘文晔传》，北京：中华书局，1974年，第1414页。
③ 《魏书》卷四十三《刘文晔传》，北京：中华书局，1974年，第969页。

初，入为直阁将军，历太仆、宗正少卿，加冠军将军。……"①

据以上所载，元谭（孝明帝的叔叔）在肃宗初年调离高阳太守，肃宗即孝明帝，在位时间是515—528年，共14年，中间年份为521年，521年之前的年份才可大体上称为肃宗初年。刘文晔在514年卒于高阳太守，之后推算两任大约到520年或521年，正好两任之期。因此可推算元谭约在515—521年，即在孝明帝初期，自羽林监升任高阳太守，期满后调入京城洛阳为直阁将军。

（三）杜祖悦在525年以前的时间做过高阳太守，卒与任上

《魏书·杜铨传》附《杜祖悦传》载："杜铨，字士衡，京兆人……铨族子洪太……子祖悦，字士豁，颇有识尚……正光中，入为太尉、汝南王悦谘议参军。出除高阳太守，卒于郡。"②

正光年号始于520年7月，终于525年6月，正光中可理解为522年或523年，杜祖悦在正光年间为太尉元悦的谘议参军，后授高阳太守也应在正光年间，可大致推测在522—525年，杜祖悦出任高阳太守并卒于任上，任期未满。

（四）房悦在527年或更早之前曾任过高阳太守

《魏书·房亮传》附《房悦传》载："房亮，字景高，清河人也……亮弟诠……诠弟悦，字季欣。解褐广平王怀国常侍，转青州平东府中兵参军，加宣威将军。迁高阳太守，转广川太守，加镇远将军。普泰中，济州刺史张琼表所部置南清河郡，仍请悦为太守，朝廷从之。凡历三郡，民吏安之。迁平东将军、太中大夫。兴和二年卒，年七十。"③

房悦凡历三郡，说明其在三个地方都做过太守，分别是高阳太守、广川太守、南清河太守。可以确定的是普泰中即531年，其调任南清河太守，之前为高阳太守转广川太守，而525—531年正好是两任时间，但房悦在531年之前是"迁高阳太守，转广川太守"，如此则两官皆不满

---

① 《魏书》卷二十一上《元谭传》，北京：中华书局，1974年，第541—545页。
② 《魏书》卷四十五《杜铨传附杜祖悦传》，北京：中华书局，1974年，第1018—1019页。
③ 《魏书》卷七十二《房亮附房悦传》，北京：中华书局，1974年，第1621—1622页。

任,如果房悦做高阳太守,那时间最可能的是525—528年,但525年—528年正值《齐民要术》中所载杜葛之乱的时间,据《魏书·肃宗纪》载:"(孝昌三年)十有一月己丑,葛荣攻陷冀州,执刺史元孚,逐出居民,冻死者十六七……(武泰元年)乙丑,定州为杜洛周所陷,执刺史杨津。瀛州刺史元宁以城降洛周。"据以上所载,武泰元年(528),瀛州刺史元宁投降杜洛周,瀛州高阳郡应属杜洛周管辖。《魏书·房悦传》中"迁高阳太守,转广川太守"的表述,可能正与"杜葛之乱"有关,想必房悦迁高阳太守后不久,高阳郡陷于杜、葛两人控制之下,由此迁转广川太守。

(五)库狄峙在534年以前任河北高阳太守

《北史·库狄峙》载:"库狄峙……仕魏,位高阳郡守,政存仁恕,百姓颇悦之。孝武西迁,峙乃弃官从入关。大统元年,拜中书舍人,参掌机密,以恭谨见称。"[①]

据以上《北史》所载,库狄峙应在孝武帝时期任高阳太守,孝武帝在位时间为532—534年,534年孝武帝因不满权臣高洋的控制,出逃西迁,北魏自此分裂为西魏与东魏,库狄峙可能与此时跟随孝武帝一齐西逃,而弃高阳太守之位,并于西魏大统元年(535)拜中书舍人。因此,库狄峙任应在534年之前任北魏高阳太守,任期未满。

(六)崔仲文541年以后做过高阳太守

《北齐书·崔㥄传》附《崔仲文传》载:"(崔)㥄昆季仲文,有学尚,魏高阳太守、清河内史。兴和中,为丞相掾。"[②]

这说明崔仲文曾做过北魏高阳太守,而兴和中为丞相掾。兴和年号使用是在东魏539—542年,因此,兴和中可推测为540年或541年。据太和二十三年(499)《后职员令》,上郡太守、内史、相官品为四品下,三大、二公掾属官品为从五品上,因此,崔仲文所任高阳太守之职

---

① 《北史》卷六十九《库狄峙传》,北京:中华书局,1974年,第2394页。
② 《北齐书》卷二十三《崔㥄传附崔仲文传》,北京:中华书局,1972年,第337页。

必定在丞相掾之后，即540或541年之后。若按其最早540年任高阳太守，二届任期则为540—546年。

（七）祖鸿勋在550年之前做过高阳太守，并卒于任上

《北史·祖鸿勋传》载："祖鸿勋，涿郡范阳人也。……位至高阳太守。在官清素，妻子不免寒馁。时议高之。齐天保初，卒官。"①

据《北史·祖鸿勋传》，祖鸿勋官至高阳太守，一直到550年左右死在任上，卒官说明祖鸿勋可能任期不满两任，而崔仲文为541年之后任高阳太守，因此，祖鸿勋任高阳太守大约在547—550年。

（八）550年以后，东魏灭亡，北齐代替东魏。因此，550年以后的高阳太守，不太可能称为北魏或后魏高阳太守。

据以上《魏书》《北史》中高阳太守的索引和时间考证，北魏高阳太守的任期时间表可大致可推算如下：

508—514年，刘文晔（延昌中，卒于官）。

514—520年，元谭（肃宗初，元谭从高阳太守入为直阁将军）。

521—524年，杜祖悦（正光中，入为太尉、汝南王悦谘议参军。出除高阳太守，卒于郡）。

525—528年，房悦（迁高阳太守，转广川太守，期间为"杜葛之乱"，528年高阳为杜洛周、葛荣占据，房悦应受此影响转广川太守）。

529—534年，库狄峙（位高阳郡守，孝武西迁，峙乃弃官从入关）。

534—540年，未详。

540—546年，崔仲文（魏高阳太守、清河内史。兴和中，为丞相掾）。

547—550年：祖鸿勋（位至高阳太守，齐天保初，卒官）。

550年以后北魏被北齐替代，因此，550年以后的高阳太守，不会再自称为北魏或后魏高阳太守，故不作分析。

---

① 《北史》卷八十三《祖鸿勋传》，北京：中华书局，1974年，第2786—2787页。

由以上考证可以看出，自508—550年的北魏高阳太守职官和任期时间是基本有序可考的，唯有534—540年缺少高阳太守的记载，而这期间整好两任的时间，且正好与贾思勰生活的年代非常接近，因此，贾思勰任高阳太守的时间极有可能是在这段时间内。

第五节　从《齐民要术》提及地名看贾思勰的视野范畴

一、《齐民要术》中的地名索引

《齐民要术》中提及的地名可分为两类：一类是引用文献中提到的地名，这种占主要部分；另一类是书中自注或按语中提到的地名，往往是贾思勰本人亲自去过的地区，或为官之地，或访游之地，这类地名对贾思勰的生平交游研究具有重要意义。

（一）自注和按语地名索引[①]

（1）"后魏高阳太守贾思勰撰"（《序》）

（2）"按：三犁共一牛，若今三脚耧矣，未知耕法如何？今自济州以西，犹用长辕犁、两脚耧。长辕耕平地尚可，于山涧之间则不任作，且回转至难，费力，未若齐人蔚犁之柔便也。两脚耧，种垅概，亦不如一脚耧之得中也。"（《耕田》）

（3）"《说文》曰：'芋，大叶实根骇人者，故谓之'芋'。'"；"齐人呼芋为'莒'。"（《种芋》）

（4）"朝歌大蒜甚辛。一名葫，南人尚有'齐葫'之言。又有胡蒜、泽蒜也。"

"今并州无大蒜，朝歌取种，一岁之后，还成百子蒜矣，其瓣粗

[①] 本章索引《齐民要术》中地名语句，皆引自石声汉译注，石定扶、谭光万补注：《齐民要术》，北京：中华书局，2015年，其余不再出注。

细，正与条中子同。芜菁根，其大如碗口，虽种他州子，一年亦变大。蒜瓣变小，芜菁根变大，二事相反，其理难推。又八月中方得熟，九月中始刈得花子。至于五谷、蔬、果，与余州早晚不殊，亦一异也。并州豌豆，度井陉以东，山东谷子，入壶关、上党，苗而无实。皆余目所亲见，非信传疑：盖土地之异者也。"

"种泽蒜法：预耕地，熟时采取子，漫散劳之。泽蒜可以香食，吴人调鼎，率多用此。"（《种蒜·泽蒜附出》）

（5）"按：青州有乐氏枣，丰肌细核，多膏肥美，为天下第一。父老相传云：'乐毅破齐时，从燕赍来所种也。'齐郡西安、广饶二县所有名枣即是也。今世有陵枣、蠓弄枣也。"（《种枣》）

（6）"按：今青州有蜀椒种，本商人居椒为业，见椒中黑实，乃遂生意种之。"（《种椒》）

（7）"今自河以北，大家收百石，少者尚数十斛。故杜葛乱后，饥馑荐臻，唯仰以全躯命，数州之内，民死而生者，干椹之力也。"（《种桑柘》）

（8）"漠北寒乡之羊，则八月不铰，铰则不耐寒。中国必须铰，不铰则毛长相著，作毡难成也。"（《养羊》）

（9）"作杬子法……吴中多作者，至数十斛。久停弥善，亦得经夏也。"（《养鹅、鸭》）

（10）"河东神曲方、大州白堕曲方饼法。"（《造神曲并酒》）

（11）"作长沙蒲鲊法。"（《作鱼鲊》）

（二）卷一至卷九所引文献地名索引

（1）"崔寔《政论》曰：'武帝以赵过为搜粟都尉，教民耕殖。其法三犁共一牛，一人将之，下种，挽耧，皆取备焉。日种一顷。至今三辅犹赖其利。今辽东耕犁，辕长四尺，回转相妨，既用两牛，两人牵之，一人将耕，一人下种，二人挽耧：凡用两牛六人，一日才种二十五亩。其悬绝如此。'"（《耕田》）

（2）"《广志》曰：'䅣麦，似大麦，出凉州……赤小麦，赤而肥，出郑县。'"（《大小麦》）

（3）"郭璞注《尔雅》曰：'今江东呼稷为粢。'"（《种谷》）

（4）"《尔雅》曰：'稌余，稻也。'郭璞注曰：'沛国今呼稻为稌。'""《广志》云：'……此三稻，大而且长，米半寸，出益州。'"（《种稻》）

（5）"《广志》曰：'瓜之所出，在辽东、庐江、燉煌之种为美。有乌瓜、繗瓜、狸头瓜、蜜筩瓜、女臂瓜、羊髓瓜。瓜州大瓜，大如斛，出凉州。獻须、旧阳城御瓜。有青登瓜，大如三升魁。有桂枝瓜，长二尺余。蜀地温良，瓜至冬熟。有春白瓜，细小小瓣，宜藏，正月种，三月成；有秋泉瓜，秋种，十月熟，形如羊角，色黄黑。'""《史记》曰：'召平者，故秦东陵侯。秦破，为布衣，家贫，种瓜于长安城东。瓜美，故世谓之"东陵瓜"，从召平始。'""《汉书·地理志》曰：'燉煌，古瓜州，地有美瓜。'""《永嘉记》曰：'永嘉美瓜，八月熟。'"（《种瓜》）

（6）"《卫诗》曰：'河东及扬州常食之。'""《广志》曰：'有约腹瓠……出雍县……朱崖有苦叶瓠，其在者受斛余。'""《郭子》曰：'东吴有长柄壶楼。'"（《种瓠》）

（7）"《广志》曰：'蜀汉既繁芋，民以为资……又百子芋，出叶俞县。有魁芋，无旁子，生永昌县。有大芋，二升，出范阳、新郑。'""《列仙传》曰：'酒客为梁。'"（《种芋》）

（8）"《尔雅》曰：'注：江南呼为芜菁。'"（《蔓菁》）

（9）"《广志》曰：'白弱韭，长一尺，出蜀汉。'"（《种韭》）

（10）"《诗义疏》曰：'蘧，苦菜，青州谓之苢。'"（《种蘘荷、芹、蘧》）

（11）"《尔雅》曰：郭璞注曰：'今江东呼枣大而锐上者为"壶"'《孟子》曰：'曾皙嗜羊枣'；洗，今河东猗氏县出大枣子，子如鸡卵。"

"《广志》曰：'河东安邑枣；东郡谷城紫枣，长二寸；西王母枣，大如李核，三月熟；河内汲郡枣，一名墟枣；东海蒸枣；洛阳夏白枣；安平信都大枣；梁国夫人枣。'"

"《邺中记》：'石虎苑中有西王母枣，冬夏有叶，九月生花，十二月乃熟，三子一尺。又有羊角枣，亦三子一尺。'"

"《抱朴子》曰：'尧山有历枣。'"（《种枣诸法附出》）

（12）"《荆州土地记》曰：'房陵、南郡有名李。'""《风土记》曰：'南郡细李，四月先熟。'""西晋傅玄《赋》曰：'河、沂黄建，房陵缥青。'"（《种李》）

（13）"《广志》曰：'荥阳有白杏，邺中有赤杏。'""《西京杂记》曰：'蓬莱杏，东海都尉于台献。'"（《种梅杏》）

（14）"《广志》曰：'洛阳北邙张公夏梨，海内唯有一树。常山真定，山阳钜野，梁国睢阳，齐国临淄，钜鹿，并出梨。上党楟梨，小而加甘。广都梨（又云"钜鹿豪梨"）重六斤，弘农、京兆、右扶风郡界诸谷中梨，多供御。阳城秋梨、夏梨。'""《荆州土地记》曰：'江陵有名梨。'"（插梨）

（15）"《广志》曰：'张掖有白柰，酒泉有赤柰。'"（《柰、林檎》）

（16）"《广志》曰：'粟，关中大粟，如鸡子大。'""《魏志》云：'有东夷韩国出大粟，状如梨。'"（《种粟》）

（17）"《广志》曰：'胡椒出西域。'""《范子计然》曰：'蜀椒出武都，秦椒出天水。'"（《种椒》）

（18）"《诗义疏》云：'唯巴竹笋，八月生，尽九月，成都有之。'""《永嘉记》曰：'永宁南汉，更年上笋。'"（《种竹》）

（19）"《华阳国志》曰：'汶山郡都安县有大芋如蹲鸱也。'"（《货殖》）

二、贾思勰的视野范畴探讨

以上自注和按语中提及的地名或与地理区域有关的词语共计19处，分别是：高阳、济州以西、齐人、朝歌、南人、并州、余州、井陉、山东、壶关、上党、吴人、青州、河以北、漠北、吴中、河东、大州、长沙。

（一）"齐郡父老"的籍贯透漏

《种枣》《种椒》两篇中，贾思勰提到了蜀椒的引种与青州乐氏枣的来源，所称"余州"即指青州，并言"父老相传云：'乐毅破齐时，从燕赍来所种也。'齐郡西安、广饶二县所有名枣即是也。"既言"父老相传"，必是桑梓之地。

齐郡为北魏时青州领郡，《魏书》卷一百六《地形志·中》载："齐郡。秦置，领县九。"所领九县为临淄、昌国、益都、盘阳、平昌、广饶、西安、安平、广川。贾思勰籍贯必为北魏时青州齐郡所领九县之一。

贾思勰所言广饶、西安两县，与益都县皆属北魏青州齐郡。《魏书·地形志》载："益都，魏置，有钓室。"①此益都即今山东寿光市境内，与今广饶县比邻。民国《寿光县志》卷二《舆地志·沿革》考证曰："益县，故城在今治南七里。莽曰'探阳'，《齐乘》谓'益都'……益都县，考《旧唐志》《元和志》《括地志》并称曹魏，于今寿光南十里汉益县故地置益都县……高齐天保七年，移益都治东阳城，即今益都（今山东青州）治地，以后遂与寿光划分。"②《魏书》所载"益都有钓室"，《寿光县志》中虽未见载，但卷三《冢墓》载："晋龙骧将军辟闾浑墓，在县城东南十五里弥水北岸，俗名'钓鱼台'。"③此钓鱼台与《魏书》所载钓室是否有关，可备考。今寿光城南不足十五里确有钓鱼台村与此记叙相符，弥水岸边建钓鱼台，其理可推，但《魏书》中钓室之谓，似乎在逻辑上有些难以理解，钓鱼何用建室？又室中何以为钓？或许钓室为钓台之讹误，又或许此处钓台之上曾有建筑，称为钓室，此仅猜想，亦备考。

又据《贾思伯墓志》载："君讳思伯、字士休，齐郡益都县钓台里人也。"钓台里正合钓室、钓鱼台之谓，贾思伯墓于1973年12月在今山东省寿光市李二村附近被发现，距钓鱼台村约10里，并出土贾思伯与夫人刘静怜的墓志各1方，依此推测，今山东寿光城南的钓鱼台村应

---

① 《魏书》卷一百〇六中《地形志》，北京：中华书局，1974年，第2522页。
② 民国《寿光县志》卷二《沿革》，台北：成文出版社，1968年影印本，第115—123页。
③ 民国《寿光县志》卷三《冢墓》，台北：成文出版社，1968年影印本，第326页。

即是贾思伯、贾思同之故地，而贾思勰既为贾思伯堂叔兄弟，其籍里在寿光（北魏称益都，齐郡所领九县之一），亦当是顺理成章。

（二）以家乡为起点的家国视野

贾思勰在《齐民要术·耕田》中以济州为界，阐述北方地区东、西两地耕田工具的差别，认为济州以东的耕田工具"犁"要明显优越于西部地区。据《魏书·地形志》载："济州，治济北碻磝城。泰常八年置。邻郡五，县十五。"①其中包含县名中如济北郡之东阿，平原郡之聊城、茌平，东平郡寿张县之梁山，南清河郡之高唐，东济北郡之肥城等与现代地名相同，可依稀辨别作者所说济州以西所指的大致界线，即以现在的聊城为中心点，北起山东德州的平原县，南经河北高唐、山东聊城，至今山东菏泽的梁山一线，此线以东大致为今山东地区，以西为今河北、河南地区及中国西部的大部分地区，这一界线也是北魏东西分裂时期东魏疆土的东西距离中线。而作者所指的齐人应是指这一线以东的人，即齐州和青州，古称青齐或齐鲁，因此，所称齐人应泛指今山东人。这种以济州一线为界进行东西两地耕田工具的比较，大约是贾思勰离乡出仕后将家乡范围扩大化后的家国视野，这里面既有对家乡农业生产技术与工具先进性的自豪优越心理，也有对整个北方地区农业生产技术的总体了解与把握。

（三）"余目亲见"的农业调查与仕途交游路线

在《齐民要术·种蒜》中，作者讲到朝歌大蒜后，提到并州无大蒜，此处作者反复提及并州，以并州为中心向南提及壶关、上党、朝歌，向东提及井陉、山东、余州（青州）等地农作物由于地理条件不同而生长各异的情况，并强调"皆余目所亲见，非信传疑：盖土地之异者也"，按照此语境分析，作者此时应该有在并州生活或工作的经历，并且时间较长。

《魏书·地形志上》载："并州。汉、晋治晋阳，晋末治台壁，后

---

① 《魏书》卷一百〇六中《地形志》，北京：中华书局，1974年，第2528页。

治晋阳。皇始元年平，仍置。领郡五，县二十六。"[1]并州所领五郡为太原郡、上党郡、乡郡、乐平郡、襄垣郡。其中太原郡所领县中有晋阳为并州州治。朝歌（今河南省鹤壁市）是从青州赴北魏都城洛阳的中点，而太原郡之晋阳则是北魏孝庄帝至北魏分裂为东魏、西魏前这段时期内的实际政治中心，壶关与上党则是都城洛阳至晋阳的途径之地，井陉则可能是自晋阳至贾思勰为官高阳郡的途经之地。可见贾思勰所述"皆余目所亲见，非信传疑"并非虚言。若按照北魏重大历史事件的进程来推测贾思勰所言的亲历之地，可能与其仕途的迁转有着密切的联系。贾思勰仕途之初若受贾思伯的影响，必定在525年以前，那朝歌则很可能是贾思勰自北魏时的青州齐郡出发赴都城洛阳的途径之地。528年，尔朱荣奉立元子攸为孝庄帝后，北魏的实际政权基本为尔朱氏所操控，尔朱荣称太原王，居于晋阳，因此，晋阳自然成为北魏政权的实际政治中心。《魏书·刘仁之传》中所述"刘仁之曾营置晋阳城"，并"深为尔朱世隆所信用"便是这一背景下的直接写照，而与刘仁之为好友的贾思勰途经壶关、上党赴晋阳的路线想必也是受此政治背景的影响。而井陉则又在晋阳与为官地瀛州高阳（今河北高阳）中点，想必是532年后，尔朱氏集团覆灭之后的又一次政治迁转。

从《齐民要术·种蒜》中提及地理位置，我们可以清晰地看到一条贾思勰为官交游和农业调查路线，这条路线与北魏的重大历史事件相互映照，也使上文对贾思勰为官高阳的时间大致可能在534—540年的推测得到进一步的印证。

（四）贾思勰家国地理视野上的"大一统"思想

贾思勰在《齐民要术》自注和按语中提到的地域名称，除提及准确的郡县名称外，还有一些表示大致范围的地理概念，如：齐人、河以北、河东、山东、漠北、南人、吴中等。这些地理名称并非仅限于东魏或北魏疆土，而是涉及了整个中国的疆域，这里面有中华民族的历史与文化传承，有着民族统一的深刻思想渊源。

---

[1] 《魏书》卷一百〇六上《地形志》，北京：中华书局，1974年，第2466页。

（1）"齐人"与"山东"。"齐人"本指战国时的齐国人，《列子·说符》中就有"齐人攫金"的典故，曰："昔齐人有欲金者，清旦衣冠而之市，适鬻金者之所，因攫金而去。"①北魏的青州，即战国时齐国之地，大秦一统，六国不再，但"齐人"等六国之谓仍被世人沿用。当然"齐人"所指的地域渐渐变成了一个大致模糊的范围，比贾思勰所称青州为"余州"范围要更广泛一些，大约今山东北部的大部分地区，即"青齐之地"都可用以称为"齐人"的范围。"山东"指太行山以东的"齐鲁"地区，与今山东省具有高度的重合性。

（2）"河东"与"河以北"，是以黄河为界的大致地理区分，且自古有之。"河北"一词最早见于战国时的《周礼·职方》，中有"河北之地"的记载。《战国策·赵策》则有"赵有河北，齐有河东"之语。黄河经由山西省境内，流向自北而南，故称山西境内黄河以东之地为"河东"②；黄河在战国时，由今河南省濮阳流向东北，其北有赵，其东有齐。"河以北"，即指黄河中下游黄河以北的地区，贾思勰此处文中所指，应是杜葛之乱所涉及的黄河以北的州郡地区。

（3）"南人"与"吴中"。贾思勰所说的"南人"并不是南朝人的概念，而是指南方人。因为"南北朝"是后人对这一长期历史阶段的一个总的称谓，南朝包括宋、齐、梁、陈四个朝代，是东晋灭亡之后至隋朝统一之前存在于中国南方以建康（今南京）为都城的四个朝代的总称。贾思勰生活年代约在南朝的宋、齐之间，所以，那时还没有"南朝人"这个说法，况且"南人"之谓，也并非起始于南北朝，《诗经》《论语》《左传》中早已有"南人""南土"的说法。《论语·子路》中说："南人有言曰：'人而无恒，不可以做巫医。'"何晏集解引孔安国曰："南人，南国之人。"《诗·大雅·崧高》云："往近王舅，南土是保。"孔颖达疏："当于南方之土，于是安居之矣。"《左传·昭公九年》曰："巴、濮、楚、邓，吾南土也；肃慎，燕、亳，吾北土也。"③由此观之，贾思勰所谓"南人"，并不是国别的区分，而只是一

---

① 张长法：《列子》卷八《问符》，郑州：中州古籍出版社，2010年，第232页。
② 罗竹风主编：《汉语大词典》第一卷，上海：上海辞书出版社，2011年，第1057页。
③ 罗竹风主编：《汉语大词典》第一卷，上海：上海辞书出版社，2011年，第883页。

种地理方位。"吴中",指今江苏苏州市一带,亦泛指吴地。贾思勰说:"吴中"人多作"杬子"(即咸鸭蛋),这种说法绝非道听途说,而是具有高度的历史真实性,南方水乡适合养鸭,吃鸭和盐鸭蛋的人自然也多,如江苏南京的盐水鸭,江苏高邮的咸鸭蛋皆历史悠久,至今仍负盛名。"吴中"人当然也是"南人"。

从以上地域称谓可以看出,贾思勰的视野绝非仅限于北魏的疆域。"齐人""山东""河东""河北"等谓,虽从地理位置上均属北魏,但其渊源却可溯至中国周朝乃至历史的发端,始于黄帝划野,禹分九州,依山河之势定名,地理称谓中蕴含的是中国民族大一统情势下的历史与文化的传承。"南人"与"吴中"则显然不是北魏的疆土概念。北魏于439年统一北方,并于469年将青州纳入疆土。而据前文《刘仁之考证》所考,贾思勰应大致生于490年以后,因此,贾思勰自出生便是一个地地道道的北魏人,但从"南人""吴中"等注语来看,贾思勰的视野范畴是将"南人"包含在内的。这说明南北朝时期,南北长期割据虽然在一定程度上限制了人的自由交往,但显然没有割裂民族统一的思想与文化渊源,也没有禁绝南北两地的文化交流与融合。这种思想根源与中华民族的历史传承性和中国传统文化的强大生命力与不可分割性不无关系。这一点在《齐民要术》所引文献中出现的地理词汇则更能证明,自卷一至卷九引用文献中地理词汇粗略地估计计大约超过80余处,而《序言》与卷十中就更多,其中如江东、益州、扬州、东吴、朱崖、蜀、叶榆县、永昌县等非北魏疆域的地名约占一半左右,贾思勰在引用过程中并未对这些非北魏疆域的地名用国别加以分隔,显然也无法分隔。这些地名来自于中华民族传承不息的文化命脉,其精髓就是中华民族的融合与统一思想,贾思勰自始接受的正是这种中华民族优秀文化的影响与熏陶,也正是这些文化与思想吸引和融合了周边的少数民族,使外来民族成了整个中华民族的一部分,强化了中华民族的包容与统一性。

第四章 士族门阀制度下的北魏社会

　　北魏是中国北方少数民族鲜卑拓跋氏建立的政权，鲜卑本是游牧民族，其文明程度远远落后于中原汉族的农耕文明，从中原地区汉族将北方少数民族统称为"胡"，便可明显地看出这种差距。中原汉族与周边的游牧民族相比，无论在经济上还是文化上都保持着显著优势，农耕文明带来的富庶与稳定，自然也导致了北方胡族对中原文明的觊觎，西晋末年的"八王之乱"开启了胡族内徙的发端，西晋政权的内讧，使得北方陷入割据状态，直到鲜卑拓跋部落以武力兴起，建立了稳定的少数民族统治政权，重新统一北方。

　　在经济和文化上均处于劣势的鲜卑族虽以武力统一了北方汉族地区，但落后的文明很难对先进文明进行长久有效的统治，北魏统治者拓跋氏显然也认识到了这一点。北魏的统治者在完成统一北方之后，随即开始了学习先进文明的"胡汉融合"进程，其中一个非常重要的措施就是注重使用汉族士族为统治阶级服务，直到孝文帝时期，更是提出了鲜卑族全面汉化的改革措施，使北魏政权彻底完成了由奴隶家长制到封建制政权的迅速转变。北魏作为少数民族统治政权，能够在中国北方持续统治长达一个世纪之久，这与统治者得到了北方汉族士族的支持是分不开的，这也使得"士族门阀"体制的发展达到了

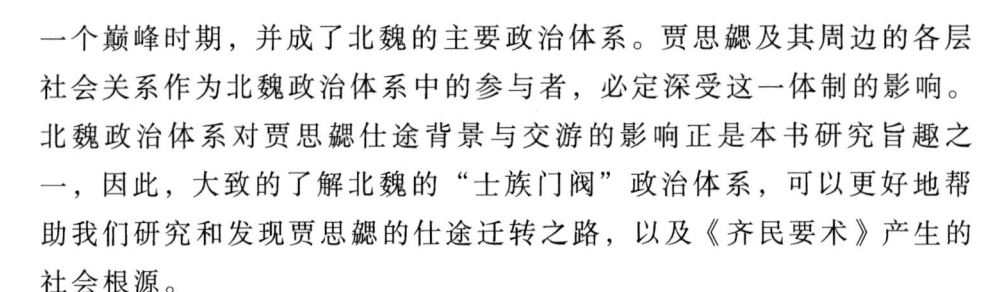

一个巅峰时期,并成了北魏的主要政治体系。贾思勰及其周边的各层社会关系作为北魏政治体系中的参与者,必定深受这一体制的影响。北魏政治体系对贾思勰仕途背景与交游的影响正是本书研究旨趣之一,因此,大致的了解北魏的"士族门阀"政治体系,可以更好地帮助我们研究和发现贾思勰的仕途迁转之路,以及《齐民要术》产生的社会根源。

鲜卑族统一中国北方之前,是典型的游牧民族,生产资料的来源除放牧之外,很大程度上要靠战争掠夺来满足需求,社会阶层的划分也相对简单,只有贵族与奴隶之分。鲜卑族统一北方后,首先遇到的就是胡、汉民族对立问题,这种对立虽然在"胡汉融合"政策之下逐渐趋于弥合,但这种对立的影响在北魏前期长期存在,直到鲜卑族彻底汉化和完成经济、文化的民族融合后才结束。北魏统一北方后,统治者很快就接受了汉族地区的封建文化,并快速完成了政权的封建化,奴隶家长制的社会阶层划分逐渐向中原地区封建社会的阶层划分转变,但作为少数民族第一次统治汉族的北魏政权,社会阶层划分也有其特殊性和复杂性。

民族对立自然造成了民族阶层的划分,鲜卑贵族作为统治者,其民族局限性使其成为皇族特权与民族特权的融合体,这在鲜卑贵族与汉族士族在政权组成中的优势比例上表现得尤为明显。封建化进程又使北魏政权有着明显的汉族封建政权的特点,执政阶层划分大致表现为:以皇帝为中心的最高统治者、由鲜卑贵族组成的特权阶层、胡汉融合下的皇室外戚特权阶层和汉族士族阶层。这种阶层的划分,我们还可以从其相互交融、糅合后而形成的错综复杂的关系网络,将其描述为以皇帝为中心的王党、贵戚、朋党、乡党——"四党执政"政治体系,"四党"之中,又有胡汉融合的"士族门阀"体制。以上划分描述,基本可以囊括北魏的政权结构组成,以下将以"四党执政"的政治阶层划分为分析基础对北魏的政治结构进行试析和重构。

第一节 皇帝世系与纪年年表

封建社会是以皇帝为核心的中央集权社会，其社会意识形态的各个方面都会受皇帝的个人影响而产生变化，皇权更迭伴随的往往是社会面貌的巨大不同。另外，中国正史的记载也是以皇权更替为轴线，使用的历史纪年也多以帝号为序，因此，归纳和整理北魏、东魏、西魏帝号和年表，尤其是490—550年的皇帝世系与纪年年表，是十分必要的，这样可以更方便的理清贾思勰在相应历史时期的历史与社会背景，具体见表4-1、表4-2、表4-3。

表 4-1 北魏皇帝世系与纪年年表

皇帝	名字	生卒年	在位时间	年号（使用时间）	公元纪年	世系	备注
道武帝	拓跋珪	371—409年	386—409年	登国（11）	386年	祖父代王拓跋什翼犍，父亲献明皇帝拓跋寔	386年拓跋珪重建代国，改国号为魏
				皇始（3）	396年		后燕慕容垂伐魏，病逝退兵
				天兴（7）	398年		398年迁都平城，称帝
				天赐（6）	404年		
明元帝	拓跋嗣	392—423年	409—423年	永兴（5）	409年	道武帝长子	409年10月，道武帝为其子拓跋绍所杀，拓跋嗣杀拓跋绍即位
				神瑞（3）	414年		—
				泰常（8）	416年		
太武帝	拓跋焘	408—452年	423—452年	始光（5）	424年	明元帝长子	424年，以皇太子嗣位
				神䴥（4）	428年		
				延和（3）	432年		
				太延（6）	435年		
				太平真君（12）	440年		
				正平（2）	451年		452年2月为宦官宗爱所杀
南安王	拓跋余	？—452年	452年	永（承）平（1）	452年	太武帝少子	442年封吴王，451年改封南安王。中常侍宗爱杀太武帝，于452年3月矫太后令立南安王，同年10月杀之

115

续表

皇帝	名字	生卒年	在位时间	年号（使用时间）	公元纪年	世系	备注
文成帝	拓跋濬	440—465年	452—465年	兴安（3）	452年	太武帝嫡孙，拓跋晃长子	宗爱杀南安王，殿中尚书源贺等拥立皇孙拓跋濬即位
				兴光（2）	454年		—
				太安（5）	455年		—
				和平（6）	460年		—
献文帝	拓跋弘	454—476年	465—471年	天安（2）	466年	文成帝长子	以皇太子嗣位。471年传位于太子宏，自为太上皇，476年被冯太后鸩杀
				皇兴（5）	467年		
孝文帝	元宏	467—499年	471—499年	延兴（6）	471年	献文帝长子	以皇太子即位，年5岁，由冯太后临朝。490年冯太后死，帝亲政。493年由平城迁都于洛阳
				承明（1）	476年		
				太和（23）	477年		
宣武帝	元恪	483—515年	499—515年	景明（4）	500年	孝文帝次子	以皇太子嗣位，扩建东都洛阳，并开始南伐南齐
				正始（5）	504年		任城王元澄攻钟离
				永平（5）	508年		诏令吏部尚书徐勉定百官九品为十八班，以班多者为贵
				延昌（4）	512年		魏大饥，令饥民就食燕、恒、六镇等边郡
孝明帝	元诩	510—528年	515—528年	熙平（3）	516年	宣武帝次子	正月，魏改元熙平。2月，魏攻拔梁峡石。7月，魏攻梁，取东益州
				神龟（3）	518年		正月，魏秦州羌反。2月，魏改元神龟，魏东益州氐反。3月，魏南秦州氐起事。7月，魏侍中元叉杀清河王怿，幽胡后。12月，魏遣使聘梁，两国始通好
				正光（6）	520年		
				孝昌（3）	525年		4月，胡太后复临朝摄政。8月，杜洛周起事于上谷
				武泰（1）	528年		正月，杜洛周陷定州、瀛州。葛荣击杀杜洛周。胡太后杀孝明帝，立元钊
孝庄帝	元子攸	507—530年	528—530年	建义（1）改永安（3）	528年	孝文帝元宏之弟彭城武宣王元勰第三子	3月，葛荣陷沧州，屠州。4月，尔朱荣立魏长乐王攸为帝，沉胡太后及元钊于河，杀元氏宗室公卿以下两千余人，拥兵入洛阳，改元建义。9月，尔朱荣击葛荣，平冀、定等五州
				永安二年	529年		2月，燕州民王庆祖据上党称王。4月，北海王颢称帝于睢阳。5月，北海王颢入洛阳，孝庄帝奔河北。6月，尔朱荣入洛阳，迎还孝庄帝，元颢走死

续表

谥号	名字	生卒年	在位时间	年号（使用时间）	公元纪年	世系	备注
长广王	元晔	509—532年	530—531年	永安三年改建明（2）	530年	太武帝拓跋焘玄孙，景穆帝拓跋晃曾孙，南安惠王拓跋祯之孙，扶风王元怡次子	9月，魏帝杀尔朱荣。10月，尔朱兆立长广王元晔为帝，改元建明。12月，尔朱兆入洛阳，囚孝庄帝，旋杀之
节闵帝	元恭	498—532年	531—532年	普泰（2）	531—532年	献文帝拓跋弘之孙，广陵惠王元羽之子	2月，尔朱世隆废长广王元晔，立广陵王羽子元恭为帝，改元普泰，是为节闵帝。4月，高欢废元朗及节闵帝，立平阳王修为帝，是为孝武帝，改元太昌。6月，高欢起兵信都，讨尔朱氏
安定王	元朗	513—532年	531—532年	中兴（2）	531年	南安惠王拓跋祯曾孙，章武恭王元彬之孙，章武庄武王元融之子	10月，高欢立渤海太守元朗为帝，自为丞相，改元中兴
孝武帝	元修	510—535年	532—534年	太昌（1）永兴（1）永熙（3）	532年	孝文帝元宏之孙，广平武穆王元怀第三子	12月，魏改元永兴，寻又改永熙

表4-2　东魏皇帝世系与纪年年表

谥号	名字	生卒年	在位时间	年号（使用时间）	公元纪年	世系	备注
孝静帝	元善见	524—552年	534—550年	天平（4）	534年	孝文帝元宏曾孙，清河文献王元怿之孙，清河文宣王元亶之子	10月，孝武帝西逃，高欢立元善见为帝，史称东魏
				元象（2）	538年		—
				兴和（4）	539年		9月，东魏发民十万修邺城
				武定（8）	543年		550年5月，东魏高洋废孝静帝，自称皇帝，改国号为齐，改元天保

117

表 4-3　西魏皇帝世系与纪年年表

谥号	名字	生卒年	在位时间	年号（使用时间）	公元纪年	世系	备注
文帝	元宝炬	507—551年	535—551年	大统（17）	535年	孝文帝孙，京兆王元愉之子	534年，北魏孝武帝愤高欢专权而奔关中依宇文泰，次年初，宇文泰鸩杀孝武帝，立元宝炬为帝
废帝	元钦	525—554年	551—554年	—（3）	552年	文皇帝长子	以皇太子嗣位，谋诛宇文泰，反被宇文泰所废
恭帝	元廓	537—557年	554—556年	—（3）	554年	文帝第四子	即位前封齐王，废帝3年正月即皇帝位，去年号，称元年，复姓拓跋氏。556年12月，宇文泰之侄宇文护迫恭帝让位于宇文觉（宇文泰嫡子），封恭帝为宋王，寻杀之，西魏亡

第二节　士族门阀制度与贾氏姓族

北魏时期是中国北方民族的大融合时期。西晋之后的中国北方，匈奴、鲜卑、羯、羌、氐等胡人部落不断内徙，少数民族政权林立，史称"五胡十六国"，胡人的野蛮统治造成了胡汉之间强烈的民族矛盾冲突。北魏统一北方之后，统治者虽然也是鲜卑少数民族，但鲜卑拓跋氏却有着强烈的汉化意识，拓跋氏贵族一直有鲜卑族同汉族同属黄帝后裔，有着共同祖先的思想意识根源，并将其写入史册以加强中华民族认同。《魏书·序纪》曰："昔黄帝有子二十五人，或内列诸华，或外分荒服，昌意少子，受封北土，国有大鲜卑山，因以为号。其后，世为君长，统幽都之北，广漠之野，畜牧迁徙，射猎为业，淳朴为俗，简易为化，不为文字，刻木纪契而已。世事远近，人相传授，如史官之纪录焉。黄帝以土德王，北俗谓土为托，谓后为跋，故以为氏。"[①]这种民族认同奠基了民族融合的基石，使其政治统治得到中原士族与百姓的认可。拓跋氏统一北方后，为巩固统治政权，弥合民族矛盾，更采取了一系列全面汉化的改革措施，如学习汉族的儒家文化，易用汉姓，改穿汉

---

① 《魏书》卷一《序纪》，北京：中华书局，1974年，第1页。

服，实施胡汉杂居，互相通婚，并在贵族统治阶级内部改革的尤为彻底，特别是北魏中后期，包括皇帝在内的元姓贵族不断纳娶汉族士族女子为妻，这种全面汉化的措施，无疑得到了北方士族与民众的认同，夯实了北魏统治者在北方的执政基础。

北魏统治者在加强民族汉化、胡汉通婚政策的同时，还注重拉拢和吸纳汉族士族阶层为其统治服务，因此在统治集团中除了元姓王室贵族阶层外，还形成了外戚特权阶层与庞大的汉族士族阶层。汉族士族的历史成因、文化素养以及在北方中原地区的家族势力都是北魏统治者不可忽视的政治力量，也在北魏的封建化统治进程中发挥了重要的作用，士族门阀体制也对北魏的政治制度形成了巨大的影响，士族门阀与特权阶层之间形成了既互相依附又互相倾轧的矛盾关系。汉族士族虽然在封建皇权下分得政治利益，但并不属于特权阶层，其政治利益的获得很大程度上依赖特权阶层的青睐，从北魏士族的职官研究中也可发现，汉族士族阶层从官职晋升中获得的政治利益是极其有限的，在北魏统治集团内部始终处于中下阶层，汉族士族虽然是北魏统治阶层的中流砥柱，但在政治势力的倾轧中依旧是弱势群体，因此需要依靠朋党与门阀的势力抱团取暖，才能更好地保护自己。这也正是贾思勰与贾氏家族作为北方汉族士族阶层所处的政治环境。

一、士族阶层的源起与基本特征

《管子·小匡》曰："士农工商四民者，国之石民也。"[1]士、农、工、商是春秋时期所形成的不同社会分工，但士为四民之首的排序，却体现了明显不同的社会地位。士源于先秦时期六国的没落贵族，六国消亡后，六国贵族虽逐渐泯为一般民众，但向来的特权阶级优势使他们享有更多掌握知识与文化的权利，故士又是对具有知识和文化技能的人的称呼。进入封建社会后，士族阶层对知识与文化的占有更成为统治者治理国家所必须依赖的社会群体，选拔有知识、有文化、有技能的优秀士

---

[1] 赵守正：《管子注释》上册，南宁：广西人民出版社，1982年，第198页。

人参与国家治理成为必然。秦汉时期，在儒家以礼治国与积极入世思想的影响下，士人皆以修习儒家经典为范，尊崇儒家的礼治和伦理纲常思想，尤其注重士名，人格名望、风骨气节、学识才能等皆成为成名入仕要旨，并以出仕当官作为最终追求，而这种以出仕为最终目的的士名追求往往在家族中形成一种门族风气，并在东汉末年，渐渐形成了士族的名门大家。

魏晋时期，"九品官人法"（又称九品中正制）确立，官府设立大小中正官来专门负责对士人进行品评，并按照家世与品行将世人按九品划分品第等级，并以此作为选官的依据。"九品官人法"推行之初，的确在一定程度上起到了选拔人才的作用，但两晋时期，"九品官人法"逐渐向门阀制度转变，对家世的看重超过了对品行的看重，使之最终成为门阀士族的选举工具。这种由政府推动的按家世进行品第划分的做法，无疑将士庶阶层进行了更彻底的划分，士族大家凭借家族中祖父辈的高官即可世代为高官，而寒门士族因家世寒微只能定为下品，造成"上品无寒门，下品无士族，公门有公，卿门有卿"的局面，至于庶民百姓则更是无缘出仕为官。两晋时期是士族门阀制度的鼎盛时期，期间形成的士族大家拥有强大的社会势力，并成为统治阶层不可忽视和必须依赖的重要力量。北魏时期，少数民族内徙虽然对北方汉族士族造成了巨大冲击，但北魏统治者也注意到汉族士族阶层的社会势力以及所具有的优秀文化特征，并进行充分的拉拢与利用，这在一定程度上延续了门阀制度，但在民族局限下又呈现其独有的制度特征。

汉族士族所拥有的较高学术修养的文化属性和干世宦达的政治属性特征是北魏门阀政治延续的基础。首先，汉族士族多以专修儒家经史作为家族世代秉承之要务，在儒家礼义思想的影响下，具有较高的道德追求和自我规范性。《魏书·朱元旭传》文末，就有对汉族士族中具有儒家风范代表人物的一次集中评价："史臣曰：阳尼学义之迹，世不乏人。固远气正情，文学兼致。贾思伯门有旧业，经明行修，唯兄及弟，并标儒素。李、路器尚所及，俱可观者。象风采词涉，亦当年之俊民。房亮、曹世表、潘永基、朱元旭，拔萃从宦，咸亨名器，各有由也。"①这段话中提到的士人，皆是儒学名士，并呈现出士族的家业传承特征，如阳尼、阳固为祖孙关系，皆"博通群籍"，称"阳尼学义之迹，世不乏人"，则是指阳尼家族传承的风范；"贾思伯门有旧业"也直接说明了贾思伯家族的儒学传承一直具有广泛的影响，"唯兄及弟，并标儒素"是指贾思伯与贾思同兄弟两人，此处虽然不能确定"唯兄及弟"中是否包含贾思勰，但却完全可以肯定，贾思勰的文化修养必定也是受此家族传承的影响；再如李叔虎、路恃庆、房亮、曹世表、潘永基、朱元旭也都是以才学见长，并表现出家族特征，特别是朱元旭，虽然《魏书》中只记载了官职较高的朱元旭一人，但从寿光出土的《朱岱林墓志铭》中，我们亦可发现朱元旭、朱岱林为兄弟四人，皆是儒学名士，是一个庞大的儒家士族。

其次，北魏士族除专修儒家经史外，还具有"博通"②的特征，先秦时期的"百家"之学在北魏士族中非但没有没落，而是有所承袭发展。例如，鹿悆"好兵书、阴阳、释氏之学"，刁冲"学通诸经，偏修郑说，阴阳、图纬、算数、天文、风气之书莫不关综，当世服其精博"，卢光"博览群书，精于《三礼》，善阴阳，解钟律，又好玄言"，可见，博通经史的儒生，也擅长兵法、算术、阴阳、谶纬、天文、历法之学③；再如《魏书·裴叔业传》附《裴植传》载："（裴植）少而好学，览综经史，尤长释典，善谈理义。"④这也说明裴植不光通儒，而是儒、释兼览；再如《魏书·郦道元传》载："道元好学，历览奇书。撰注《水经》四十卷、《本志》十三篇，又为《七聘》及诸文，皆行于世。"⑤郦道元所著《水经注》则属地理之学。以上示例皆标载于史册，这就充分说明北魏的士族是在修习儒家经学的基础上兼通百家

---

① 《魏书》卷七十二《朱元旭传》，北京：中华书局，1974年，第1625页。
② 以下所举示例，部分转自杨龙：《北魏政权中的汉族士人研究》，吉林：吉林大学博士学位论文，2010年。
③ 鹿悆见《魏书》卷七十九《鹿悆传》，北京：中华书局，1974年，第1761页；刁冲见《魏书》卷八十四《刁冲传》，北京：中华书局，1974年，第1858页；卢光见《周书》卷四十五《卢光传》，北京：中华书局，1971年，第807页。
④ 《魏书》卷七十一《裴叔业传附裴植传》，北京：中华书局，1974年，第1570页。
⑤ 《魏书》卷八十九《郦道元传》，北京：中华书局，1974年，第1926页。

之学，而以魏收为代表的史官显然对百家之学并无明显偏见，反而持一种褒奖"博通"的态度，这往往也代表了当时统治者的态度，如此，贾思勰在博览儒家经史群书的基础上，览百家而著述农家之学《齐民要术》也就在情理之中了。

最后，出仕为官则是士族世家的终极追求。士族的社会地位除受士族家族文化素养的影响外，家族中历代获任官职的大小与清浊也是维护士族地位的重要条件。北魏后期，政府对士族门阀制度的法令化更对士族的出仕追求产生了重要影响，一方面门阀制度刺激了士族对官职、爵位的追求；另一方面，门阀制度对士族等级地位的评定也往往决定了不同等级的士族所能获得官职的大小和爵位的高低。

二、北魏门阀等级制度的法令化及士族等级

北魏门阀制度的延续与法令化是北魏统治者弥合民族矛盾、实施胡汉民族融合的一项重要举措。门阀等级制度本来是西晋时期中原汉族封建政权的遗留，孝文帝在接受汉族封建文化后，为进一步加大鲜卑族汉化的进程，诏令改复姓为汉姓，除元氏外，共117姓，并效仿汉族士族的姓族制度，诏令鲜卑"八姓"为姓族。如《魏书·官氏志》载：

> 太和十九年，诏曰："代人诸胄，先无姓族，虽功贤之胤，混然未分。故官达者位极公卿，其功衰之亲，仍居猥任。比欲制定姓族，事多未就，且宜甄擢，随时渐铨。其穆、陆、贺、刘、楼、于、嵇、尉八姓，皆太祖已降，勋著当世，位尽王公，灼然可知者，且下司州、吏部，勿充猥官，一同四姓。"[①]

如上北魏孝文帝"定姓族"诏令中，鲜卑"八姓"所等同的汉族"四姓"即是当时汉族士族门第的等级划分。《新唐书·柳冲传》中附有柳芳对北魏士族门第等级划分的详细论述：

---

① 《魏书》卷一百一十三《官氏志》，北京：中华书局，1974年，第3014页。

第四章 士族门阀制度下的北魏社会

魏氏立九品，置中正，尊世胄，卑寒士，权归右姓已……过江则为"侨姓"，王、谢、袁、萧为大；东南则为"吴姓"，朱、张、顾、陆为大；山东则为"郡姓"，王、崔、卢、李、郑为大；关中亦号"郡姓"，韦、裴、柳、薛、杨、杜首之；代北则为"虏姓"，元、长孙、宇文、于、陆、源、窦首之。"虏姓"者，魏孝文帝迁洛……"郡姓"者，以中国士人差弟阀阅为之制，凡三世有三公者曰"膏梁"，有令、仆者曰"华腴"，尚书、领、护而上者为"甲姓"，九卿若方伯者为"乙姓"，散骑常侍、太中大夫者为"丙姓"，吏部正员郎为"丁姓"。凡得入者，谓之"四姓"。[①]

由此看出，在汉族士族等级中除三世中有三公、令、仆类高官的少数家族，称膏梁、华腴外，其余士族大致有甲乙丙丁四姓等级之别。从以上汉族"四姓"的入姓资格分析，北魏对汉族士族等级是按照家族成员中三世以内出任中央职官的大小来评定的，而对胡人"八姓"出仕起家官职则明确指出"且下司州、吏部，勿充猥官"，授官标准一同四姓。这份诏令是孝文帝将鲜卑族按照汉族士族等级区别进行等级划分的体现，既是对汉族士族门阀等级进行法令化的认可，也为鲜卑贵族赋予封建贵族社会地位与政治特权扫清了障碍，使鲜卑贵族"八姓"成为仅次于"元姓"的胡人士族。"孝文帝用法令的形式，把已经在社会中存在的等级现象，在皇权参与下，用区别姓族的办法来划分了当时社会的门阀等级，这在中国历史上是唯一的一次。"[②]

北魏将门阀等级制度进行法令化的关键意义在于提升胡人贵族的社会政治地位，但对官员的选用体制也无疑产生了巨大影响。门阀制度作为中原汉族封建政权的遗留被孝文帝重新利用，主要用以完成鲜卑政权的封建化和胡汉民族融合，这一制度虽然在孝文帝政治较清明的时期，并未完全成为官用选拔的唯一标准，但随着皇权更迭、政治腐败，门阀姓族制度的弊端却越来越显现，即士族等级的品定成为官职大小与

[①] 《新唐书》卷一百九十九《柳冲传》，北京：中华书局，1975年，第5677—5678页。
[②] 高升记：《试论北魏孝文帝定姓族》，《山西大学学报》（哲学社会科学版）1995年第1期，第71页。

升迁的重要参考依据。

在士族等级的评定及士族的社会身份地位的维持中，士族家族成员中要有相应大小的官职是一个必要条件，官职成为衡量士族身份的唯一标准，"职官因其门第而授，门第也因其职官而变化"[1]。士族出仕的起家官职会受门第等级的影响并有明文规定，据唐代《通典》所载北魏清河王元怿的一份奏章中提到："孝文帝制，出身之人，本以门品高下有恒，若准资荫，自公卿令仆之子，甲乙丙丁之族，上则散骑秘著，下逮御史长兼，皆条例昭然，文无亏没。"[2]从这份奏章中可以看出，士人起家之官以其门第为准是有明确条例规定的，这些条例虽然现在已无从可考，但我们却可以此为据，从贾思伯、贾思同等人起家官职去反向考察其贾氏氏族的门第等级与社会地位。

三、贾思勰与贾氏家族的士族等级分析

按照唐人柳芳的论述，北魏的汉族士族，家族中人在三世之内获任中央职官的大小是士族等级划分的唯一标准。依据正史中贾思伯、贾思同两人本传和《新唐书·宰相世系表》中所列贾氏氏族世系分析，贾思伯家族虽然历代都有人出任官职，但按北魏的士族等级划分标准，贾思伯兄弟在出仕前，家族在三世之内所获任的最高中央职官是其伯父贾元寿的中书侍郎，属于等级标准中的"吏部正员郎"之列，因此，贾思伯家族在北魏初期的确可划入"丁姓"士族，但属士族中的末等。贾思伯家族的末等士族地位，我们还可从《魏书·贾思同传》中找到依据，《魏书·贾思同传》载："初，（贾）思同之为（青州）别驾也，清河崔光韶先为治中，自恃资地，耻居其下，闻思同还乡，遂便去职。州里人物为思同恨之。"贾思同系青州齐郡益都人，其家族为青州豪望，而据柳芳所述，山东郡姓中的大族为王、崔、卢、李、郑，崔光韶不愿居贾思同之下，也正是认为其家族的士族等级高于贾思同的表现。崔光韶

---

[1] 杨龙：《北魏政权中的汉族士人研究》，吉林：吉林大学博士学位论文，2010年。
[2] （唐）杜佑：《通典》卷十六《选举四·杂议论上》，北京：中华书局，1984年，第390页。

的离任引发了青州士族的震动,"州里人物为思同恨之"正是贾思同的门第得不到崔光韶的认可而使青州当地的其他士族感到遗憾的表现,这也在一定程度上表明,士族的社会等级对士人官职的升迁同样有着很大影响。

"四姓"等级划分显然未能包括所有通常意义上士族,比如为思同恨之的"州里人物"就肯定未在"四姓"等级之内,"四姓"高门士族之外尚有寒门、寒士、寒素等称谓,如《魏书》中称冯元兴为"家素贫约",冯元兴的伯父为太守,显然不是一般的庶民百姓,但太守官职显然够不上"四姓"的士族等级,因此,冯元兴就被称"家素"之士。从冯元兴的为官履历也可看出士族等级对士人仕途升迁的影响,冯元兴虽然做过皇帝侍讲这一光鲜职位,但侍讲并不在北魏的正式职官序列中,只是一个名誉性的虚职,皇帝年幼,只能是有荣无宠而已,而其他官职升迁经历就只能用坎坷来形容了,这大约也是绝大多数寒门士族有代表性的官职升迁历程。

士族的门第等级虽然并不是一成不变的,可以靠家族成员官职上的升迁而改变,但这显然要有相当长时间的积累与机遇,门阀等级与官职大小的挂钩也在很大程度上限制了士族门第高低的流动。由此推测,在一个如此注重门第等级的士族门阀制度下,贾思勰能够出仕为官必然是受士族门第的影响,前文考证贾思伯与贾思勰是三代以内的宗族兄弟关系,因此也是依附于贾思伯的"丁姓"士族门第,这也成为其出仕为官的必要和重要的条件。

士族门第等级的提升要靠官职升迁,而门第等级抬升才会带来出仕官职的提升,因此,官职升迁不仅是个人实现政治抱负的要求,而且是整个士族家族的追求。当然,官职升迁并非仅限于门第,知识才能也是官员升迁的考察条件之一,这也是士族门第固守传承学习儒家文化的原因。但是,在封建社会,对官职升迁具有决定意义的又往往是对权势势力的政治依附与朋党关系,因此,对与贾思勰相关的北魏特权阶层和朋党关系进行研究,也是贾思勰研究的重要突破口。

第三节 贾氏家族的"乡党"与"朋党"

一、北魏政权中的"寿光乡党"

士族门阀体制的法令化虽然为汉族士人仕途晋升带来了制度性保障，但士人之间通过交游建立的社会关系网络也是获得政治资源的重要条件，密切的交游关系可以更好地建立士人之间的群体认同，并可由此积累社会声望与建立仕宦媒介①。乡里往往是士人交游的发端，由于地缘关系更容易形成亲密和稳固的社交网络，特别是在北魏士族门阀等级制度下，由于汉族士人在政治上处于劣势，除去高门士族可自身形成家族势力外，处于同一社会阶层的一般士族同乡之间交游结党、共同进退也会成为一种必然。

通过研究贾氏家族的社会交游可以发现，北魏青齐士族中的"寿光乡党"（今山东寿光地区人）就是北魏政权中不可忽视的重要政治力量，甚至在一定程度上影响了北魏政治局势的发展。清代乾隆年间，寿光举人王化洽发现的《朱岱林墓志》则为我们考察北魏政权中"寿光乡党"提供了有力的证据。

（一）《朱岱林墓志》与"四子七贤"考

《朱岱林墓志》（图4-1、图4-2）又称《北魏高士朱岱林墓志》《朱君山墓志》。镌于北齐武平二年（571），明末出土于山东寿光后，久无人问。清雍正三年（1725），寿光举人王化洽于田柳村神祠中访得此志，即拓得数纸并题跋于后，后出版《初拓朱君山墓志铭帖》，此即为该志之初拓本，时官宦缙绅"以持赠者甚多"，因其书法艺术

---

① 杨龙：《北魏前期士人的社会交往初探》，《史学集刊》2012年第4期，第23页。

"上宗魏晋，下开隋唐"而大显于世。① 后志石因名气大增曾被盗卖，几经流转，现存藏于山东省寿光市博物馆内。

图 4-1 《朱岱林墓志》拓片全影②

图 4-2 《朱岱林墓志》拓片

---

① 冀亚平，王巽文：《北京图书馆馆藏石刻叙录（十四）》，《文献》1984 年第 4 期，第 153 页。
② 据《北京图书馆馆藏石刻叙录》，朱岱林墓志石长 79 厘米、宽 108 厘米，文正书，四十行，行三十四字。王化沾拓本为初拓本。乾隆戊午年（1738），王复广又拓之，仍字字可辨，嘉庆、道光则日益漫漶，咸丰、同治年间拓本，首行"扶封"二字已全泐。馆藏最早裱本，系乾嘉"扶封"二字未损本。参见北京图书馆金石组编：《北京图书馆藏中国历代石刻拓本汇编》第八册，郑州：中州古籍出版社，1989 年，第 19 页。

下面我们先看《朱岱林墓志》及王化洽墓志铭跋全文

北魏高士朱岱林墓志[①]

君讳岱林，字君山，乐陵湿沃人也。自辛朝丧历，昌户衔书，亲以建社，贤亦启国，扶封于邶，奄加茅土，方曹析壤，媲鲁称雄。别有由谥立姓，因字为氏，斯即去邑从朱，盖是殊方共致。卯金则司空佐命，当涂即领军赞业，憨在晋嗣美，表于赵垂名。所谓杞梓继生，公侯间起，哲人世挺，衣冠代袭。曾祖霸，儒该丘素，术尽纵横，魏使持节平州诸军事、安远将军、平州刺史。俗邻疆场，布以威恩，酹酒空陈，夜金不受。于后谤言及乐，谗巧乱邹，倏尔鹰扬，翻然鹊起，拥乡里三千余户，来逝河南。值元嘉之末，朝多丧乱，不获其赏，仍居青州之乐陵郡。祖法强，下帷耽艺，闲静自得，举秀才，释褐南平王府行参军，迁尚书祠部郎中。礼阁有声，含香擅美，后迁司徒府咨议参军事，亡赠鸿胪卿。父孝祖，清规胜范，地美才高。俄而魏高祖孝文皇帝熊黑竞骋，苍兕争先，化洽江湘，令行天下，录奇异于岩薮，访隐逸于闾阎。起家除槃阳县令，转北海太守。流涕孟侯，歌谣稚子，从今对古，并驾分驱。君膺兹秀气，禀是淳和，五刺六里，方珠比玉，左智右贤，拟龙齐凤，得嗟蔡子，见重侯相。年始十余，身离艰苦，晨号夕踊，柴毁骨立。遂使鸠来栖集，马辄刍草，精通飞走，操贯幽明。魏广陵王爱善如苍，好书比德，俾侯南服，妙选英佐，托以金兰，征为国常侍。辞不获已，俛俛从职。而侯赢荷眄，难交公子；介推逃赏，终远晋文。未逾十旬，还以病解。后彭城王又以皇枝之贵，作牧东秦，召为主簿，久而从命王，藉甚有素，不苦抑遣，终遂干木之心，乃申安道之志。君雅量之地，无际可寻。元昆季弟，推之京官，同于得丧，等概荣枯，含章韬彩，藏明晦用。兄元旭，散骑常侍，出除南兖州刺史。弟叔业，通直散骑常侍、左光禄大夫。高冠映日，长戟陵风，誉满京华，声驰宇县。纵赵孝之让礼食，曾何足云；鲁恭之就平名，讵

[①] 民国《寿光县志》卷十三《金石志》，台北：成文出版社，1968年影印本，第1834—1840页。

堪方此。魏廷尉卿崔光韶，侍中贾思伯，并聪敏当世，器局标时，结四子七贤之交，饮醪投水之密，留连宴喜，付写衿期。黄门郎徐纥，与君意得言忘，处权居要，恒思不次之举，还疑志不可夺，醺言之暇，聊申微旨。君答云："昔人有以术干帝，或遁质辞王，譬之鳞羽，本乖飞伏，而平生庸短，未希簪绂，如斯之贶，乞不加已。"纥爱人以礼，兼相钦尚，从其所好，不敢縈维。普泰之年，水德不竞，苍云盖轸，紫日生天。乌合蚁徒，聚三齐之地；竖牙鸣角，凭十二之险。不异井中，虚言圣出；何殊辙下，妄号神人。拔本塞源，摧兰夭桂，春秋五十有四，遐迩悲嗟，闻见涕零。惟君大度不群，峻怀孤上，托宿假道，唯仁与义，规矩成则，物我兼忘，非夷非惠，不石不玉，恻隐同于子鱼，友悌侔于伯雅。何忽儋山石折，智士遽倾。以大齐武平二年岁次辛卯二月乙卯朔六日甲申，葬于百尺里东五里。第四子敬修，自惟罹此荼毒，眇然孩幼，离奇以生，龙钟而立，穷而匡子，温惭闵骞，岵山虽陟，过庭无训。携锄而感，言下集冠之禽；攀松弗昭，宁降成坟之鸟。空追士季瞻像，载兴伤恸，日殚睹状，益增酸哽。磬兹鄙拙，式序徽猷，思与泣俱，文兼涕落，先言多不备述，往行盖是阙如，良由才非，作者情隈无次。从父兄敬范，史君伯第三子，脱略浮华，不应征聘，沉深好古，尤工摛属，勒铭黄壤，以播清风。辞曰：

　　本自高门，世资阴德，从来位重，人兼才识。
　　运海鳞奇，扶摇翅力，繁枝不已，清澜焉息。
　　唯祖英毅，唯父深沉，飞缨鸣玉，作范垂音。
　　仍生东箭，遂挺南金，素荣俱美，出处分心。
　　有应纯和，义望余耀，毹风阮德，梁游大钧。
　　总于君子，艺才何劭，阙里儒英，濑乡玄妙。
　　道王天崖，志轻人爵，菊丛危坐，貂裘采药。
　　楚汉儿戏，仁雄寥廓，我如曾闵，何论许郭。
　　虚言辅善，实验无亲，石鸡既落，儋山亦沦。
　　少微之应，遂属高人，悲王难序，痛霍何陈。
　　仁厚庆钟，育斯才彦，历阶武目，过庭鲤眄。

似凤方鸣，如龙比绚，遗孤在笈，藐焉谁见。
谁见伊何，慈颜弗睹，忌朝不食，邻人罢祖。
比学西河，拟文东鲁，述彪者固，情深陟岵。
鱼山本志，门豹遗风，丹青已写，玄窆方崇。
思人下泪，瞻盖悲空，山川不易，规猷讵终。
嗟嗟犹子，瞻仪在昔，荷恩惟训，依希如觌。
颂雅因诗，弘文托易，追思素道，敬镌玄石。"

邑孝廉王化洽拓朱君山墓志铭跋

雍正乙巳岁，偶以事过田柳村，憩足神祠，望案石宝光隐隐，问水老僧，洗尘积，刮剔浊垢，填朱曜自道，乃高齐朱君山墓志铭也。摩挲觇玩，不能去，几同昔之夜宿碑下者。归，命广儿拓数纸，就正同人，共谓"上宗魏晋，下开隋唐"。一时大佛寺、贾使君诸名拓不是过也。未尝不亟思表章之，奈土人珍而善忌，嵌置神龛，年来竟不再得矣。去秋闻其里新莆田君，有子成童，悉通四子六经大义，与儿辈游且熟，立遣广以抚拓坚请，因复得数十本，携之北上，赠我交游，间呈大人先生焉。夫此石千有余年，深藏地下，为《金石录》《铁纲珊瑚》《石墨镌华》等书所不载，且考其出也，属前明季叶，历若千岁，曾无一人过而问者，而略显于余，岂物之隐见各有时耶，抑君山与余固有待也。独念君山父兄，声施彪炳，史有专传，其友贾思伯昆弟，同葬吾邑，遗冢宰如罣，如若与名俱不朽者，而以君山清风高节，埋没平畴禾黍中，非此石出，姓氏几不闻于当世，又未尝不私窃叹悼之，而尤惜吾力不能碣其墓，续之乘书，大振幽光于潜德也，余负君山多矣。[①]

据墓志铭载，朱岱林为北魏乐陵显沃人（今寿光人）。因官职不大，其名不显，但从其墓志铭中所记可以看出，朱岱林家族也是青齐的名门望族。朱岱林的世系与交游则为我们研究贾思勰家族的社会交往提供了珍贵的线索。

[①] 民国《寿光县志》卷十三《金石志》，台北：成文出版社，1968年影印本，第1840—1841页。

第四章 士族门阀制度下的北魏社会

朱岱林曾祖朱霸曾经出任过北魏的使持节、平州诸军事、安远将军、平州刺史，但后来南叛投奔了刘宋政权，志文所称时值元嘉之末，应在453年左右，是年宋文帝刘义隆的儿子刘劭弑父自立，改元太初，正是志文所称"朝多丧乱，不获其赏"的真正背景。朱霸投刘宋虽不获其赏，但也难以再回故地，所以只好仍居青州之乐陵，这表明朱岱林家族是在453年左右，因为叛魏后来至青州乐陵（今山东寿光境内，时青州仍属南朝刘宋）居住，只是志文中将叛魏一事说的较隐晦。此事从《魏书·朱元旭传》则可以看得更清楚，传曰："朱元旭，字君升，本乐陵人也。祖霸（此处《魏书》记载有误，应为曾祖），真君末南叛，投刘义隆，遂居青州之乐陵。""真君末"为北魏太平真君十二年（451），与南朝刘宋元嘉三十年（453）时间基本一致，"本乐陵人"则说明朱元旭的祖籍就是青州乐陵人，因曾祖朱霸在北魏平州任刺史而暂居平州，后朱霸自北魏平州刺史弃官南投，朱氏家族才又重新回到青州乐陵居住。墓志载，朱元旭是朱岱林的兄长，朱岱林墓又在寿光，由此完全可以判断，朱岱林、朱元旭家族就是今山东寿光人。

朱岱林曾祖虽未获其赏，但祖父朱法强却获得了南朝刘宋政权的任用，先后释褐南平王府行参军，迁尚书祠部郎中，后迁司徒府咨议参军事。到朱岱林的父亲朱孝祖时，志文载其被北魏孝文帝任用。史载北魏慕容白曜攻克青州东阳城，青冀之地归入北魏，是在469年，而孝文帝是在471年登基，490年亲政，可见朱岱林家族应是自父亲朱孝祖开始重新归入北魏并获得官职，其父起家除樂阳县令，转北海太守。

至朱岱林辈，共兄弟四人，皆获任官职。朱岱林兄弟获职情况为：

朱元旭，志文载"散骑常侍，出除南兖州刺史"。此志文与《魏书》朱元旭本传不太相符，《魏书》中《朱元旭传》与《贾思伯传》《贾思同传》在同一卷，任职记载颇详，曰：

> 起家清河王国常侍。太学博士、员外散骑侍郎。频使高丽。除尚书度支郎中……神龟末……加镇远将军、兼尚书右丞，仍郎中、本州中正……除通直散骑常侍。永安初，加平东将军、尚书左丞、

光禄大夫。后转司农少卿。迁卫将军、左光禄大夫。天平中,复拜尚书左丞……于时朝廷分汲郡、河内二界挟河之地以立义州,安置关西归款之户,除元旭使持节、骠骑将军、义州刺史。武定三年夏,卒于州,年六十七。①

朱岱林,志文载"广陵王国常侍、青州主簿"。
朱叔业,志文载"通直散骑常侍、左光禄大夫"。
朱元昆,志文载"推之京宦",具体官职不详。

从以上所列官职可以看出,朱岱林家族的门第等级与贾思伯家族基本相似,都可列于北魏姓族"四姓"之内。朱元旭官品至骠骑将军、左光禄大夫,与贾思同官品车骑大将军、左光禄大夫不相上下,实职官至刺史、尚书左丞也与贾思伯、贾思同兄弟在同一层级。如此,士族门第相当,官职、官品不相上下,又是同乡的寿光贾氏与朱氏家族必定会有密切的往来是可以想象的。《朱岱林墓志》则将这种密切关系表露的非常彻底,曰:"魏廷尉卿崔光韶,侍中贾思伯,并聪敏当世,器局标时,结四子七贤之交,饮醪投水之密,留连宴喜,付写衿期。"用"四子七贤之交,饮醪投水之密,留连宴喜,付写衿期"来形容他们之间的交往,充分表明了这是一种深厚、稳固、密切的同乡、同僚、同党关系。志文的这种表述也并非虚谬不实,而是有史可据的,据《魏书·礼志》中载,肃宗熙平元年(516),胡灵太后下令百官商议中宫车舆的仪制,司空领尚书令任城王澄、尚书左仆射元晖等集50位官员共同上"胡太后车舆议",其中,兼尚书左士郎中朱元旭和库部郎中贾思同同时在列②,这表明贾思同与朱元旭同朝为官且官职相近,确有同僚之谊。再若前文考证,贾思伯、贾思同兄弟在506年至511年间,先后因父母去世,丁忧在家,521年至524年,贾思同又出任青州别驾,所以,贾思伯兄弟与多在青州本地为官的朱岱林除年少时即有可能因同乡相识外,出仕之后也有足够的交游时间交集。此外,廷尉卿崔光韶为崔亮从父弟,也是青州士族,在贾思同出任青州别驾时任青州治中从事

---

① 《魏书》卷七十二《朱光旭传》,北京:中华书局,1974年,第1624—1625页。
② 《魏书》卷一〇八之四《礼志四》,北京:中华书局,1974年,第2816页。

史，因此贾思同、崔光韶两人也皆与朱岱林有同僚之谊。所以，志文所载的亲密关系是有史实依据的。

"四子七贤"之典，应出自《晋书·嵇康传》中"竹林七贤"与三国魏嵇康著《圣贤高士传》中四子交游的故事，这反映出墓志文所指的"四子七贤之交"在人员组成上可能人数较多，至少朱元旭四兄弟、贾思伯兄弟和崔光韶是包括在内的。《魏书》载朱元旭于"武定三年夏，卒于州，年六十七。"可推知朱元旭的生卒年为478年至545年，因此，朱元旭兄弟四人的年龄均要比贾思伯、贾思同兄弟二人年龄小10岁以上，而比贾思勰要大10岁左右。若单纯从年龄差距上看，这种"饮水投醪"的友谊或许兼有一种政治同盟的意味，因为只有在一个政治同盟中，年龄差距才不会成为影响交往的因素，这与前文中考证刘仁之、冯元兴与贾思伯兄弟之间的年龄差距并没有影响其交往是一样的，只不过是"乡党"与"朋党"的差别而已，而这个政治同盟的成员几乎同时出现在了北魏的政局之中，对政局的影响也是绝对不容小觑的。如此，再将贾思勰也视为此"乡党"与"朋党"中的成员也就存在其合理性与必然性了。

（二）"乡党"中的特殊成员——"权臣"徐纥

墓志文中提到与朱岱林交往密切的还有黄门郎徐纥。《魏书·徐纥传》载："徐纥，字武伯，乐安博昌人也。"[①]民国《寿光县志·沿革》考证寿光地名沿革曰："刘宋青州：北海郡剧县，齐郡益都县，乐安郡博昌县，又侨冀州河间郡乐城县、南皮县。后魏因之……博昌县，据齐乘考证云：宋于博昌故城侨立乐陵郡，遂移博昌于寿光。"[②]因此，徐纥也是今山东寿光人，与朱岱林、贾思伯俱为同乡。

徐纥官至中书舍人、黄门侍郎，官职虽不高，但却是"既处腹心，参断机密，势倾一时"的权臣，甚至一度对北魏的政局产生过颠覆性的影响。《朱岱林墓志》中所记徐纥"处权居要，恒思不次之举"，并在

---

① 《魏书》卷九十三《徐纥传》，北京：中华书局，1974年，第2007页。
② 民国《寿光县志》卷二《沿革》，台北：成文出版社，1968年影印本，第121—122页。

"醻言之暇，聊申微旨"便是隐晦的提到徐纥在北魏政局中所参与的政治争斗。《魏书·徐纥传》载：

> （纥）说灵太后以铁券间尔朱荣左右，荣知，深以为憾，启求诛之。荣将入洛，既克河梁，纥矫诏夜开殿门，取骅骝御马十匹，东走兖州。纥弟献伯为北海太守，献伯弟季彦先为青州长史，纥使人告之，亦将家南走。羊侃时为太山太守，纥往投之，说侃令举兵。侃从之，遂聚兵反，共纥围兖州。孝庄初，遣侍中于晖为行台，与齐献武王督诸军讨之。纥虑不免，说侃请乞师于萧衍。侃信之，遂奔衍。①

这一记载与志文所述有相当大的关联性，并可从中清楚地看出徐纥在北魏朝局中的政治立场。徐纥作为胡灵太后当政时的近侍权臣，不可避免地卷入了尔朱荣与胡灵太后的政权争夺，遂被尔朱荣视为诛杀对象。在尔朱荣准备进攻洛阳时，徐纥看清胡灵太后势力败局已定后，遂与其弟北海太守徐献伯、青州长史徐季彦一齐出逃，并于中途说服太山太守羊侃为之举兵，失败后奔投南梁萧衍。墓志录文所述，可能与徐纥曾力邀朱岱林等"乡党"力量加入这一政治图谋有关，但囿于其人品和政治立场并未获得寿光"乡党"力量的支持。虽然如此，但值得注意的是徐纥在北魏朝政中的确有能够左右政局的权势与影响力，这足以使朱、贾二族不得不依重并与之密切交往，与其说同为"乡党"也未尝不可。再据《魏书·贾思伯传》载："寻除右将军、凉州刺史。思伯以州边远，不乐外出，辞以男女未婚。灵太后不许，舍人徐纥言之，得改授太尉长史。"意思是说贾思伯因官地边远不愿赴任，但遭到胡灵太后拒绝，最后求助于同乡徐纥才得以如愿，这也反映出徐纥与贾思伯之间也有着密切交往和同乡之谊，因此，在北魏政局的寿光"乡党"中，徐纥也是重要而特殊的一环。

---

① 《魏书》卷九十三《徐纥传》，北京：中华书局，1974年，第2008—2009页。

二、"乡党"之外的"朋党"外延

如果说"乡党"是北魏士族累积声望、获取政治资源和共同进退的乡里基础,"朋党"则是士人社会交游与政治同盟的具体体现。以贾思勰为起点索引到的人物线索刘仁之、冯元兴,再至贾思伯、贾思同,几人之间的友情关系和在政治仕途中的互相依赖已在前文进行了详细的考证论述,如果将这些关系结合以上"乡党"来分析,这种不分年龄界线的社会交游实则是北魏政治环境中的第二种形式"朋党",期间既有士人之间的普通友情,也有政治上的相互依赖,这也是北魏乃至整个封建社会政治中普遍存在的现象。

将"乡党"与"朋党"的存在作为一种社会现象来进行考察,有着反映北魏汉人士族阶层社会地位的意义。汉族士人阶层虽然在北魏少数民族政权汉化政策中能够逐渐参与政治和从中分得政治利益,但终究是特权阶层为加强统治而吸纳和利用的工具,在为特权阶层服务换得利益的同时,还要承担参与特权阶层政治斗争的风险。再者,统观汉族士人在北魏政治社会中所能获得官职就会发现,普通汉族士人获得的能真正掌控朝政的官职是少之又少,真正的权力大部分为胡人贵族与皇室外戚所掌控,汉族士人所能获得的官职大部分是处于中下层的职繁权轻之任,在北魏这种政权翻覆、内乱不断、战争四起的社会背景下,还随时会有丢官害命的风险,因此,"结党"必定成为弱势群体采取的必然手段。

但"结党"也只不过是一种群羊效应,只是在风险前面加了一层纱衣而已。通过官职晋升来获得特权或者成为特权阶层才是封建社会士族阶层最终的追求和唯一有效的实策。汉族士族阶层能够参与北魏的政权管理靠的是本族阶层的文化知识背景,但在北魏士族门阀等级制度下,普通士人显然不能完全靠才学来获得官职晋升,而除此之外唯一有效的途径便是对特权阶层——"王党"与"戚党"的权势依附,这已成为北魏封建政治社会里,汉族士族阶层的宿命。

第四节 "王党戚贵"与"武力霸权"的特权社会

以下仅以与贾思勰和贾氏家族相关的士人入仕起家和仕途迁转情况为例。

一、彭城派"王党"

（一）朱岱林起家广陵王国常侍后改投彭城王

《朱岱林墓志》载："魏广陵王爱善如苍，好书比德，俾侯南服，妙选英佐，托以金兰，征为国常侍。辞不获已，俛僶从职。而侯嬴荷分，难交公子；介推逃赏，终远晋文。未逾十旬，还以病解。后彭城王又以皇枝之贵，作牧东秦，召为主簿。"

上文指朱岱林先是与广陵王以"金兰"之托，被征召为广陵王国常侍，因病辞官后，又被彭城王辟召为青州主簿。据志文所载，朱岱林于普泰年间去世，死时54岁，因此其生卒年为478年至532年[①]。志文称广陵王与朱岱林以"金兰"相称，应年龄相仿，以此为据，可考此广陵王为孝文帝元宏之弟元羽（470—501），因元羽在太和十九年（495）至太和二十三年（499）任青州刺史[②]，期间正是朱岱林出仕为官的年龄，因此，被广陵王辟召入仕可能正于此时。

朱岱林被辟召广陵王国常侍后，未旬十载便因病辞官，后来彭城王作牧东秦（即青州刺史）时，又被召为青州主簿。彭城王元劭在孝昌三

[①] 据《魏书·朱元旭传》所载，朱元旭生年可推算为478年，而墓志载朱岱林普泰年间去世，按最晚532年推算，生年也是478年，但志文载朱元旭为朱岱林兄长，生年不应在同年，推测可能是《魏书》对朱元旭年龄或卒年记载有误。

[②] （清）吴廷燮撰：《元魏方镇年表》，章锡琛：《二十五史补编》第四册，上海：开明书店，1937年，第4542页。

年（527）年任青州刺史①，次年因"河阴之变"被害，因此，朱岱林被辟召青州主簿就在527年，而巧合的是，这一年也是刘仁之被彭城王元劭调任青州长史的年份②。由此可见，寿光"乡党"与贾氏"朋党"之间也有着密切的交集，并曾同属彭城"王党"一派。

（二）刘仁之起家御史后改投彭城王

《魏书·元劭传》载："（彭城王劭）起家宗正少卿。又除使持节、假散骑常侍、平东将军、青州刺史。于时，齐州民刘均、房顷等，扇动三齐。萧衍遣将彭群、王辩等骚扰边陲，劭频有防拒之效。孝昌末，灵太后失德，四方纷扰，劭遂有异志。"元劭有何异志，史载虽语焉不详，但有异志必当有异党，前文《刘仁之考证》中已考，刘仁之在527年时任南青州长史，与鹿悆一齐有协助元劭防卫彭群、王辩之功，此后，刘仁之就被调任青州刺史元劭（彭城王）长史，元劭被害后，刘仁之又跟随元劭的儿子定州刺史元韶（袭爵彭城王）任长史，而元劭正是528年即位的孝庄帝元子攸的哥哥，如此来看，刘仁之可谓是彻头彻尾的彭城王派，且与朱岱林同年投入任青州刺史的彭城王麾下，这不能不说是一种巧合。这种时间和地点上的交集，又为进一步串联寿光贾、朱士族"乡党"与"朋党"的关系网络提供了考据经纬。

（三）贾思同起家彭城王国侍郎

《魏书》本传载贾思同"释褐彭城王国侍郎"，在前文《贾思同考证》部分已考，贾思同释褐是在496年，并可能受益于兄长贾思伯与彭城王元勰同在中书省任职之故。如果单纯看贾思同起仕于彭城王元勰，似乎意义并不明显，但统观贾思同的仕途升迁会发现，贾思同真正发迹是在528年孝庄帝即位以后，孝庄帝始由尔朱氏以武力拥立，但并未得到元氏宗亲的全面认可，随即引发北海王元颢叛乱。在双方胜负未分、局势不明的情况下，文武百官皆面临对两者之间的艰难抉择，例如元氏

---

① （清）吴廷燮撰：《元魏方镇年表》，章锡琛：《二十五史补编》第四册，上海：开明书店，1937年，第4542页。
② 参见前文《刘仁之考证》部分。

宗亲齐州刺史、沛郡王元欣的态度就在模棱两可之间，"集文武议所从，曰：'北海（北海王元颢）、长乐（长乐王元子攸），俱帝室近亲，今宗祐不移，我欲受赦，诸君意何如？'"而此时军司崔光韶、襄州刺史贾思同却已旗帜鲜明地公开表示支持孝庄帝元子攸①。这种政治立场的站位，想必与其曾经获得彭城王提携以及彭城"王党"的派系影响不无关系，而且贾思同、刘仁之等人也的确是在孝庄帝即位后，官职才得以迅速升迁。

二、江阳派"戚党"

元叉是胡灵太后执政时期重要的权臣，从前文贾思伯与冯元兴考证中可以看出，贾思伯与冯元兴二人的仕途命运跟元叉势力有着密切的关系。冯元兴虽然起仕于王显，但官职升迁主要受益于江阳王元继、元叉父子，其仕途起伏也与元叉绑定在一起，可谓成也"元叉"，败也"元叉"。其后的起起伏伏除了最后可能受益"朋党"刘仁之的影响外，也大多与江阳王家族有关，甚至江阳王元继死后，其墓志也是冯元兴所撰文②，可见，冯元兴是一个彻底的江阳王派系。而贾思伯在《魏书》本传中有一句"为元叉所宠，论者讥其趋势"的评论，则是贾思伯私于江阳王派系的最好注脚。更重要的是，这层王党关系还为贾思勰与其在《齐民要术》中注文"皇甫吏部"的关系找到了合理解释。

元叉获权的原因，是因为"尚胡灵太后之妹冯翊郡君"之故，即元叉是当政者胡灵太后的妹夫。胡灵太后的父亲是胡国珍，因此元叉又是胡国珍的女婿。胡灵太后的母亲则是胡国珍的夫人皇甫氏，"皇甫吏部"（皇甫玚）则是胡灵太后的姑表兄弟和高阳王元雍的女婿③，因

---

① 《资治通鉴》卷一百五十三《梁纪九》"武帝中大通元年五月"条，北京：中华书局，1956年，第4761页。

② 江阳王元继的墓志载："（元继）春秋六十有四，永安元年薨于位……前佐司徒府咨议参军事、太常卿琅琊王衍，前佐司徒府记室参军事、大将军府从事中郎新平冯元兴等，虑陵谷质迁，丘陇难识，故凿志埏阴，刊载氏族。"参见赵超：《汉魏南北朝墓志汇编》，天津：天津古籍出版社，2008年，第259—260页。

③ 参见前文《皇甫吏部与元仆射》。

此，元叉与皇甫吏部亦是"剪不断，理还乱"的皇亲国戚关系。推论至此，贾思勰在《齐民要术》中能够记载皇甫吏部家的制曲酿酒家法也就找到了根据，"皇甫吏部"与元叉同为胡灵太后姻眷，与贾思伯、冯元兴这一江阳派系密切交往也是必然的，这也充分说明，贾思勰的社会交往是深受贾思伯、冯元兴的社会交往与政治资源的影响，甚至可以说，贾思勰也可能是这个政治网络的重要结点。

三、尔朱氏的武力霸权

北魏的封建历史进程先后经历了皇权集中、皇权分散与皇权旁落和国家灭亡的过程。自拓跋珪建国到孝文帝改革是北魏政权逐渐汉化和封建化的阶段，权力大都集中于皇帝，此时也是元氏宗族王党的鼎盛时期。到了宣武帝、孝明帝时期，由于没有执行北魏前期的"子贵母死"制度，导致胡灵太后执政，腐败无能的政治管理使得既有元氏宗族身份，又有皇亲国戚身份的江阳派贵戚掌握了特权，皇权开始出现分散，权力斗争也日趋激烈，以元叉为中心的江阳贵戚与胡灵太后之间权力斗争更以导致皇权旁落的结果告终。之后尔朱氏打着讨伐胡氏的旗号，虽然拥立元子攸为帝，但实际却借机形成了自己的武力霸权，北魏前期的元姓特权贵族与各种政治势力在"河阴之变"中被彻底清洗，上至丞相高阳王元雍、司空元钦，下至居丧在家的黄门郎王遵业兄弟，包括孝庄帝的兄弟元劭等鲜卑贵族和汉族士族文武百官2000余人，被不分良奸，斩杀殆尽，仅余支持孝庄帝的部分彭城派系得以幸免。北魏皇权自此已沦为象征，实际政权被尔朱氏武力霸权集团操控，这也成为加速北魏分裂和灭亡的直接原因。

尔朱荣制造的"河阴屠杀"也造成了对士族文化阶层的巨大打击，导致了北魏人才的凋敝，这也使得部分幸免于难的文化士人成为北魏后期政权争夺中，政治力量极力拉拢与争取的对象。贾思同、刘仁之、冯元兴、朱元旭等士人则由于其彭城派系和朋党关联而成为这场纷争的受益者，如贾思同由襄州刺史升迁青州大中正、黄门侍郎；刘仁之在孝庄帝至出帝时期为尔朱世隆所信任而达到了权力巅峰，与贾思同并为黄门侍郎、中书令；冯元兴也由此重新获得任用。但尔朱氏的武力霸权并没有持续长久，随后引发了与孝庄帝的皇权争夺，并在高欢势力的参与下，北魏政权迅速瓦解，分裂为东魏、西魏政权，并分别被高氏和宇文氏掌控。新一轮的政治洗牌也使彭城派系不复存在，贾氏家族也转而投入以太原、邺城为中心的政治选择。

四、高氏集团控制下东魏

东魏建立后，由高欢主导的东魏政权组成已经发生了较大变化。从清万斯同所著《东魏将相大臣年表》可以看出，东魏的台阁成员组成已基本成为高姓家族和其嫡系的天下，元氏贵族仅余谌、坦、弼、惊等老弱人士，虽仍居高位，但已实权不在，而原来的汉族大家士族也仅余贾思同与王衍（琅琊王氏）等见于表 4-1 中，仍居侍中之职。

表 4-1　东魏天平元年（534）台阁政权组成表[①]

官职	姓名	备注（括号内为自注）
丞相	高欢	大丞相、太师、柱国大将军
太师	—	—
太傅	—	—
太保	—	—
大司马	赵郡王元谌	—
大将军	—	—
太尉	咸阳王元坦	—
司徒	高盛	—
司空	高昂	（自司空以上多为荣誉性虚职）
录尚书事	—	—
尚书令	元弼、元巇	（元弼为《齐民要术》中"元仆射"元晖之子）
左仆射	司马子如	（高欢谋士）
右仆射	高隆之	（高欢家族养子，高欢视其为弟）
吏部尚书	封隆之	（高欢同乡，助高欢破尔朱荣）
御史中尉	高琛	骠骑大将军、开府仪同三司（高欢弟弟）

[①]（清）万斯同：《东魏将相大臣年表》，章锡琛：《二十五史补编》第四册，上海：开明书店，1937 年，第 4529 页。

续表

官职	姓名	备注（括号内为自注）
中书监	源子恭	—
中书令	李元忠	（与高欢共同举兵）
侍中	高岳	（高欢族弟）
	孙腾	（高欢心腹部下）
	昌乐王元诞	—
	于晖	（曾与高欢共同讨伐过羊侃）
	王衍	（高门士族，太原王氏）
	贾思同（兼黄门侍郎）	（寿光贾氏）
领军将军	娄昭	（高欢武明皇后弟）
司州牧	西河王元悰	—

从表4-1可以看出，东魏政权虽已明显处于高氏集团的控制之下，但贾思同仍能位居权力中枢，其主要原因很可能是获益于其士族的儒家文化背景，当然，更重要原因的可能取决于其能够转向支持高氏集团的政治态度。例如，孝静帝即位后，贾思同随即成为皇帝侍讲，就应当是高氏集团对其政治态度的慎重权衡与选择，一则贾思同是当时仅存不多的士族大儒，在孝庄帝至出帝时期就历任黄门侍郎、侍中、车骑大将军等要职，其年龄资历以及累积的社会地位与声望正是平息文武百官对高氏专权议论的最佳人选。其二，如果贾思同没有支持高氏的政治态度，那让他来做皇帝的老师，则无疑是在为自己培养一个可怕的敌人。也显然是由于这一态度，贾思同才能在东魏一直保持处于权力中枢的政治地位，相反，刘仁之在出帝时（533年左右）任命为西兖州刺史，被排挤出权力中心，则明显是政治立场上的失误所致。出帝（即孝武帝）为高欢所立，而在孝庄帝时期，刘仁之被尔朱世隆信任时，因督修晋阳城而杖打刺史一事，已经引起了高欢的强烈不满，《魏书》本传曰"齐献武王大加谴责"便是这一结果的直接原因，因此，刘仁之被任命为西兖州刺史实际有被贬黜的意味，这也是政治立场带来的直接后果。

贾思同的政治选择不仅保住了自己和家族的政治地位，而且成为宗族兄弟贾思勰出任高阳太守的直接推动因素。对照前文《贾思勰为官高阳时间考》部分就可发现，贾思勰出任高阳太守的时间是在534—540

年，这与贾思同官职升迁的时间极为吻合。贾思同是在529年以后重新进入权力中枢，但529—534年，是皇权不断更迭的年份，自己也是立足未稳的状态，直到534年以后，政治局势得以稳定，而自己的政治地位和官职也得以稳固，这也正是能对贾思勰的仕途产生较大影响的时间段。同时，534年的尚书令元弼正是贾思勰所著《齐民要术》中的元仆射（即元晖[①]）的儿子。贾思勰能够将元仆射写入书中，想必不会只是道听途说的打听一个制曲酿酒方法这么简单，而是必定存在值得研究的交游关系，而且元仆射的儿子在其出任高阳太守前任尚书令（尚书仆射和吏部尚书的直接上司）也不能仅仅视为时间上的巧合。因此，贾思同政治地位的稳固以及与元仆射家族的交往关系，应该都是贾思勰出任高阳太守的直接推动因素。

第五节 贾思勰所处的社会背景总论

一、北魏执政体系的阶层划分与历史必然

北魏是中国历史上第一个由少数民族在中原地区建立的统治政权，社会阶层的划分表现得比以往更加复杂，社会形态中既有民族的对立和文化的差异，又有民族融合和不同民族文化之间的互相影响。社会总体阶层中既有北魏前期奴隶制社会的鲜卑贵族与奴隶，又有中原封建王朝的士族地主阶层与平民，北魏统治者所采取的鲜卑汉化和民族融合政策虽然在一定程度上减少了民族对立与冲突，但在统治者内部存在阶层划分却依然表现得非常明显。

第一，皇帝以外的拓跋氏及元姓宗亲是一个天然的优势特权阶层。北魏采取对直系宗亲赐封王爵的措施来加强氏族宗亲对政权统治的支持和拥护，但随着皇权更迭，世系亲疏有别，王爵世袭递减，皇室贵族等

[①] 参见前文《皇甫吏部与元仆射略考》。

第四章 士族门阀制度下的北魏社会

级差距增大等原因,逐渐形成了特权阶层内部的矛盾纷争,出于对政治权益的争夺而形成的王党派系便成了封建政权的必然产物。

第二,皇室的母系外戚是另外一个天然优势特权阶层。外戚形成的特权阶层与王党的不同在于它不具有世袭性的特点,会随着皇权更迭而不断更替。因为北魏采取胡汉通婚的民族融合政策,皇室外戚成员还兼有胡汉融合的特点,既有鲜卑贵族也有汉族士族融入其中。贵戚阶层虽然不具备问鼎皇权的天然优势,但却往往成为权臣的塑造阶层。

第三,北魏政权除去以上王党与贵戚两大天然特权阶层外,还有处于中下层的汉族士族阶层。汉族士族阶层以其知识文化优势成为北魏社会政权中的中坚力量,但无论从中央政权还是地方政权来看,汉族士族的社会地位与政治权力始终禁锢于儒家传统礼法伦理思想与士族门阀制度的双重枷锁之下,一方面引领了北魏社会经济与文化的发展;另一方面沦为北魏封建统治阶层的统治工具,既有社会阶层的先进性,也有着自身的历史局限性。

北魏执政体系中阶层等级的划分是社会阶层属性的体现,有其历史必然性。世界范围内的人类社会经济与文化的发展一直处于不平衡的状态,这种不平衡性往往取决于地域文化的不同与社会民众的稳定程度。中原地区的汉族是深受儒家思想影响的民族,在农耕文明不易迁徙的特点下,更使儒家文化的不断传承与发扬成为必然,这也成为中原先进文明快速发展的重要历史根源。当先进文明遭遇野蛮的外族入侵时,野蛮必定为文明所同化,北魏即是这一历史规律的首次大规模体现,特别是在执政体系中,鲜卑贵族开始重视学习汉族文化并向士族转化变便是最好的例子。但儒家的纲常伦理思想也塑造和深化了不平等思想的民族特性,在封建正统思想和为统治阶级服务的忠君爱国思想的交互影响下,这一特性更加根深蒂固。汉族士族一旦接受了鲜卑族与汉族同为黄帝后裔的同化思想,统治者的正统性就不再受到质疑,而士族门阀体制则又成为统治阶层稳定统治的一把利器,从而使统治阶层的等级划分成为历史必然。

二、士族门阀等级体制的主要影响

（一）士族门阀等级体制的积极作用

北魏孝文帝实行定姓族、建门阀的士族等级制度是北魏历史发展的客观需要[①]，鲜卑族的汉化也是野蛮入侵文明的必然后果。士族门阀制度本来是西晋制度的遗留，士籍是北方大族地位和权益的象征，北魏统一前期的北方少数民族建立政权后，也大多以九品中正制恢复汉族士族的士籍，缓和与汉族士族地主阶层的矛盾，以便于统治。因此，北魏的士族门阀体制的法令化有其现实意义，主要表现在以下几个方面。

第一，促进了鲜卑族学习汉族文化的积极性。士族门阀体制并不是单单为汉族士族而定制的，士族门阀体制的实行是为鲜卑族改易汉姓的同步措施，规定了鲜卑八姓与汉族高门士族具有平等的门第等级地位，促进了鲜卑贵族进一步向士族化发展，并提高了他们进一步学习汉族文化的积极性。

第二，弥合了民族矛盾，促进了鲜、汉士族合流。汉族士族社会地位的恢复使鲜卑政权快速得到了汉族士族的承认，一方面实现了鲜、汉士族的合流；另一面充分保证了鲜卑贵族稳定的特权地位。

第三，促进了民族融合。不分民族的士族门阀制度和胡汉民族通婚，保障了鲜卑族在汉族中的正统统治地位，也起到了民族融合的积极作用。

（二）士族门阀体制的弊端

士族门阀体制成为影响官员入仕的重要制度。魏晋以来的九品中正制仍是北魏士人的主要入仕途径，门第的高低可以决定士人入仕起家的官职大小，士族成员中出任官职的大小又可决定门第的高低。这种选官入仕的制度无疑是对士族门阀体制的维护，成为士族大家维护门第和巩

[①] 参见高生记：《北魏孝文帝定姓族制度散论》，《太原师范学院学报》（社会科学版）2003年第2期，第73—75页。

固势力的重要手段,致使下等士族与寒门士人几乎被排除在政治权力之外,即便能够获得官职,其晋升的机会也非常渺茫。贵者恒贵、贱者恒贱是士族门阀体制下的主要社会形态。门第的品定与入仕途径几乎为豪门氏族所掌控,而凭借门第就可以累世担任高官,享受特权,这种制度的局限与弊端最终成为社会不公和社会局势紊乱的根源。

门阀体制亦是造成中国千百年来官本位思想的根源。个人的价值追求与家族的整体利益无不以官职大小来体现,这对士族阶层的精神品格塑造产生了长期深远的不利影响,社会价值评价体系呈现以唯官职论的不良扭曲,刺激了下层士族对官职的追求,而特权阶层的权力掌控与政治体制则成为政治腐败的制度根源。而官本位的整体社会价值取向也成为社会发展的重要阻力,农业技术与农业生产虽然被视为国家根本,但却未能引起整个士族阶层的足够重视与反思,使得重农思想仅仅表现为一种统治上的必然需要,而并非是一种全民思想,这也是贾思勰撰述皇皇巨著却在史册中未见一言的深层次原因。

三、《齐民要术》产生的社会背景与思想根源剖辨

统观贾思勰生活的历史社会背景就会发现,北魏的社会制度与士族阶层的整体价值追求并没有为贾思勰撰述《齐民要术》提供良好的社会土壤,甚至可以说著述《齐民要术》是在一种非常不利的条件下完成的,但这种不利的社会背景反而成了催生农学巨著的重要条件,社会制度的历史局限导致的社会不公,以及战乱不断导致百姓的颠沛流离与饥寒交迫正是激发作者产生忧国忧民思想的契机,这或许是《齐民要术》写作的真正动力。

当然《齐民要术》的产生也有其社会思想基础。虽然有不利的社会制度,但《洪范》八政,食为政首,货居其二的思想依然是长期以来统治阶层的共识。《齐民要术》之序言,大部分内容承袭于《汉书·食货志》,可谓"食为政首"思想的继承,其后北齐魏收所撰《魏书》之《食货志》篇的内容与思想也与《汉书》及《齐民要术·序言》所述大同小异。兹录《魏书》之《食货志》篇首部分文字如下:

夫为国为家者，莫不以谷货为本。故《洪范》八政，以食为首，其在《易》曰"聚人曰财"，《周礼》以九职任万民，以九赋敛财贿。是以古先哲王莫不敬授民时，务农重谷，躬亲千亩，贡赋九州。且一夫不耕，一女不织，或受其饥寒者。饥寒迫身，不能保其赤子，攘窃而犯法，以至于杀身。迹其所由，王政所陷也。夫百亩之内，勿夺其时，易其田畴，薄其税敛，民可使富也。既饱且富，而仁义礼节生焉，亦所谓衣食足，识荣辱也。①

食为政首是统治阶层为维护其统治而不得不具有的统治思想，其根本目的是为统治阶级提供税赋和稳定统治，当然也就具有一定的局限性，所以这种思想的落脚点往往仅局限于督课政策的严利于否，而并非真正出于改善民众的生活水平。贾思勰在《齐民要术》中虽然也有为统治阶级服务的出发点，但从其社会等级的角度和著述思想的变迁来看，贾思勰应是更多的关注到了普通民众的生活疾苦，其忧国忧民的思想意识，无疑在思想上是更具有积极和进步意义。

四、贾思勰在北魏政治制度下的家缘关系网络再现

贾思勰以农学巨著《齐民要术》的深远影响，功绩镌刻于历史碑廊，其讳莫如深的身世背景让研究人员为之迷茫，并对此进行了长期艰苦执着的探索。但前人对贾思勰的研究论述中，多把关注点放在了《齐民要术》文本和其本人在历史中的直接记载等有限资料线索，证据的缺乏，必然导致研究结论的模糊。贾思勰高阳太守的官员背景决定他的社会交往层次必定是封建社会中可在史书留下记载的社会上层群体。因此，关于他本人的信息虽然因历史原因被史载阙漏，但在他的交游群际中必定会留下与之相关的印痕可以查证，而本书的创新就在于，从研究贾思勰的社会交游着手，避开了贾思勰本人无任何历史记载的短板，以与贾思勰密切相关的历史人物、历史事件、历史地点作为研究贾思勰的

---

① 《魏书》卷一百一十《食货志》，北京：中华书局，1974年，第2849页。

切入点，利用多方面的时间节点重合来发现贾思勰在历史中存在的证据与轨迹，从历史学的角度进行科学严谨的考证和推理，极尽可能的还原了贾勰在历史中的真实存在。将对贾思勰有关的社会历史背景与交游关系交织形成的关系网络进行综合展现，也是对贾思勰进行学术研究的有效尝试。笔者从这一角度出发，对前文所涉及的与贾思勰密切相关的历史人物与历史事件以图表形式进行串联，这或许可以让读者对贾思勰生活场景和历史背景产生更加直观的认识。

（一）与贾思勰有关的皇帝与"四党"人物关系整理

1. 关系密切的交游朋党

刘仁之：与贾思勰是志同道合的朋友关系，在《齐民要术》中有最为直接的朋友线索。主要官职：中书令、黄门侍郎、兖州刺史等。

冯元兴：与刘仁之、贾思伯是关系密切的朋友关系。主要官职：中书舍人、御史、光禄大夫、孝明帝侍读等。

2. 以"四子七贤"为代表的寿光乡党

贾元寿：贾思伯、贾思同伯父，孝文帝时任中书侍郎。

贾道最：贾思伯、贾思同父亲。主要官职：青州主簿、中正。

贾思伯：贾思同兄长，贾思勰族兄，与刘仁之、冯元兴、徐纥等同仕并交游密切，与徐纥、朱元旭、朱岱林等为同乡并交往密切。主要官职：太常卿兼度支尚书、正都官、殿中尚书、青州大中正、孝明帝侍讲等。

贾思同：贾思伯弟，贾思勰族兄，与贾思伯、朱元旭、刘仁之、崔光韶、徐纥有同仕经历，交往密切。主要官职：青州大中正、黄门侍郎、侍中、孝静帝侍讲等。

朱元旭：与贾思伯等为同乡，宣武帝、孝明帝时任兼尚书左士郎中，与贾思同同仕。

朱岱林：朱元旭弟，与贾思伯、贾思同交游密切，与刘仁之同仕于彭城王元勰。主要官职：广陵王国常侍、青州主簿。

朱叔业：朱元旭弟，寿光乡党。

朱元昆：朱元旭弟，寿光乡党。

崔光韶：青州高门氏族清河崔氏，崔亮从弟，与贾思同、刘仁之、朱岱林等有同仕经历。主要官职：青州治中从事史、司空骑兵参军兼司徒户曹、青州平东府长史、青州知州事等。

徐纥：与贾思伯、朱元旭、朱岱林同乡，交往密切。主要官职：中书舍人。

3. 起家与依附的王党

广陵王元羽：北魏宗室大臣，献文帝拓跋弘第四子，孝文帝元宏异母弟。太和九年，封广陵王。儿子元恭为节闵帝。朱岱林起家广陵王国常侍。

任城王元澄：北魏宗室、重臣，景穆帝拓跋晃之孙、任城王拓跋云长子，袭封任城王爵位，官至司徒、侍中、尚书令。贾思伯曾为持节跟随其攻打钟离郡。

彭城王元勰、元劭、元韶：元勰为献文帝拓跋弘第六子、孝文帝元宏之弟。与元劭、元韶为祖孙三人，先后为彭城王。元勰第三子元子攸为孝庄帝。贾思同起仕于彭城王元勰王国侍郎；刘仁之为彭城王元劭青州长史、彭城王元韶定州长史；朱岱林为彭城王元劭青州主簿；贾思同、刘仁之同仕于孝庄帝。

4. 戚贵与权臣

胡灵太后：宣武帝元恪的妃子、北魏孝明帝元诩的生母。515年，宣武帝去世，孝明帝即位，尊胡氏为皇太后，因孝明帝年幼，由胡灵太后临朝听政。

胡国珍：胡灵太后生父，妻为皇甫氏。主要官职：骠骑大将军开府、侍中、司徒公。

皇甫场：高阳王元雍女婿，与胡国珍妻皇甫氏为近亲宗族。据考为贾思勰《齐民要术》中所记皇甫吏部，应与贾思勰有交往，与贾思同共仕于吏部。

元晖：北魏宗室，得宠于宣武帝元恪，曾任吏部尚书、仆射等。据考为贾思勰《齐民要术》中所记元仆射,曾为皇甫场、贾思同的直接上司,其子元弼在孝静帝时与贾思同同仕。

江阳王元继、领军元叉:元继袭封江阳王,其子元叉为胡灵太后妹夫,得宠于胡灵太后,成为权臣。冯元兴、贾思伯先后被元继、元叉重用。

尔朱荣、尔朱世隆:尔朱荣、尔朱世隆先后以武力更立孝庄帝、长广王、节闵帝,操控北魏政权。刘仁之、贾思同等被重用。

5. 皇帝核心:孝文帝、宣武帝、孝明帝、孝庄帝、长广王、节闵帝、后废帝、出帝、孝静帝

贾思勰社会关系网络图示见附录一。

五、贾思勰人物关系年表总表

与贾思勰有关的人物关系表见附录五。

参考文献

一、著作类

安作璋主编：《山东通史·魏晋南北朝卷》，济南：山东人民出版社，1994年。

北京图书馆金石组编：《北京图书馆藏中国历代石刻拓本汇编》，郑州：中州古籍出版社，1989年。

《北齐书》，北京：中华书局，1972年。

《北史》，北京：中华书局，1974年。

（唐）杜佑：《通典》，北京：中华书局，1984年。

（清）顾祖禹：《读史方舆纪要》，北京：中华书局，2006年。

郭文韬，严火其：《贾思勰王祯评传》，南京：南京大学出版社，2011年。

（宋）韩淲：《涧泉日记》，北京：中华书局，1985年。

（后魏）贾思勰原著，缪启愉校释：《齐民要术校释》，北京：中国农业出版社，1998年。

（北魏）贾思勰著，石声汉：《齐民要术今释》，北京：中华书局，2009年。

贾效孔，国乃全：《贾思勰籍里考证研究》，北京：中国农业科学技术出版社，2017年。

《晋书》，北京：中华书局，1999年。

李学勤主编：《十三经注疏》，北京：北京大学出版社，1999年。

《梁书》，北京：中华书局，1973年。

栾调甫：《齐民要术考证》，台北：文史哲出版社，1994年。

罗竹风主编：《汉语大词典》，上海：上海辞书出版社，2011年。

（元）马端临：《文献通考》，济南：山东画报出版社，2004年。

民国《寿光县志》，台北：成文出版社，1968年。

《南齐书》，北京：中华书局，1972年。

《南史》，北京：中华书局，1975年。

倪根金编：《梁家勉农史文集》，北京：中国农业出版社，2002年。

《三国志》，北京：中华书局，1971年。

石声汉译注，石定扶、谭光万补注：《齐民要术》，北京：中华书局，2015年。

《宋书》，北京：中华书局，1974年。

《隋书》，北京：中华书局，1973年。

孙金荣：《齐民要术研究》，北京：中国农业出版社，2015年。

（清）汤球：《十六国春秋辑补》，北京：中华书局，1985年。

（清）万斯同：《东魏将相大臣年表》，章锡琛：《二十五史补编》，上海：开明书店，1937年。

王思明，陈少华主编：《万国鼎文集》，北京：中国农业科学技术出版社，2005年。

王仲荦：《魏晋南北朝史》，上海：上海人民出版社，1980年。

《魏书》，北京：中华书局，1974年。

吴承仕：《经籍旧音序录 经籍旧音辨证》，北京：中华书局，1986年。

（清）吴廷燮：《元魏方镇年表》，章锡琛：《二十五史补编》，上海：开明书店，1937年。

《新唐书》，北京：中华书局，1975年。

徐莹，李昌武主编：《贾思勰与齐民要术研究论集》，济南：山东人民出版社，2013年。

（汉）荀悦：《前汉纪》，《钦定四库全书荟要》，长春：吉林出版集
　　团，2005年。

（北魏）杨炫之撰，范祥雍校注：《洛阳伽蓝记校注》，上海古籍出版
　　社，1978年。

（清）姚振宗：《隋书经籍志考证》，《二十五史补编》，北京：中华
　　书局，1955年影印本。

（清）姚振宗：《隋书经籍志考证》，章锡琛：《二十五史补编》，上
　　海：开明书店，1937年。

（元）佚名：《河南志》，《宋元方志丛刊》第8册，北京：中华书
　　局，2006年。

俞鹿年：《北魏职官制度考》，北京：社会科学文献出版社，2008年。

（清）俞正燮撰：《癸巳类稿》，上海：商务印书馆，1957年。

张长法：《列子》，郑州：中州古籍出版社，2010年。

章锡琛：《二十五史补编》，上海：开明书店，1937年。

赵超：《汉魏南北朝墓志汇编》，天津：天津古籍出版社，1992年。

赵守正：《管子注释》，南宁：广西人民出版社，1982年。

《资治通鉴》，北京：中华书局，1956年。

二、文章期刊类

高升记：《试论北魏孝文帝定姓族》，《山西大学学报》（哲学社会科
　　学版）1995年第1期。

高生记：《北魏孝文帝定姓族制度散论》，《太原师范学院学报》（社
　　会科学版）2003年第2期。

冀亚平，王巽文：《北京图书馆馆藏石刻叙录（十四）》，《文献》
　　1984年第4期。

李群：《贾思勰与〈齐民要术〉》，《自然辩证法研究》1997年第2期。

李润生《齐民要术校释补正》，《励耘语言学刊》2015年第2期。

李森：《贾思勰应为今山东寿光人》，《中国史研究》1999年第3期。

李阳：《北魏〈元继墓志〉考释》，西安碑林博物馆编：《碑林集刊》

第二辑，西安：陕西师范大出版社，1994年。

李元卿：《贾思勰故里考》，《中国石油大学学报》（社会科学版）1993年第4期。

梁家勉：《有关〈齐民要术〉若干问题的再探讨》，倪根金：《梁家勉农史文集》，北京：中国农业出版社，2002年。

刘志国：《〈齐民要术〉中的历史人物刘仁之考证》，《古今农业》2018年第1期。

寿光市博物馆：《山东寿光东魏贾思同墓清理简报》，《中原文物》2016年第5期。

孙金荣：《贾思勰为官"高阳"郡治考》，《山东社会科学》2014年第1期。

王冠三：《贾思勰籍贯辨误》，寿光县地方史志编纂委员会编：《寿光县志资料》，1984年。

魏涌汉：《贾思勰的籍贯及其农业观》，寿光县地方史志编纂委员会编：《寿光县志资料》，1984年。

杨龙：《北魏前期士人的社会交往初探》，《史学集刊》2012年第4期。

杨龙：《北魏政权中的汉族士人研究》，吉林：吉林大学博士学位论文，2010年。

张鹤泉：《北魏后期诸王爵位封授制度试探》，《中国史研究》2012年第4期。

张鹤泉：《孝文帝爵制改革后的北魏散爵封地》，《古代文明》2016年第4期。

附录一 贾思勰社会关系网络图示

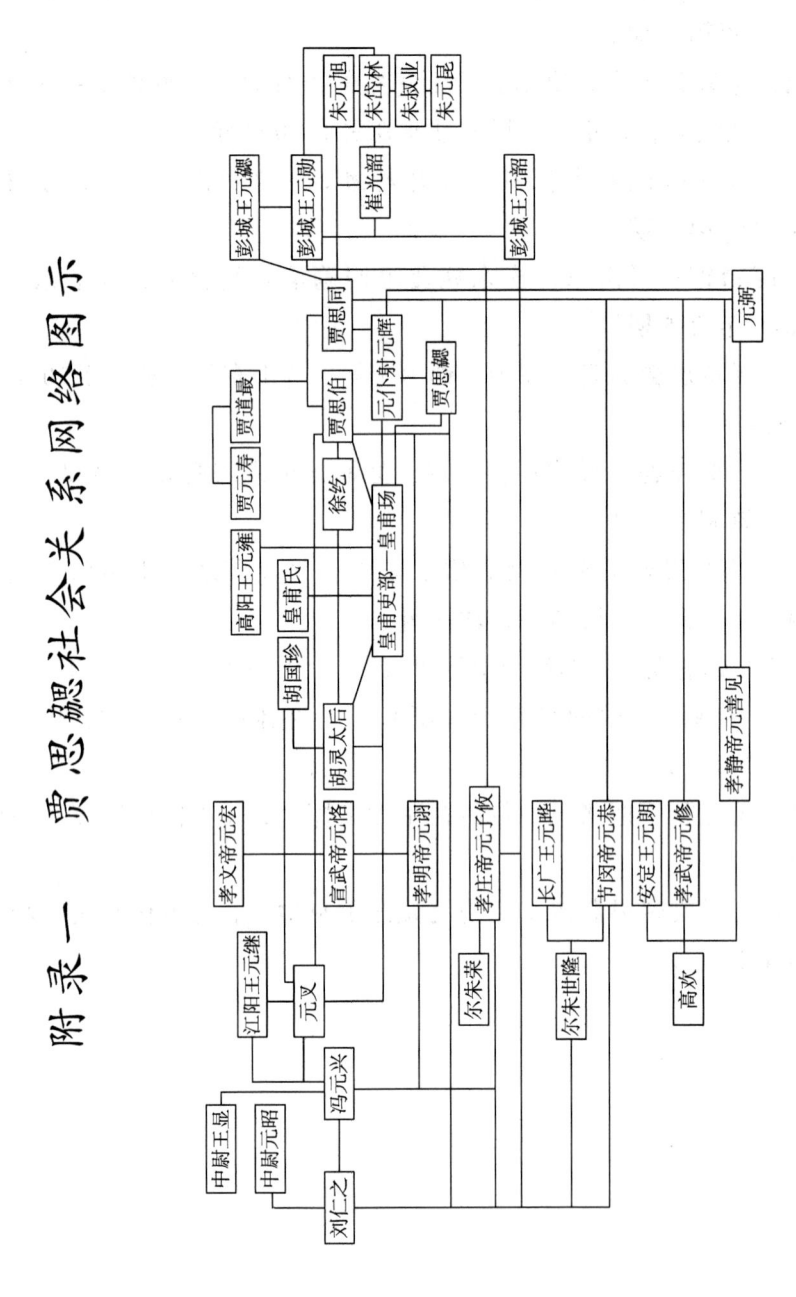

附录二 贾思勰交游人物关系年表总表

皇帝	年号	公元纪年	刘仁之 官爵	刘仁之 地点	冯元兴 官爵	冯元兴 地点	贾思伯 官爵	贾思伯 地点	贾思同 官爵	贾思同 地点	贾思勰 事件	贾思勰 地点	其他	相关历史事件备注
献文帝拓跋弘	皇兴	467年											—	—
		468年											—	—
		469年					生年	—					—	慕容白曜克东阳,青州入北魏
		470年											—	—
孝文帝元宏	太和元年	477年							大致生年	—			—	—
	太和二年	478年											朱元旭大致生年 / 朱岱林生年	—
	太和三年	479年					出仕之前	青州					—	—
	太和四年	480年											—	—
	太和五年	481年			大致生年	—							—	—
	太和六年	482年							出仕之前	青州			—	—
	太和七年	483年											—	—
	太和八年	484年											—	—
	太和九年	485年			出仕之前	东魏郡,平原郡							—	—
	太和十年	486年											—	—
	太和十一年	487年											—	—

155

续表

皇帝	年号	公元纪年	刘仁之 官爵	刘仁之 地点	冯元兴 官爵	冯元兴 地点	贾思伯 官爵	贾思伯 地点	贾思同 官爵	贾思同 地点	贾思勰 事件	贾思勰 地点	其他	相关历史事件备注
孝文帝元宏	太和十二年	488年	—				奉朝请	释褐平城					—	魏置瀛州，时年贾思伯21岁
	太和十三年	489年											—	—
	太和十四年	490年		大致生年范围							大致生年范围		—	—
	太和十五年	491年											—	—
	太和十六年	492年											—	—
	太和十七年	493年											—	孝文帝迁都洛阳
	太和十八年	494年					太子步兵校尉	洛阳					—	元雍由颍川王徙封高阳王，孝文帝诏令定姓族
	太和十九年	495年											—	—
	太和二十年	496年	出仕之前	洛阳			中书侍郎	洛阳	彭城王国侍郎	彭城			—	—
	太和二十一年	497年										青州	广陵王元羽任青州刺史	—
	太和二十二年	498年											朱岱林任广陵国常侍	—
	太和二十三年	499年											—	孝文帝南征病逝

156

附录二 贾思勰交游人物关系年表总表

续表

皇帝	年号	公元纪年	刘仁之 官爵	刘仁之 地点	冯元兴 官爵	冯元兴 地点	贾思伯 官爵	贾思伯 地点	贾思同 官爵	贾思同 地点	贾思勰 事件	贾思勰 地点	其他	相关历史事件	备注
宣武帝元恪	景明元年	500年					—	随孝文帝南征					—	—	
	景明二年	501年						洛阳					—	—	
	景明三年	502年					中书侍郎加辅国将军，兼通直散骑常侍，持节军司，鸿胪少卿	寿春（扬州刺史王肃故吏）	无考	无考			—	—	
	景明四年	503年			—			洛阳					—	—	
	正始元年	504年						随任城王攻打钟离					—	任城王元澄围钟离	
	正始二年	505年						洛阳					—	—	
	正始三年	506年					丁母忧	青州	丁母忧	青州			—	—	
	正始四年	507年					荥阳太守	荥阳	无考	无考			—	—	
	永平元年	508年											—	—	

157

续表

皇帝	年号	公元纪年	刘仁之 官爵	刘仁之 地点	冯元兴 官爵	冯元兴 地点	贾思伯 官爵	贾思伯 地点	贾思同 官爵	贾思同 地点	贾思勰 事件	贾思勰 地点	其他	相关历史事件备注
宣武帝元恪	永平二年	509年					征虏将军、南青州刺史	南青州	—	—	—	—	—	—
	永平三年	510年	—				丁父忧	青州	—	—	—	—	—	—
	永平四年	511年							丁父忧	青州	—	—	—	—
	延昌元年	512年			检校御史、殿中御史、奉朝请	兖州、洛阳、高丽	征虏将军、光禄少卿、左将军、兖州刺史	兖州	可能为库部郎中	洛阳	—	—	—	—
	延昌二年	513年									—	—	—	—
	延昌三年	514年					给事黄门侍郎，因凤凰免	洛阳	库部郎中	洛阳	—	—	—	贾思勰约21岁
孝明帝元诩	延昌四年	515年									—	—	—	明帝登基、胡灵太后临朝称制
	熙平元年	516年	御史	洛阳			太尉清河府长史	洛阳	库部郎中兼考功郎中	洛阳	《齐民要术·造神曲并酒法》与《齐民要术·白醪酒》写作时间范围	洛阳	元晖任台仆射迁左仆射 朱元旭时任兼尚书右郎中	徐纥劝薛贾思伯进言薛贾凉州刺史 元晖、皇甫旸、贾思同三个人同时任职吏部，推测贾思勰可能亦在吏部任职

158

附录二 贾思勰交游人物关系年表总表

续表

皇帝	年号	公元纪年	刘仁之 官爵	刘仁之 地点	冯元兴 官爵	冯元兴 地点	贾伯 官爵	贾伯 地点	贾思同 官爵	贾思同 地点	贾思勰 事件	贾思勰 地点	其他	相关历史事件备注
	熙平二年	517年	—		—		安东将军、廷尉卿转卫尉卿	洛阳			—	—	—	—
	神龟元年	518年							库部郎中兼考功郎中	洛阳	—	—	皇甫璠任吏部郎	—
	神龟二年	519年	—		—		太常卿兼度支尚书转正都官、殿中尚书;安东将军、青州大中正	洛阳			—	—	—	—
孝明帝元诩	正光元年	520年			记室参军、尚书郎,殿中郎、兼中书舍人、御史	洛阳					—	—	—	元叉杀清河王怿,幽胡后
	正光二年	521年									—	—	—	—
	正光三年	522年									—	—	—	—
	正光四年	523年	南青州长史	南青州	侍读	洛阳	侍讲		青州别驾从事史	青州	—	—	—	太保崔光荐贾思伯为侍讲,冯元兴为侍读
	正光五年	524年			废官高阳王兼属,不久去任	洛阳	卒		—		—	—	—	
	孝昌元年	525年			无职				荥阳太守	荥阳	—	—	—	4月,胡太后复临朝摄政,元叉被赐死,8月,杜洛周起事于上谷
	孝昌二年	526年				东魏郡			襄州刺史	襄州	—	—	—	—

159

续表

皇帝	年号	公元纪年	刘仁之 官爵	刘仁之 地点	冯元兴 官爵	冯元兴 地点	贾思伯 官爵	贾思同 官爵	贾思同 地点	贾思勰 事件	贾思勰 地点	其他	相关历史事件备注
孝明帝元诩	孝昌三年	527年	—	—	—	—				—	—	彭城王元劭任青州剌史	正月，萧衍遣将曹群，王辩率众七万围逼琅琊，7月，刘仁之与鹿慰监军领兵，解琅邪之围
	武泰元年	528年			—	—			—		—	徐纥、羊侃起兵失败逃梁	2月"河阴之变"，孝庄帝即位，元劭于元韶袭爵彭城之乱平息，10月，北海王元颢叛乱
孝庄帝元子攸	建义元年改永安	528年	青州长史	青州	东魏郡太守，不久丁母忧	东魏郡		—		种秦拓篇应写于此年之后	—	朱岱林任青州主簿	—
	永安二年	529年	定州长史	定州	丁母忧	东魏郡	—			—	—	尔朱荣居晋阳为太原王	5月，元颢攻洛阳，庄帝出逃，7月，尔朱荣收复洛阳，孝庄帝还
					大将军从事中郎	青州		营陵县开国男，抚军将军，青州大中正，兼黄门侍郎	洛阳	—	—		
长广王元晔	永安三年建明元年	530年	中书令	洛阳	平北将军，光禄大夫，领中书舍人	河内				—	—	—	庄帝诛尔朱荣，尔朱世隆又立长广王元晔，正庄帝于晋阳城
					太宰谘议参军，征虏将军	洛阳				—	—		

160

附录二 贾思勰交游人物关系年表总表

续表

皇帝	年号	公元纪年	刘仁之 官爵	刘仁之 地点	冯元兴 官爵	冯元兴 地点	贾思伯 官爵	贾思伯 地点	贾思同 官爵	贾思同 地点	贾思勰 事件	贾思勰 地点	其他	相关历史事件备注
节闵帝元恭	普泰元年	531年	中书令、兼黄门侍郎	洛阳、晋阳	光禄大夫、领中书令人	洛阳	—		营陵县开国男、镇东将军、金紫光禄大夫、兼黄门侍郎	洛阳	—	—	—	2月,尔朱世隆废长广王元晔,立广陵王羽
安定王元朗	中兴元年	531年	同上	同上							—	—	—	—
节闵帝元恭	普泰二年	532年	中书令、兼黄门侍郎	洛阳、晋阳	—		—				—	—	朱岱林卒	4月,高欢清除尔朱氏,废安定王元朗及节闵帝元恭,立平阳王元修
孝武帝元修	太昌改永兴改永熙元年	532年	著作郎、兼中书令	洛阳	卒				营陵县开国男、车骑大将军、左光禄大夫、兼黄门侍郎	洛阳	种谷篇写与此年之后	—	—	—
	永熙二年	533年									—	—	—	—
	永熙三年	534年	西兖州刺史	西兖州					黄门侍郎、兼河南慰劳使、侍讲	邺城	—	—	—	—
孝静帝元善见	天平元年	535年							侍中、七兵尚书、侍讲	邺城	高阳太守	瀛州	元晔儿子元弼任尚书令	—
	天平二年	536							散骑常			高阳	—	—
	天平三年	537年											—	—
	天平四年	538											—	—
	元象元年													

续表

皇帝	年号	公元纪年	刘仁之 官爵	刘仁之 地点	冯元兴 官爵	冯元兴 地点	贾思伯 官爵	贾思伯 地点	贾思同 官爵	贾思同 地点	贾思勰 事件	贾思勰 地点	其他	相关历史事件备注
孝静帝元善见	兴和元年	539年	—	—	—	—	—	—	—	—	—	—	—	—
	兴和二年	540年	—	—	—	—	—	—	—	—	—	—	—	—
	兴和三年	541年	—	—	—	—	—	—	—	—	—	—	—	—
	兴和四年	542年	—	—	—	—	—	—	—	卒	—	—	—	—
	武定元年	543年	—	—	—	—	—	—	—	—	—	—	—	—
	武定二年	544年	卒	—	—	—	—	—	—	—	—	—	—	—
	武定三年	545年			—	—	—	—	—	—	—	—	—	—
	武定四年	546年			—	—	—	—	—	—	—	—	朱元旭卒	—
	武定五年	547年			—	—	—	—	—	—	—	—	高阳王元斌任右仆射	—
	武定六年	548年			—	—	—	—	—	—	—	—	—	—
	武定七年	549年			—	—	—	—	—	—	—	—	—	—
	武定八年	550年			—	—	—	—	—	—	—	—	—	—

162

附录三 《齐民要术·序》中"有""无"析辨

《齐民要术》流传时间久远,宋以前以手抄本为主,宋以后始有刻本。然时竟语迁,语义难解,历代又抄刻相继,版本多杂,以致谬误间出,艰涩难读。清代开始,虽有学者勘误校定流传各版本,但未得善全,直到当代方有石声汉、缪启愉等学者进行了合理勘误校释,使古本《齐民要术》以校释和今释等形式完美的呈现世人,是迄今为止最为重要的《齐民要术》学术研究成果之一。

石声汉和缪启愉先生的校释,虽得到了学术界的认可,但部分字词的校勘确断仍有错脱滋衍,存在质疑,如山东农业大学孙金荣先生在《齐民要术研究》一书中,提出了"有""无"之辨,桂阳太守、县令之辨,"银、钱、根"和"蚄"字衍缺存疑问题的辨析[1];北京语言大学李润生先生在《〈齐民要术校释〉补正》一文中,对缪启愉《齐民要术校释》列四条疏误并堪正[2],皆是对《齐民要术》的校译工作进行的有益补充。

今对《齐民要术·序》中引《谯子》:"且苟有羽毛,不织不衣;

---

[1] 参见孙金荣:《齐民要术研究》,北京:中国农业出版社,2015年,第179页。
[2] 参见李润生:《〈齐民要术校释〉补正》,《励耘语言学刊》2015年第2期。

不能茹草饮水,不耕不食,安可以不自力哉?"一句中,"苟"字后应该是"有"还是"无"字,就石声汉、缪启愉、孙金荣三位先生的释、辨,提出新的辨析。

一、石声汉、缪启愉先生的"苟无羽毛"校释

"苟有羽毛"一句引自《谯子》一书,可能为三国时谯周所著,但原书佚失。《齐民要术》流传各本原文均引为"苟有羽毛",并无分歧,但《农桑辑要》中引为"苟无羽毛",到底该作"有"还是该作"无",已无法从原书考证。

石声汉《齐民要术今释》中注为:"'苟有羽毛'一句,前两个字,怀疑是'未有',或'苟无'。因为只有这样改正后,文意才能和下文'不能茹草饮水,不耕不食'(不能单吃草喝水,那么,不耕田就没有粮食吃)相对称。苟'未有'(或'无有')羽毛,不织不衣(没有长羽毛,不织布,就没有衣服穿)。"[①]

缪启愉《〈齐民要术〉校释》中注为:"各本均作'有',《辑要》引作'无'。'不织不衣',循下句例应作'不织则不衣'解释,不作'可以不织不衣'解释,则此处应作'无'。"[②]

石声汉和缪启愉两位先生观点基本一致,一个校为"有"前脱"无"字,一个校"有"为"无",差别不大。变"有"为"无"后,此句则可顺理成章解释为:人身上又不长羽毛,如果再不织布,就不会有衣服穿。这在语言逻辑上似乎合理了些,但孙金荣先生认为,石声汉、缪启愉两位先生将"苟有羽毛"校注为"苟无羽毛",是因为未重视"苟"字的解读,既然《齐民要术》各版本并无差异,还应该从文意本身去研究。笔者也认为,未全通其意,强改其文,不够准确。

---

① (北魏)贾思勰著,石声汉校释:《齐民要术今释》,北京:中华书局,2009年,第4页。
② (后魏)贾思勰著,缪启愉校释:《齐民要术校释》,北京:农业出版社,1982年,第6页。

二、孙金荣先生的"苟有羽毛"辨析

到底该作"有",还是作"无",孙金荣先生认为"苟"字的解释至关重要。并详列了《说文解字注》中的三种注解:"(一)苟,艹也。(二)孔注《论语》云:苟,诚也。(三)郑注《燕礼》云:苟且也,假也,皆假借也。"此外,他还列出《辞海》中的三种解释:"(一)苟且,聊且,草率。(二)如果,假如。(三)姓。"①

据以上解释看,"苟"字在此句中解释可用者有三:诚、苟且、如果。孙金荣先生辨之一曰:"若'苟'作'诚'解,从语气和文意看,可能后面跟'有''无'均通。"但未解释整句应当如何作译,故未采用;又辨之二曰:如果"苟"作"假设"讲,根据古代汉语从不对真实的事情用假设的特点,后面应该跟"有",因为人身上不长羽毛是确实的事情,无羽毛就不须假设,而只能假设有羽毛才符合语言逻辑。并推断,"苟"字是假设义,原文应为"苟有羽毛"。因此,整句可翻译为:"如果人身上长有羽毛,你才可以不织布、不穿衣。"

三、"有、无"应从"羽毛"的出处解读

孙金荣先生认为原文应为"苟有羽毛"的辨析是正确的,但"有、无"羽毛,却与"苟"字无关。石声汉、缪启愉、孙金荣三家均把此句的解析重点放在了强调人身上长不长羽毛上面,不够准确。孔子尚曾自谦其著述为"述而不作",可见古人著述多引经据史,若把"苟有(无)羽毛"作人身上长不长毛讲,一是查无出处。二是文理略显粗俗。

(一)"羽毛"的出处应为"羽毛齿革"

荀子"天地之出,足以衣食"之论,可视为"苟有羽毛"的出处。《荀子·富国》篇中说:"夫天地之生万物也,固有余足以食人矣;麻

---

① 孙金荣:《齐民要术研究》,北京:中国农业出版社,2015年,第179—180页。

葛茧丝、鸟兽之羽毛齿革也，固有余足以衣人矣。"①可见，春秋战国时期，制衣的原材料可分为麻葛、茧丝、羽毛，齿革四大类，齿虽不能制衣，但却可做饰品，用于提高艺术审美。

"羽毛齿革"还远见于《尚书·禹贡》云："厥贡……齿、革、羽、毛。"可见齿革羽毛古代可作为贡品，因此可理解为古代制衣材料中的珍品或奢侈品或装饰品，并已经有了非常久远的使用历史。

《魏书·食货志六》载："自魏德既广，西域、东夷贡其珍物，充于王府。又于南垂立互市，以致南货，羽毛齿革之属无远不至。"②据此可知，"羽毛齿革之属"在南北朝时期，已是极为普遍的交易商品，并以南货（南朝）居多，而至于羽毛齿革的交易形态，估计很可能是加工后的成衣制品，当然也不排除作装饰品用的原始形态。

（二）"羽毛齿革"的释读

"羽毛齿革之属"即《荀子·富国》篇中四类制衣材料中的两大类，但四字各有所指，即：鸟羽、兽毛、象牙、犀皮。

《尚书·禹贡》篇中的齿、革、羽、毛，孔颖达注疏曰："《诗》云：'元龟象齿。'知齿是象牙也……革之所美，莫过于犀，知革是犀皮也。"③所以，齿革在上古时代曾特指象牙、犀牛皮，皆为贡品。《周礼·天官·内府》语："凡四方之币献之金玉、齿革、兵器，凡良货贿入焉。"④齿革与金玉一列，可作为货币，足见其贵重。

羽毛与齿革相列，即鸟羽、兽毛，古代曾特指"翟羽""旄尾"，既是名贵贡品，又"足以衣人矣"，用途广泛。《礼记·乐记》中有"干戚羽旄"一词，郑玄注云："羽，翟羽；旄，旄牛尾。"⑤羽旄即是

---

① 《荀子》，上海：上海古籍出版社，1996年，第94页。
② 《魏书》，北京：中华书局，1974年，第2858页。
③ （汉）孔安国传，（唐）孔颖达疏：《尚书正义》，李学勤编：《十三经注疏》，北京：北京大学出版社，1999年，第146页。
④ （汉）郑玄注，（唐）贾公彦疏：《周礼注疏》，李学勤编：《十三经注疏》，北京：北京大学出版社，1999年，第160页。
⑤ （汉）郑玄注，（唐）孔颖达疏《礼记正义》，李学勤编：《十三经注疏》，北京：北京大学出版社1999年，第1074页。

羽、毛，指古代用翟羽（雉鸡的长尾羽）和牦牛尾装饰的旗帜，又称"旌旗"，这是用羽、毛作为装饰用品的例子。

兽毛可制衣物，在《齐民要术》中就有证据，其《卷六·养羊》篇中有作毡法，即是指用羊毛加工成毛毯、靴毡之类用品的方法。

而用鸟羽制衣更是自古有之，如：清代《红楼梦》里有"雀金裘、凫靥裘"；《明史·殷正茂传》中张居正有"鹅罽"；《太平广记》中唐代武则天有"集翠裘"；《旧唐书·五行记》中南朝安乐公主有"百鸟裙"；《南齐书》中文惠太子善织"孔雀裘"；《世说新语》中谢安有"鹔鹴裘"；汉朝《盐铁论》中有"凫翁裘"，都曾是名闻天下的贵族羽绒衣饰，并具有精良的纺织工艺。[①]

四、论"苟有羽毛"一句是对荀子"天地衣食论"的批判性继承

据上文所辨，《齐民要术》各版本中"苟有羽毛"一句中"有"字无误。"羽毛"在《齐民要术·序》中应该是泛指名贵、上等的制衣材料，并出荀子语，与下文"人不能茹草饮水"相对应。所引谯子之语，是对荀子"天地衣食论"的批判性继承，认为人不能与动物相并列，要学会充分利用和改造大自然的馈赠，不织不衣，不劳不食。因此，"苟有（无）羽毛"一句，不能作"人身上长不长毛"解读。

"且苟有羽毛，不织不衣；不能茹草饮水，不耕不食，安可以不自力哉？"一句，应作如下翻译："况且，即便是有了名贵的鸟羽兽毛，可不去纺织，依然没有衣穿；人不能像动物那样吃草饮水，不去耕种，就没有饭吃。又怎么可以不自己去努力耕作呢？"且苟，可解释为："苟且、况且之意"。

（《四川民族学院学报》2017年第4期）

[①] 参见吴世昌：《从马王堆汉墓出土的羽毛贴花绢到红楼梦中的雀金裘》，《文物》1973年第9期。

附录四 《齐民要术》"宅田七十步之地"及"亩产百石"考释

一、引言

《齐民要术》卷一《种谷》中，载有西兖州刺史刘仁之与贾思勰就"区田法"产量的讨论，曰："西兖州刺史刘仁之，老成懿德，谓余曰：'昔在洛阳，于宅田以七十步之地，试为区田，收粟三十六石。'"近代农史研究专家万国鼎先生在《中国田制史》中说："欲考农民生活之善否，首须检其收入之丰啬。"诚如斯言，《齐民要术》一书用现代的眼光审视之，其意义不单单是中国农业技术的百科全书，亦是中国的农业科学技术史与社会经济发展史，其中记载的农作物产量就是考量我国古代农业技术水平和北魏时期农民生活水平的重要依据。然而，若读者没有详细学习和研究过中国的田制史以及中国古代亩积与度、量、衡的演变，就很难弄懂书中提及的土地面积与产量到底为几何。例如，上句中的"宅田七十步之地收粟三十六石"，如果不求甚解的用现代语言词汇去试着理解其土地面积和作物产量，就容易犯"形而上学"的错误。

附录四 《齐民要术》"宅田七十步之地"及"亩产百石"考释

石声汉先生在《齐民要术今释》中曾将此句解释为:"西兖州刺史刘仁之,是一个老成而有德的人,告诉我说:'(他)从前在洛阳时,在住宅的田地里,用七十步(方)的地尝试种区田,结果收了三十六石粟。"①石声汉先生将"七十步之地"解释为"七十步(方)的地",虽不能说是错误,但并未解释清楚究竟"七十步之地"面积是多少,而从其解释"宅田"为"在住宅的田地里"观之,应是未详细考究"宅田七十步之地"的含义,而读者则也会由此解释将其理解为:"宅田七十步之地"是指在住宅的田地里以横竖迈七十步的方式度量的土地面积。若如此,则差矣!

二、"宅田"是什么田?

"宅田"之说,应出于《周礼·地官》载师一职:"以廛里任国中之地,以场圃任园地,以宅田、士田、贾田任近郊之地,以官田、牛田、赏田、牧田任远郊之地,以公邑之田任甸地,以家邑之田任稍地,以小都之田任县地,以大都之田任疆地。"②《周礼》一书著与何时,历代纷纭,多称其为汉代伪作,万国鼎先生在《中国田制史》中亦主张《周礼》一书为汉世托诸周官的伪书,若如此,则《周礼》中的用词与北魏时期的用词就更为接近了。我们不妨从《周礼》开始解析。

(一)"宅田"暗含距离之远近

《周礼》中将田地按受田对象和用途之不同,作了距离远近不同的分配,而"宅田"则是在近郊之地。据宋代陈傅良《历代兵制·周制》载:"王畿千里,近郊五十里(宅田、士田、贾田),远郊百里(官田、赏田、牧田、牛田)。"③由此可知,按周制,宅田是在距都城中心大约五十里的范围之内,虽北魏与周距时较远,但宅田为近郊之

---

① 石声汉译注,石定扶、谭光万补注:《齐民要术》上册,北京:中华书局,2015年,第115页。
② (汉)郑玄注,(唐)贾公彦疏:《周礼注疏》上册,李学勤编:《十三经注疏》,北京:北京大学出版社1999年,第329页。
③ (宋)陈敷良:《历代兵制》卷一,上海:上海古籍出版社,1987年四库全书本影印本。

地则无不同。

（二）"宅田"之谓来源于受田对象的不同

郑康成注曰："宅田者，致仕者之家所受田也。"[①]"致仕"一词，据《汉语大词典》解释，一是辞去官职。二是致仕官的简称，即以年老或衰病而辞去职务的官员。因此，致仕者即去官之士族，也即"宅者"。清代学者赵翼在《陔余丛考》中亦曾专门对"宅"做过考证，曰："《同话录》谓：今世达官称府称宅，下焉则称家。《书》云五流有宅，则宅反不若家字矣。愚按此说非也。士大夫相称曰宅，此名最古。《仪礼·士相见礼》宅者，在邦曰市井之臣，在野曰草莽之臣。敖继公曰：宅，未仕而家居者也。《周礼·地官》载师：以宅田任近郊之地。郑康成又注云：宅田，致仕者之家所受田也。然则，未仕与致仕之家均称宅耳。"[②]由此可见，宅田的受田对象是专指士大夫阶层的未仕与致仕的情况，即不当官的士族，但与庶民有所区别。

（三）宅田是否即"宅中之田"？

宋代张载《经学理窟·周礼》曰："一亩，城中之宅授于民者……此无征。五亩，国宅，城中授于士者五亩……亦无征……二十五亩，宅田、士田、贾田所任近郊之地也，孟子曰'余夫二十五亩'此也。宅田，士之在郊之宅田也；士田，士所受圭田也，兼宅田，共五十亩……"[③]按以上张载所释《周礼》，朝廷授予城中庶民与士族的宅地分别为一亩与五亩，皆免税，而"宅田、士田、贾田"则指授予不同对象的近郊之田，即孟子所言每夫二十五亩，而士族既受宅田又受圭田，合计五十亩。由此来看，《周礼》中所指"宅田"绝非"宅中之田"。

固然，以上解析仅为《周礼》之释，非北魏之制，以下不妨再转述

---

① （汉）郑玄注，（唐）贾公彦疏：《周礼注疏》，李学勤编：《十三经注疏》上册，北京：北京大学出版社，1999 年，第 329 页。
② （清）赵翼著，栾保群、吕宗力校点：《陔余丛考》，石家庄：河北人民出版社，1990 年，第 360 页。
③ （宋）张载著，章锡琛点校：《张载集·经学理窟·周礼》，北京：中华书局，1978 年，第 251 页。

附录四 《齐民要术》"宅田七十步之地"及"亩产百石"考释

《魏书·食货志》所载的太和九年（485）"均田令"以便参阅。

　　九年，下召均给天下民田：诸男夫十五以上，受露田四十亩，妇人二十亩，奴婢依良。丁牛一头受田三十亩，限四牛。所授之田率倍之，三易之田再倍之……老免及身没则还田。奴婢、牛随有无以还受。诸桑田不在还受之限……诸初受田者，男夫一人给田二十亩，课莳馀，种桑五十树，枣五株，榆三根。非桑之土，夫给一亩，依法课莳榆、枣……诸应还之田，不得种桑榆枣果，种者以违令论，地入还分。诸桑田皆为世业，身终不还……诸麻布之土，男夫及课，别给麻田十亩，妇人五亩，奴婢依良。皆从还受之法……

　　诸民有新居者，三口给地一亩，以为居室，奴婢五口给一亩……①

　　据上文所载，北魏自太和九年（485）实行均田还受之法，按夫计口受田，男夫15岁以上可受露田40亩、麻田10亩、桑田20亩，并各授以倍田，即合计授田70亩，但实际给地140亩；而居室之地则明确规定为，良民3口给地一亩，奴婢5口给地一亩。以上各类田地用途分明，且必须按规定种植相应的作物，否则会以违令论处，而刘仁之言及田中所种作物为粟，则应当种于露田，而非种于"宅中"。

　　另外，此北魏均田令中未提及士庶之区别，士庶应得田地数量均当按此令执行，而刘仁之此处所称"宅田"的含义，一则是刘仁之对自己士族身份的自我表明。二则说明刘仁之此时尚未出仕。

三、北魏中期"七十步之地"的面积计算

　　"步"是中国古代田亩计量制度的基本面积单位，并非仅指脚下一步之长度，但随着历史朝代的更迭，"步"所指的面积并不尽相同，差距较大。万国鼎《中国田制史》曰："按《汉书·食货志》谓周代六尺为步，步百为亩，与秦汉以来之五尺为步，二百四十步为亩者不

---

① 《魏书》，北京：中华书局，1999年简体本，第1905页。

同。又周尺与后世之尺亦异。"①此即言周朝与秦汉以后计量制度之不同，而据中国近代历史地理学家黄盛璋考证，"秦以二百四十步为亩始于商鞅变法，六尺为步定于秦始皇，三百步为里，一直到隋统一前，皆用此制。"②

因此，北魏的"步"仍是"六尺为步"，其计算公式为：1步=6尺×6尺=36平方尺。而"亩"则是以"二百四十步为亩"，据《文献通考·田赋考》载："唐兴，只因元魏、北齐制度而损益之，其度田之法，阔一步、长二百四十步为亩。"③因此，一亩即等于240个"步"的面积，其计算公式为：1亩=1步×240=36平方尺×240=8640平方尺。

黄盛璋先生认为，里、亩实际面积的计算，最终要取决于尺度。因为里亩制度的变化远不及尺度变化剧烈，且中国历史文献记载较为粗犷，多为书面数字，而要真正计算中国古代文献中的田亩面积，应多从实物考古的角度去衡量测算。黄盛璋先生发表的《历代度量衡里亩制度的演变和数值换算》一文中，就是从历代"尺"的出土实物为证，参校文献记载，对出土于同一时期的不同尺度进行平均值修正后，得到一个不同历史时期与现代标准计量单位的准确换算关系，可作为古今田亩面积换算的有效依据。而据其所考，北魏时期的尺度分前期、中期、和后期，取其均值后分别以现代尺度计量为27.8817厘米、27.9841厘米、29.5911厘米。而据《魏书·刘仁之传》可知，刘仁之卒于武定二年（544），年龄粗按60岁算，则约生于484年，若15岁受田，则刘仁之所言种田时间当在499年以后至尚未出仕之前的这段时间内，应属于北魏中期。如此，"七十步之地"的面积可计算如下：

6尺=27.9841厘米×6=167.9046厘米

1步=167.9046厘米×167.9046厘米=28191.9547平方厘米≈2.8192平方米

1亩=2.8192平方米×240=676.608平方米

---

① 万国鼎：《中国田制史》，北京：商务印书馆，2017年，第65页。
② 黄盛璋：《历代度量衡里亩制度的演变和数值换算（续二）》，《历史教学》1983年第3期，第31页。
③ （元）马瑞临：《文献通考》第一册，北京：中华书局，2011年，第48页。

70 步=2.8192 平方米×70=197.3442 平方米≈0.296 亩

以上 0.296 亩为今天所用的标准计量值，合 1 亩的 1/3 弱，而用古代 240 步为 1 亩的比例，70 步亦是古代 1 亩的 1/3 弱。所以，北魏中期的亩制面积与现代亩制面积相比基本相同。

另：若按石声汉先生所注为 70 步（方），则面积计算应理解为：70 步（方）=2.8192 平方米×70^2=14710.8 平方米÷666.7 平方米/亩=22.065 亩，此亩数与贾思勰后面所讲的"如此则亩产过百石矣"不相符，且无论按哪个历史时期的亩制演变，也无此换算关系。

四、"七十步之地"的产量与"亩产百石"之谜

"亩产百石"之说始于西汉《氾胜之书》中"上农夫区"用"区种法"可"亩收百斛"，但此说法由于产量过高以致真实性受到诸多研究者的质疑，而形成的观点大致有以下两种：（1）"区内产量推算说"，即认为氾胜之只计算了区内的实际种植面积，然后与产量相除得到的亩产量推算，但此种解释颇受质疑；（2）"纪闻说"，即《氾胜之书》所载"亩收百斛"只是对上古伊尹区田法传闻的记载，并非实际产量，而"验，美田至十九石，中田十三石，薄田十一石"才是氾胜之验证的真实产量。此两种观点都否定了汉代《氾胜之书》"亩产百石"的可能性，然而贾思勰在《齐民要术·种谷》中引用《氾胜之书》"亩产百斛"的产量后，又特别注明西兖州刺史刘仁之曾验证过区田法的产量，即"宅田七十步之地，得粟三十六石"，后面还加上了自己的推断，"然则一亩之收，有过百石矣。"[1]这表明"亩产过百石"不仅仅是个传说，虽然贾思勰并未亲自验证过，但他的朋友刘仁之是验证过这个产量的，而贾思勰特地加上了一句对刘仁之"老成懿德"的评价，意在表明刘仁之不会欺骗自己。据理而论，刘仁之似乎确实没有说谎的必要，但"亩产过百石"的产量若推算起来有如天文数字，因此，贾思勰与刘仁之所言"亩产过百石"的说法，必然也有需要考释的问题。

---

[1] 石声汉译注，石定扶、谭光万补注：《齐民要术》上册，北京：中华书局，2015 年，第 115 页。

以下仅就《齐民要术》中贾思勰的"亩产过百石"说法存在的可能性做出推测，而涉及古代粮食的产量问题，势必遇到古代量、衡制度与现代标准容量、重量的换算，需要说明的是，此处并非作古代度、量、衡的研究，以下所涉及的推算仅是凭研究专家的现有结论做一个可能性的推测，难以务求准确。

（一）产量换算应充分考虑北魏的"倍田"授田制度

中国古代的粮食产量多以容量单位计量，《汉书·律历志》载："量者，龠、合、升、斗、斛也……合龠为合，十合为升，十升为斗，十斗为斛，而五量嘉矣。"[①]即：2龠=1合；10合=1升；10升=1斗；10斗=1斛，汉以后历代皆沿用此制。除此五量之外，还常用重量单位石作为容量单位，石与斛容量基本一致。按黄盛璋先生提供的《历代量的演变和测算值简表》，北朝魏齐1斗（大斗）等于今标准计量4000毫升[②]，据此标准可试算"七十步之地"产量如下：

（粟）亩产量=36石÷0.296亩=126.21石/亩

1石（斛）=10斗=10×4000毫升=40 000毫升=40升

按照中华人民共和国国家标准，粟（谷子）容重约为630—680g/升，则1石粟的最低重量为630克/升×40升=25 200克=50.4（市斤）。

则亩产重量可计算为：126.21×50.4=6360.984（市斤）。

但以上这么大的亩产量推算结果，显然不能澄清"亩产过百石"的真实性，因为这里面还忽略了北魏特有的"倍田"授田制度问题。从上文所引北魏太和九年（485）均田令可以发现，北魏凡按亩数授田时必依倍计，甚至"三易之田再倍之"，所以，北魏时所称亩积，其实际面积必定是正常亩数的两倍。因此刘仁之"七十步之地"粟的亩产量应按其2倍的田亩面积推算，即：

126.21石/亩÷2×50.4=3180.492（市斤）。

当然，倍田制度仅是其中的一个因素，考其产量说法的真实性，还

---

① （汉）班固撰，（唐）彦师古注：《汉书》，北京：中华书局，1999年简体字本，第839页。
② 黄盛璋：《历代度量衡里亩制度的演变和数值换算（续一）》，《历史教学》1983年第3期，第30页。

附录四 《齐民要术》"宅田七十步之地"及"亩产百石"考释

要考虑其他影响因素。

(二) 北魏度、量、衡制度的混乱

据现有研究成果发现，古代量、衡在不同历史时期的演变远比尺度之变化更为复杂，特别是南北朝时期的量、衡标准，因朝代更迭繁乱、史记语焉不详、更兼出土实证文物缺乏，其换算关系向无定论，但度、量、衡的量值演变总体呈现出逐渐增大的趋势，而南北朝时期的北朝尤为更甚，"从战国至明清，2000多年的封建社会度量衡的增长率与北朝作一比较……量，一升从200毫升左右增长到1000毫升，增长率为400%，北朝期间就增长了200%；衡，一斤从250克左右增长至600克，增长率为140%，而北朝则增加了200%，比总增长率还高出60%。"[①]可见，北朝的度量衡增长率远高于其他任何朝代，但北朝量、衡的剧烈变化肯定不是一步完成的，而应是一个无序和反复的渐进过程，因此，北朝在较长时间内肯定存在着度、量、衡混乱和无序的使用状态，这就为我们解释"亩产过百石"提供了推测的空间。

《魏书》中就有朝廷对度量衡制度多次议定和下令恢复古制的记载，如《魏书·高祖纪》载：孝文帝太和十九年（495），"诏改长尺大斗，依周礼制度，班之天下。"[②]这是朝廷以政令形式正式颁布的标准度量衡制度，虽然政令的颁布并没有完全遏制度量衡的无序增长，以致到隋朝时，"开皇以古升三升为一升"[③]，但政令的颁布一定会在一定时期和一定范围内产生影响。再参照上文所考，刘仁之所言种田时间是在499年以后，与孝文帝太和十九年（495）依周礼恢复度量衡古制的时间相去不远，因此，刘仁之所说的"三十六石"极有可能是恢复古制的量值标准，而据黄盛璋先生提供的《历代量的演变和测算值简表》，北朝魏齐以前1斗皆相当于今标准计量2000毫升，因此"七十步之地"产量可以在忽略尺度变化的情况下，再将量值按古制折算，试算如下：

---

① 卢嘉锡：《中国科学技术史·度量衡卷》，北京：科学出版社，2001年，第292页。
② 《魏书》，北京：中华书局，1999年简体字，第120页。
③ 吴承洛：《中国度量衡史》，北京：商务印书馆，1957年，第57页。

1 石=10 斗=10×2000 毫升=20 000 毫升=20 升

630 克/升×20 升=12 600 克=25.2（市斤）

126.21 石/亩÷2×25.2=1590.246（市斤）

（三）"粟""米"的区别与"大石"与"小石"之分

据考证，"'石、斗、升'至少在汉代就有'大石'与'小石'、'大斗'与'小斗'、'大升'与'小升'之别，且同一级单位的大小比率均为5∶3。"[①]有学者考证"大石"与"小石"源与粟、米的比例，类似于今天出米率的换算，因为以"粟"计算的产量是指带壳的谷子，而脱壳的"粟"称为"米"，即今称的"小米"，其换算关系为：1（大石）粟=1（小石）米。当然，也有研究者认为，"'大石''小石'无关粮食品种不同的计量分野……乃是当时就流行着两种计量制度，并非米、粟粮食品种不同的区别。"[②]而从文献记载看，"大石"与"小石"的使用，也确实并非完全按照"大石"计粟，"小石"计米的规律，而是一种混乱使用的状态。如据出土材料《香港中文大学文物馆藏简牍》中《奴婢廪食粟出入簿》134 背载："告寿禀年[家]二月、三月食，用粟大石九石，为小石十石。"[③]《居延汉简》148.15载："凡出谷小石十五石，为大石九石。"[④]由此可见，"大石"与"小石"确实存在混用的情况，但其容量的比率却均存在5∶3的关系。若充分考虑北朝时期度量衡制度的使用混乱情况，刘仁之所言的"七十步之地，得粟三十六石"的量值则极有可能是"小石"，若果真如此，则应再按0.6的比率折算1石（大）的容量后，再推算其产量，试算如下：

1 石（小）=20L×0.6=12 升

630 克/升×12 升=7560 克=15.12（市斤）

[①] 张显成，高魏：《量词"步、石、斗、升、参"意义辨证——以出土文献为新材料》，《成都师师范学院学报》2014年第7期，第3页。

[②] 曹怀玉：《"大石"、"小石"考辨—兼论"大"、"小"二字之含义》，《宁夏大学学报》（人文社会科学版）1981年第2期，第41页。

[③] 陈松长：《香港中文大学文物馆藏简牍》，香港：香港中文大学文物馆，2001年，第60页。

[④] 谢桂华，李均明，朱国炤：《居延汉简释文合校》上册，北京：文物出版社，1987年，第255页。

126.21 石/亩÷2×15.12=954.1476（市斤）

（四）推算产量不能等同于实际亩产量

经查阅现代谷子的亩产量数据，虽然可以查到诸如"谷子千斤田"[①]以及"吨谷田"[②]等数据文献，说明谷子有达到这种产量的可能性，但这些数据在现代也已经是非常高的产量了，而在1500年以前的北魏能否达到这种产量还需要进一步的论证和分析。

（1）特殊案例不具有普遍性。刘仁之的验证只是一个极端情况，是在小面积实验田中的精耕细作下得到的产量，虽然剔除了所有的可能性因素后仍然得到了亩产近千斤的高产量值得引起重视和研究，但在北魏的农业生产水平下，显然不具有普遍意义。

（2）贾思勰用刘仁之"七十步之地得粟三十六石"的结论，推算亩产过百石只能是一个理论数据，并非实际产量。贾思勰引用这个结论的目的只是为了证明区田法的高产和"顷不比亩善"，但这个结论是在非常小的田地里得出的一个实验数据，我们可以推想，土地面积越小，其土地面积上的肥料和水分越容易得到保证，而其劳力的使用也越少，但若将其放大到十亩或百亩以上的土地上再来核算亩产量时，其肥、水与劳力将势必难以达到，也就是说用少量实验田来推算亩产量的方法是欠科学的。

（3）与《氾胜之书》中的"亩产百斛"只是一个数据巧合。贾思勰在引用这个数据时，并没有注意到度、量、衡和田亩制度的历史变化问题，因此亩产过百石的结论是在北魏大亩、倍田制度与量、衡复古混乱情况下得到的数据巧合，与《氾胜之书》中的亩产百斛实际是两个不相同的结论。因此，我们在研究古代文献中的产量问题时更应做具体区分。

（《农业考古》2018年第1期）

---

① 胥国斌，于世明，马生发：《陇东旱塬谷子千斤田产量结构及栽培技术》，《甘肃农业科技》1993年第9期，第7页。
② 参见董海富：《"吨谷一号"谷子栽培技术》，《农村·农业·农民》2001年第4期。

附录五　《齐民要术·序》音译释读

《齐民要术·序》

后魏高阳太守贾思勰撰

《史记》曰："齐民无盖藏。"如淳注曰："齐，无贵贱，故谓之'齐民'者，若今言平民也。"

【注释】
如淳：三国曹魏时期陈郡冯翊人，注《汉书》。

盖神农为耒耜，以利天下；尧命四子，敬授民时；舜命后稷，食为政首；禹制土田，万国作乂；殷周之盛，《诗》《书》所述，要在安民，富而教之。

【注释】
上文出自东汉班固《汉书·食货志四》：

《洪范》八政，一曰食，二曰货。食谓农殖嘉谷可食之物，货谓布帛可衣，及金、刀、龟、贝，所以分财布利通有无者也。二者，生民之本，兴自神农之世。"斫木为耜，燥木为耒，耒耨之利以教天下"，而食足；"日中为市，致天下之民，聚天下之货，交易而退，各得其所"，而货通。食足货通，然后国实民富，而教化成。黄帝以下"通其变，使民不倦"。尧命四子以"敬授民时"，舜命后稷以"黎民祖饥"，是为政首。禹平洪水，定九州，制土田，各因所生远近，赋入贡棐，茂迁有无，万国作乂。殷周之盛，《诗》、《书》所述，要在安民，富而教之。

"《洪范》八政"，据《尚书·洪范》记载，周武王灭商后，箕子向其建议应重视"食、货、祀、司空、司徒、司寇、宾、师"八政，即指粮农、商货、祭祀、营建、赋税、刑狱、礼仪、教育诸事。"八政"是中国古代施政之八要，而农业更是治国安邦的头等大事。贾思勰《齐民要术·序》将"食为政首"这一观点演推至了上古时代。

【译文】
炎帝神农氏曲木为耒，砍木为耜，以农具之利教化天下；尧命羲仲、羲叔、和仲、和叔四位大臣，敬授天下时令历法，令百姓不误农时；舜任命后稷为天下农师，以救黎民之饥，皆是视民生之本为首要政务。禹划定九州、分制土田，而使天下安居。商周兴盛之因；《诗》《书》所述之本，皆以民安为要决，国实民富，则教化自成。

《管子》曰："一农不耕，民有饥者；一女不织，民有寒者。""仓廪实，知礼节；衣食足，知荣辱。"丈人曰："四体不勤，五谷不分，孰为夫子？"《传》曰："人生在勤，勤则不匮。"语曰："力能胜贫，谨能胜祸。"盖言勤力可以不贫，谨身可以避祸。故李悝为魏文侯作尽地力之教，国以富强；秦孝公用商君，急耕战之赏，倾夺邻国而雄诸侯。

【注释】
"管子曰"两句，出自《管子·揆度》："一农不耕，民有为之饥者，一女不织，民有为之寒者。"和《管子·牧民》："凡有地牧民者，务在四时，守在仓廪。国多财，则远者来；地辟举，则民留处；仓廪实，则知礼节；衣食足，则知荣辱；上服度，则六亲固；四维张，则君令行。"

"丈人曰"一句出自《论语·微子》："子路从而后，遇丈人，以杖荷莜（diào）。子路问曰：'子见夫子乎？'丈人曰：'四体不勤，五谷不分。孰为夫子？'植其杖而芸。"丈人，是对老人的尊称。

"《传》曰"一句，出自《左传·宣公十二年》："箴之曰：民生在勤，勤则不匮。"

"语曰"一句，可见于西汉刘向《说苑·谈丛》："力胜贫，谨胜祸，慎胜害，戒胜灾。"此句"语"字非指《论语》，也可能当时是一句古语。

"故李悝为魏文侯作尽地力之教……"两句出自东汉班固《汉书·食货志四》：

> 是时，李悝为魏文侯作尽地力之教，以为地方百里，提封九百顷，除山泽、邑居参分去一，为田六百万亩，治田勤谨则亩益三升，不勤则损亦如之。……行之魏国，国以富强……及秦孝公用商君，坏井田，开阡陌，急耕战之赏，虽非古道，犹以务本之故，倾邻国而雄诸侯。

【译文】

《管子》说："一个农民不耕作，也会有人挨饿，一个女子不织布，也会有人受冻。米仓充实，人才能学会知礼守节；衣食丰足，人才能顾上荣辱尊严"。老丈说："孔子四体不勤，五谷不分，空有夫子之名"。《左传》说："一生之计在于勤，勤能补拙，物不匮乏"。古语说："勤劳可改变贫穷命运，谨慎可避免无妄之灾"。以上所言都是在讲勤力可以不贫，谨身可以避祸之理。因此，李悝曾给魏文侯进言"力耕数耘、必杂五谷、以尽地力"之说，魏国因此富强；秦孝公任用商鞅变法，奖励耕织、犒赏军功，得以快速超越邻国，称雄诸侯。

《淮南子》曰："圣人不耻身之贱也，愧道之不行也；不忧命之长短,而忧百姓之穷。是故禹为治水,以身解于阳盱之河;汤由苦旱,以身祷于桑林之祭。……神农憔悴,尧瘦癯,舜黧黑,禹胼胝。由此观之,则圣人之忧劳百姓亦甚矣。故自天子以下,至于庶人,四肢不勤,思虑不用,而事治求赡者,未之闻也。……故田者不强,囷仓不盈;将相不强,功烈不成。"

【注释】
上文出自《淮南子·卷十九·修务训》:

且夫圣人者,不耻身之贱,而愧道之不行;不忧命之短,而忧百姓之穷。是故禹之为水,以身解于阳盱之河。汤旱,以身祷于桑山之林。圣人忧民,如此其明也,而称以"无为",岂不悖哉!……盖闻《传书》曰:"神农憔悴,尧瘦癯,舜霉黑,禹胼胝。"由此观之,则圣人之忧劳百姓甚矣。故自天子以下至于庶人,四胑不动,思虑不用,事治求澹者,未之闻也……是故田者不强,囷仓不盈;官御不厉,心意不精;将相不强,功烈不成;侯王懈惰,后世无名。

【译文】
《淮南子》中说:"圣人不以出身卑贱为耻,而以大道之行为己任,以大道之不行而愧于心,不担心自己性命之长短,却担心百姓之穷困。因此,大禹因治水患,不惜粉身碎骨祈于阳盱之河边;成汤因为天旱,以身为祭,祷雨于野外之桑林。听说《传书》说'神农形体憔悴、尧帝样貌清瘦、舜帝面色黧黑、禹帝皮肤粗硬'。由此看来,圣人之忧心劳苦比百姓更甚。所以,上至天子,下至黎民,肢体不勤快,大脑不思考,却想事事理顺、家实民富,这样的事情从未听闻。耕田者身体不强壮,所耕田地不肥沃,谷仓就难以充盈;大将不勇猛,丞相少智谋,则勋业就难以成功"。

《仲长子》曰:"天为之时,而我不农,谷亦不可得而取之。青春至焉,时雨降焉,始之耕田,终之簠、簋。惰者釜之,勤者钟之,矧夫不为,而尚乎食也哉?"

【注释】

上文可能为《齐民要术》引录东汉仲长统《昌言》中文字，原书佚失，散见于《后汉书·仲长统传》及唐代魏征《群书治要》中。《群书治要》收有《仲长子昌言》，与崔寔《政论》合成一卷，亦极简略。本句出处未能详考。

青春：春天

簠簋：古时盛食物的器具，竹木制或铜制。簠，音甫，外方内圆；簋，音轨，外圆内方。但型制或有差别。

釜、钟：古时量器名称。釜是六斗四升，钟是六石四斗。《左传·昭公三年》载："齐旧四量：豆、区、釜、钟。四升为豆，各自其四，以登于釜，釜十则钟。"

矧：何况。

【译文】

仲长子说："就算上天给予了好年景，但我们不懂得的耕种，粮食也不可能得到好收成。春至雨降，即准备开始耕种，簠簋之礼器必将满盈以报。即便如此，懒惰者所获勉强以釜计，勤劳者所获也不过以钟量，更何况什么也不做，还能有吃的吗？"

《谯子》曰："朝发而夕异宿，勤则菜盈倾筐。且苟有羽毛，不织不衣；不能茹草饮水，不耕不食。安可以不自力哉？"

【注释】

元代马端临《文献通考·经籍考》载："《谯子》……诸书，今皆不传于世，亦有不知其名者。"

且苟：苟且，况且。

茹：吃。

【译文】

《谯子》中说："早上一起出发，晚上各自归宿，只有勤劳的人才会菜满倾筐。况且，就算是有了名贵的鸟羽、兽毛，但不去纺织也不会变成衣服；人不能像动物一样只喝水吃草，不耕种就不会有食物。又怎么可以不付出自己的努力呢？"

晁错曰："圣王在上，而民不冻不饥者，非能耕而食之，织而衣之，为开其资财之道也。……夫寒之于衣，不待轻暖；饥之于食，不待甘旨。饥寒至身，不顾廉耻。一日不再食则饥，终岁不制衣则寒。夫腹饥不得食，体寒不得衣，慈母不能保其子，君亦安能以有民？……夫珠、玉、金、银，饥不可食，寒不可衣……粟、米、布、帛……一日不得而饥寒至。是故明君贵五谷而贱金玉。"

【注释】
上文引自《汉书·食货志》：

> 晁错复说上曰："圣王在上而民不冻饥者，非能耕而食之，织而衣之也，为开其资财之道也……夫寒之于衣，不待轻暖；饥之于食，不待甘旨；饥寒至身，不顾廉耻。人情，一日不再食则饥，终岁不制衣则寒。夫腹饥不得食，肤寒不得衣，虽慈父不能保其子，君安能以有其民哉！……夫珠玉金银，饥不可食，寒不可衣……粟米布帛生于地，长于时，聚于力，非可一日成也；数石之重，中人弗胜，不为奸邪所利，一日弗得而饥寒至。是故明君贵五谷而贱金玉。"

【译文】
晁错说："圣明的君主在位时，民众不受冻不挨饿，并非君王能给百姓耕种粮食、纺织衣服，而是为百姓开创了耕种、纺织的门路而已。人，寒冷之时，顾不上衣服是否轻便暖和；饥渴之时，顾不上食物是否甘甜怡口。饥寒加身，廉耻难顾。一天吃不上两顿饭就会饥饿，一年到头不缝制衣服就会受冻。如果民众食不果腹，体不蔽衣，慈母无力保护幼子，这样的君主如何能得到民众的拥护？"

刘陶曰："民可百年无货，不可一朝有饥，故食为至急。"

【注释】

上句可见于南朝宋范晔《后汉书·刘陶传》。刘陶上"改铸大钱议疏"曰:"盖民可百年无货,不可一朝有饥,故食为至急也。"

刘陶:一名伟,字子奇,西汉颍川颍阴(今河南许昌)人。出身宗室,桓帝时入太学,屡上书议政,影响颇大。初举孝廉,后历官尚书令、谏议大夫等职。曾预言张角起兵,并认为天下大乱,原因是宦官专权,因此触怒宦官,被捕下狱而死。精通《尚书》《春秋》,著有《中文尚书》《七曜论》《匡老子》《反韩非》《复孟轲》等百余篇。《后汉书》有传。

【译文】

刘陶说:"老百姓可以一辈子没有钱,但不能一天没有饭吃,所以,粮食才是至关重要的。"

陈思王曰:"寒者不贪尺玉而思短褐,饥者不愿千金而美一食。千金、尺玉至贵,而不若一食、短褐之恶者,物时有所急也。"诚哉言乎!

【注释】

陈思王:即曹植(192—232),曹操第三子,封陈王,思是谥号,世称陈思王。《隋书·经籍志》载录《曹植集》三十卷,文多散佚,后人辑《曹子建集》十卷,但不见此条。唐代欧阳询《艺文类聚·卷五·岁时下》"寒"引文:

[表]陈王曹植表曰:臣闻寒者不贪尺玉而思短褐,饥者不原千金而美一餐,夫千金尺玉至贵,而不若一餐短褐者,物有所急也。

【译文】

陈思王曹植说:"正在受冻的人不渴求一尺长的美玉,只希望得到一件御寒的短衣;正在挨饿的人不渴求得到千两黄金,只求吃上一顿饱饭则足矣。以千两黄金与一尺美玉之贵,却比不上一顿饭和一件粗鄙衣服,是因为物之所需,首先要考虑当下之急。这是一句大实话啊!"

神农、仓颉，圣人者也，其于事也，有所不能矣。故赵过始为牛耕，实胜耒耜之利；蔡伦立意造纸，岂方缣、牍之烦？且耿寿昌之常平仓，桑弘羊之均输法，益国利民，不朽之术也。谚曰："智如禹、汤，不如尝更。"是以樊迟请学稼，孔子答曰："吾不如老农。"然则圣贤之智，犹有所未达，而况于凡庸者乎？

【注释】

仓颉：传说中远古时人，黄帝史官，始作汉字。一说为伏羲以前或炎帝之世或神农、黄帝间人；一说或为史皇。是古代整理文字的代表人物。

赵过：西汉武帝时人。任搜粟都尉，创造新耕作技术"代田法"。将一亩地分成三甽三垄，每年互换位置种植作物于甽内，以休养地力，使农业产量增加。又发明三脚耧车，能同时播三行，提高播种效率。（崔寔《政论》）

蔡伦（？—121）：字敬仲，东汉桂阳（治今湖南郴州）人。明帝末入事宫中，汉和帝时为中常侍、尚方令，掌监作秘剑及诸器械，做工精密。改进造纸法，世称"蔡侯纸"。安帝元初元年（114）封龙亭侯，为长乐太仆。因受窦后旨，诬陷安帝祖母宋贵人，敕使自致廷尉，饮药死。

耿寿昌：汉宣帝时人。精于理财，明天文、历算，擅长数学。宣帝时任大司农中丞，建议籴三辅、弘农、河东、上党、太原各郡粮食以供京师长安，节省关东漕卒过半。又奏准在西北边郡设"常平仓"，谷贱时增价收进，谷贵时减价卖出，以利农业，因功封关内侯。曾以铜铸浑天仪观测天象，又删补《九章算术》。

桑弘羊（前152—前80）：西汉时洛阳（今属河南）人。汉武帝时任治粟都尉，领大农令。参与制定盐、铁、酒官营专卖政策，并建议设立均输、平准机构，由政府直接经营运输和贸易，平抑物价。

樊迟（前515—？）：一名樊须。春秋末鲁国人，一说齐国人，字子迟，孔子弟子。曾向孔子问稼圃之术，被孔子斥为小人。樊迟学稼故事，见《论语·子路》。

【译文】

神农、仓颉皆圣人也,但也有做不到的事情。赵过开始改用牛耕后,耕田效率大大超过了神农的耒耜;蔡伦研制了造纸之术后,原先用的细绢、木片已不能与之相提并论;再至耿寿昌的常平仓,桑弘羊之均输法,以上皆是益国利民的不朽之术。谚语说:"才智堪比禹、汤,也不如去尝试革新。"所以樊迟向孔子请教种庄稼,孔子回答说:"问我不如问老农。"这样看来,以圣贤的智慧,犹有不知道的事情,何况于我们这些凡庸之辈。

猗顿,鲁穷士,闻陶朱公富,问术焉。告之曰:"欲速富,畜五牸。"乃畜牛羊,子息万计。九真、庐江,不知牛耕,每致困乏。任延、王景,乃令铸作田器,教之垦辟,岁岁开广,百姓充给。燉煌不晓作耧犁,及种,人牛功力既费,而收谷更少。皇甫隆乃教作耧犁,所省庸力过半,得谷加五。

【注释】

猗顿:战国时大商人。据说本为鲁国之穷士,后因经营河东盐池致巨富。一说为鲁穷士,向陶朱公问致富之术,遂至西河,大畜牛羊于猗氏之南,十年成为巨富,因称猗顿。猗顿之名,可见于《史记》。猗顿向陶朱公问致富之术的故事,可见于何晏《论语集解》,西汉扬雄《法言》,北魏郦道元《水经注》等所引战国孔鲋撰《孔丛子》一书。

陶朱公:即范蠡。春秋末楚国宛人,字少伯。越国大夫,助越王勾践破吴,后易名鸱夷子皮赴齐,治产获千万,复散财以去。旋入宋,止于陶,自称陶朱公,经商成巨富,卒于陶。著《范蠡》一书,已佚。

任延(?—68):字长孙,东汉南阳宛(今河南南阳)人。光武帝初拜九真(汉郡名,今在越南北部)太守,推广农耕,改革婚俗。又任武威太守,屡败杂胡,并兴修水利,开设学校,政绩显著。

王景:字仲通,乐浪讷邯(在今朝鲜境内)人。东汉明帝时与王吴用壖流法修浚仪渠。又主持修治黄河，此后相当长时间内黄河不复决口，以功拜河堤谒者。章帝时历官徐州刺史、庐江太守，曾在庐江推广牛耕、蚕桑，开辟农田。著有《金人论》《大衍玄基》。

皇甫隆：三国时期魏国人，嘉平年间任敦煌太守。曾教民众耧犁耕种，灌溉，省力增产。并改进燉煌地区民众服饰，为民兴利。

【译文】

猗顿，本是鲁国的穷士，听说陶朱公富有，就向陶朱公请教致富之术。陶朱公告诉他说："要想快速致富，就畜养五畜。"于是猗顿畜养牛羊，果然牛羊数以万计而富。九真、庐江这两个地方，因为不懂牛耕的技术，民众时常贫困，任延、王景做两地太守后，下令铸作耕田器具，岁岁开田辟荒，百姓遂衣食充足。敦煌地区，民众不会制作耧犁，种地时，人牛功力既费但收成却很少，皇甫隆于是引进先进的耧犁，所省劳力过半，粮食生产却提高了五成。

又燉煌俗，妇女作裙，挛缩如羊肠，用布一匹。隆又禁改之，所省复不赀。茨充为桂阳令，俗不种桑，无蚕织丝麻之利，类皆以麻枲头贮衣。民惰窳，少粗履，足多剖裂血出，盛冬皆然火燎炙。充教民益种桑、柘，养蚕，织履，复令种纻麻。数年之间，大赖其利，衣履温暖。今江南知桑蚕织履，皆充之教也。五原土宜麻枲，而俗不知织绩；民冬月无衣，积细草，卧其中，见吏则衣草而出。崔寔为作纺绩织纴之具以教，民得以免寒苦。安在不教乎？

【注释】

茨充：东汉南阳宛人，字子河。举孝廉。光武时为桂阳太守，教民种植桑柘麻纻之属，劝令养蚕织履，民得其利。

崔寔：字子真，一名台，字元始，崔瑗子。东汉桓帝时任五原太守，教民纺织，巩固边防，匈奴不敢犯。著《政论》，抨击时政；又著《四民月令》，记载当时地主田庄情况及各种农作物种植方法。均佚，有辑本。

【译文】

敦煌地区还有一个习俗,即妇女做裙子时,会做的跟羊肠一样有很多褶皱,一条裙子要用布一匹。皇甫隆下令禁改,节省了很多布匹。茨充做桂阳太守的时候,此地没有种桑的习俗,没有受到养蚕缫丝、绩麻织布的利益,皆用乱麻头凑成衣服。民众懒惰懈怠,连麻草做成的鞋子也没有,脚多剖裂出血,寒冬腊月只能用火烘烤取暖。茨充教育民众,多种桑柘树,养蚕,织麻鞋,又叫民众种纻麻,几年之后,大获其利,民众皆得受衣履之暖。如今江南地区民众懂得桑蚕织履,都是茨充所教。五原地区土地宜种麻,但是该地民众不懂纺织技术,冬天没有衣服穿,就堆积些细草,睡在里面,当官的来了,就披着细草而出,崔寔到那里做官后,教会当地民众制作纺绩、织纴之器并教会他们使用,民众得以免受寒苦。由此看来,怎么能不教育引导民众去做事呢?

黄霸为颍川,使邮亭、乡官,皆畜鸡、豚,以赡鳏、寡、贫穷者;及务耕桑,节用,殖财,种树。鳏、寡、孤、独有死无以葬者,乡部书言,霸具为区处:某所大木,可以为棺;某亭豚子,可以祭。吏往皆如言。

【注释】

上文出自《汉书·黄霸传》:

> 时,上垂意于治,数下恩泽诏书,吏不奉宣。太守霸为选择良吏,分部宣布诏令,令民咸知上意,使邮亭乡官皆畜鸡豚,以赡鳏寡贫穷者。然后为条教,置父老师师伍长,班行之于民间,劝以为善防奸之意,及务耕桑,节用殖财,种树畜养,去食谷马。……鳏寡孤独有死无以葬者,乡部书言,霸具为区处,某所大木可以为棺,某亭猪子可以祭,吏往皆如言。其识事聪明如此,吏民不知所出,咸称神明。

黄霸(?—前51):字次公,西汉淮阳阳夏(今河南太康)人。汉宣帝时,任扬州刺史,颍川太守,务农桑,节财用,种树畜养,有治绩，户口岁增，为全国第一。后迁太子太傅、御史大夫。前55年，代丙吉为丞相，封建成侯。为西汉时期封建循吏的代表。

邮亭：官职名。邮亭之设始于汉代，《汉书·薛宣传》颜师古注："邮，行书之舍，亦如今之驿及行道馆舍也。"可见邮亭是传递文书、接待过往使者的机构。东汉于县置邮亭掾，主管邮递之事，又称邮书掾。《后汉书·舆服上》："驿马三十里一置。"注："臣昭案：东晋犹有邮驿共置，承受傍郡县文书。有邮有驿，行传以相付。县置屋二区，有承驿史，皆条所受书，每月言上州郡。《风俗通》曰：今吏邮书掾，府督邮，职掌此。"

【译文】

黄霸为颍川太守时，让邮亭官、乡官都要畜养鸡、猪，用以赡养鳏寡和贫穷的人。要求民众务必耕种粮食、种桑养蚕、节约用度、广开财路、多种树木。鳏、寡、孤、独，有死后无以安葬的，乡部上报以后，黄霸皆有具体安排，如某处有大树，可以做棺材；某地有小猪，可以作祭品。手下的官吏照此去取用，皆如其言。

龚遂为渤海，劝民务农桑，令口种一树榆，百本薤，五十本葱，一畦韭；家二母彘，五鸡。民有带持刀剑者，使卖剑买牛，卖刀买犊，曰："何为带牛佩犊？"春夏不得不趣田亩，秋冬课收敛，益蓄果实、菱、芡。吏民皆富实。

【注释】

上文出自《汉书·龚遂传》：

> 遂见齐俗奢侈，好末技，不田作，乃躬率以俭约，劝民务农桑，令口种一树榆，百本薤、五十本葱、一畦韭，家二母彘、五鸡。民有带持刀剑者，使卖剑买牛，卖刀买犊，曰："何为带牛佩犊！"春夏不得不趋田亩，秋冬课收敛，益蓄果实菱芡。劳来循行，郡中皆有蓄积，吏民皆富实。狱讼止息。

龚遂（？—前62）：字少卿，西汉山阳南平阳（今山东邹县）人。

初为昌邑王刘贺郎中令，贺淫逸，他犯颜直谏。宣帝时，渤海和附近各郡连年饥荒，农民纷起反抗，官府不能制止。龚遂任渤海太守，至郡开仓借粮，奖励生产，劝民卖刀买犊，以事农桑，结果农民归田，狱讼减少，郡内大治。后官水衡都尉，卒于官。史家将他与黄霸并称为封建"循吏"的典型人物。

薤（xiè）：薤头。一种野蒜，其叶类葱而根如蒜，俗称为火葱。

母彘（zhì）：母猪。彘，本指大猪，后泛指一般的猪。《山海经·南次二经》载："浮玉之山，有兽焉，其状如虎而牛尾，其音如吠犬，其名曰彘，是食人。"

【译文】

龚遂为渤海太守时，劝导民众耕桑务农，下令每人种榆树一棵，薤一百棵，葱五十棵，每家畜养母猪两头，鸡五只。民众有带刀持剑的，让其卖掉刀剑，换买耕牛或牛犊，说："什么叫放弃斗争而从事耕种！"春夏耕种季节，要求民众必须要到田间耕作；季冬季节，则要考察民众收成情况并上交赋税，并多储藏菱、芡的果实。吏民因此都衣食丰足了。

召信臣为南阳，好为民兴利，务在富之。躬劝农耕，出入阡陌，止舍离乡亭，稀有安居。时行视郡中水泉，开通沟渎，起水门、提阏，凡数十处，以广溉灌。民得其利，蓄积有余。禁止嫁娶送终奢靡，务出于俭约。郡中莫不耕稼力田。吏民亲爱信臣，号曰"召父"。

【注释】

上文出自《汉书·召信臣传》：

信臣为人勤力有方略，好为民兴利，务在富之。躬劝耕农，出入阡陌，止舍离乡亭，稀有安居时。行视郡中水泉，开通沟渎，起水门提阏凡数十处，以广溉灌，岁岁增加，多至三万顷。民得其利，蓄积有余。信臣为民作均水约束，刻石立于田畔，以防分争。禁止嫁娶送终奢靡，务出于俭约。府县吏家子弟好游敖，不以田作为事，辄斥罢之，甚者案其不法，以视好恶。其化大行，郡中莫不耕稼力田，百姓归之，户口增倍，盗贼狱讼衰止。吏民亲爱信臣，号之曰召父。

召信臣（？—前31）：字翁卿，西汉九江寿春（今安徽寿县）人。西汉宣帝时历任零陵、南阳太守等官。在南阳时，曾组织民众利用郡中水泉，开通沟渎，筑堤闸水门数十处，灌溉农田三万余顷，岁获丰稔。郡县吏家子弟不以农耕为事者，都予以训斥，因而百姓归田，户口倍增，吏民尊称为"召父"。

南阳：古称宛，河南省辖市，位于河南省西南部，豫鄂陕三省交界地带，因地处伏牛山以南，汉水以北而得名。

提阏：水闸。

【译文】

召信臣为南阳太守时，办事为民兴利，以富民为己任。亲自劝导民众耕种，出入田间地头，行止远离邮亭馆驿，少有安居之时。巡视郡中河水、泉源，开通沟渠，修建水门、水闸数十处，扩大灌溉面积，民众因此得利，蓄积有余。又下令禁止嫁娶、送终的奢靡之风，务求俭约。郡中民众无不努力耕种。召信臣受到民众的信任与爱戴，被称作"召父"。

僮种为不其令，率民养一猪，雌鸡四头，以供祭祀，死买棺木。颜斐为京兆，乃令整阡陌，树桑果；又课以闲月取材，使得转相教匠作车；又课民无牛者，令畜猪，投贵时卖，以买牛。始者，民以为烦；一二年间，家有丁车、大牛，整顿丰足。王丹家累千金，好施与，周人之急。每岁时农收后，察其强力收多者，辄历载酒肴，从而劳之，便于田头树下，饮食劝勉之，因留其余肴而去；其惰孏者，独不见劳，各自耻不能致丹，其后无不力田者。聚落以致殷富。

【注释】

僮种一句，未索见出处。颜斐一句，见于南朝宋·裴松之注《三国志》引三国魏·鱼豢《魏略》文字：

魏略曰：颜斐字文林。有才学。丞相召为太子洗马，黄初初转为黄门侍郎，后为京兆太守。始，京兆从马超破后，民人多不专於农殖，又历数四二千石，取解目前，亦不为民作久远计。斐到官，乃令属县整阡陌，树桑果。是时民多无车牛。斐又课民以闲月取车材，使转相教匠作车。又课民无牛者，令畜猪狗，卖以买牛。始者民以为烦，一二年间，家家有丁车、大牛。

王丹一句，出自《后汉书·王丹传》，或见于《东汉观记》：

王丹字仲回，京兆下邽人也。哀、平时，仕州郡。王莽时，连征不至。家累千金，隐居养志，好施周急。每岁农时，辄载酒肴于田闲，候勤者而劳之。其墯懒者，耻不致丹，皆兼功自厉。邑聚相率，以致殷富。

《东汉观记》文：

载酒肴便于田头大树下，饮食劝勉之，因留其余酒肴而去。其墯懒者，耻不致丹，皆兼功自厉。邑聚相率，以致殷富。

僮种：即童恢，字汉宗，东汉琅邪姑幕（今山东诸城）人。初仕州郡为吏，后任不其令，境内安定，连年无囚，流民归附二万余户。官至丹阳太守，暴病而卒。上文僮种句，未见其出处。

颜斐：字文林，三国魏济北（治今山东长清）人。魏文帝时为京兆太守，重视农桑，鼓励吏民读书，政绩居雍州十郡之首。

王丹（？—约 25）：字仲回，东汉京兆下邽（今陕西渭南）人。初仕州郡，王莽时屡征不至，光武帝征为太子少傅。家富千金，常散财周急，为乡党所称。

【译文】

僮恢为不其县令时，率领民众每户养猪一头，母鸡四只，以供祭祀和死后买棺木。颜斐为京兆太守时，下令整治阡陌农田，树桑种果；又下领民众在闲月时砍取木材，让会造车的工匠互相传授造车的技术以制造车辆；督领民众无牛者，先畜养猪狗，然后卖掉换牛。开始，民众以此为烦，但一二年间，家家有了丁车、大牛，民众生活丰足。王丹家有千金之富，乐善好施，周济穷困。每到农收之时，看到民众中其有勤劳、收成好的，总是载着酒肴，一家一家去慰劳，在田头树下，饮食奖励他们，宴饮之后，剩余酒菜悉数留下，但懒惰的人，唯独不见慰劳。民众皆以得不到王丹的慰劳为羞耻，此后，民众没有不努力种田的了，因此整个村落终于富裕起来。

杜畿为河东，课民畜牸牛、草马，下逮鸡豚，皆有章程，家家丰实。

【注释】

上文出自陈寿《三国志·魏书·杜畿传》：

是时天下郡县皆残破，河东最先定，少耗减。畿治之……渐课民畜牸牛、草马，下逮鸡豚犬豕，皆有章程。百姓勤农，家家丰实。

杜畿（163—224）：字伯侯，三国魏京兆杜陵（今陕西西安）人。初为郡吏，后举孝廉。曹魏时历任护羌校尉、河东太守、尚书仆射等。在河东十余年，宽猛相济，减轻徭役，鼓励农耕，兴办学校，政绩常居全国之最。魏文帝时，因试航御船溺死。谥戴侯。

【译文】

杜畿为河东太守时，督令民众畜养母牛、母马，直至养鸡、猪等小牲畜，皆有详细规定，因此家家丰实。

此等岂好为烦扰而轻费损哉？盖以庸人之性，率之则自力，纵之则惰窳耳。

【译文】

上面说的这些人，难道是喜欢以麻烦事搅扰百姓而不重视民众的损失吗？只不过是因为常人之性，大多有人引导才会去努力劳作，而放任自流，他们就会懒惰散漫罢了。

故《仲长子》曰:"丛林之下,为仓庾之坻;鱼鳖之堀,为耕稼之场者,此君长所用心也。是以太公封而斥卤播嘉谷,郑、白成而关中无饥年。盖食鱼鳖而薮泽之形可见,观草木而肥硗之势可知。"又曰:"稼穑不修,桑果不茂,畜产不肥,鞭之可也;杝落不完,垣墙不牢,扫除不净,笞之可也。"此督课之方也。且天子亲耕,皇后亲蚕,况夫田父而怀窳惰乎?

【注释】

上文应出自东汉仲长统《昌言》,全文散佚,清代严可均有辑本。

仲长子:即仲长统(180—220)。东汉山阳高平(今山东金乡)人。少博学有才,善于文辞,曾游学青、徐、并、冀之间。生性豪爽,不拘小节,敢直言,当时称为狂生。建安时任尚书郎,后又为曹操僚佐。著有《昌言》三十四篇,为当时著名思想家。

太公:姓姜,吕氏,名尚,一说名望,字子牙。西周时东海(今属山东)人。出身穷困,年老归依周文王,为之谋划兴周灭商。文王死,辅助周武王攻灭商纣,建立周朝,以功封于齐,为齐国始祖。时称尚父,又称太公望,或姜太公。

郑:郑国渠。古代关中(今陕西关中地区)平原的人工灌溉渠。秦王政十年(前237),采纳韩国水工郑国的建议开凿,历时十余年始成,渠长三百多里,灌田四万余顷,关中成为沃野。汉魏时为泾水流域主要灌溉系统。

白:白渠。建于汉武帝太始二年(前95),因为是赵中大夫白公的建议,因人而名,故名白渠。该渠在郑国渠之南,两渠走向大体相同,白渠经泾阳、三原、高陵等县至下邽(今陕西省渭南市临渭区下邽镇)注入渭水,而郑国渠的下游注入洛水。

坻:仓库、建筑的底座。

【译文】

故而《仲长子》中说:"让丛林之地变成粮仓之基;让鱼鳖潭穴变成耕种之场,这都是君王长官应该用心策划的事情。所以姜太公封于齐地后,排盐控卤,土地得以种植五谷;郑国渠与白渠修成后,关中再无饥年。吃到鱼鳖,就可以想到生产鱼鳖的湖泊沼泽的情况;见到草木,就可以知道此处地力的肥瘦情况。"又说:"庄稼种不好,桑树果木不茂盛,畜产不肥壮,就要用鞭子抽打他们;篱笆不完整,围墙不牢固,扫除不干净,就要用竹板揍他们。"这都是检查督导百姓生产的方法。天子尚且亲自耕种,皇后还要亲自养蚕,何况庄稼人,怎么能心存懒惰的思想呢?

李衡于武陵龙阳泛洲上作宅,种甘橘千树。临死敕儿曰:"吾州里有千头木奴,不责汝衣食,岁上一匹绢,亦可足用矣。"吴末,甘橘成,岁得绢数千匹。恒称太史公所谓"江陵千树橘,与千户侯等"者也。

【注释】

上文李衡故事,可见于裴松之注《三国志·吴书·孙休传》、晋代习凿齿撰《襄阳耆旧记》等。《襄阳耆旧记》载:

> 李衡,字叔平,襄阳卒家子也,汉末入吴,为武昌庶民。闻羊道有人物之鉴,往干之。道曰:"多事之世,尚书剧曹郎才也。"习竺以女英习配之……衡每欲治家,英习不听。后密遣客十人,于武陵龙阳泛洲上作宅,种柑桔千株。临死,敕儿曰:"汝母每恶我治家,故穷如是。然吾州里有千头木奴,不责汝衣食,岁上一匹绢,亦可足用耳。"衡亡后二十于日,儿以白母,母曰:"此当是种柑桔也,汝家失十户,客来七八年,必汝父遣为宅。汝父恒称太史公言,'江陵千树桔,当封君家'。吾答曰:'士患无德义,不患不富,若贵而能贫,方好尔。用此何为!'"吴末,衡柑桔成,岁得绢数千匹,家道富足。晋咸康中,其宅址枯树犹在。

李衡:字叔平,三国时襄阳(今湖北襄樊)人。孙权时为诸葛恪司马。任丹阳太守时,曾据法制裁孙休,休立为帝,他自拘请罪,休释而不问。

武陵:武陵郡。汉高帝改黔中郡置,治所在义陵县(今湖南溆浦县

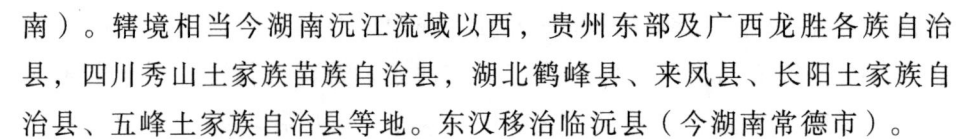

南）。辖境相当今湖南沅江流域以西，贵州东部及广西龙胜各族自治县，四川秀山土家族苗族自治县，湖北鹤峰县、来凤县、长阳土家族自治县、五峰土家族自治县等地。东汉移治临沅县（今湖南常德市）。

龙阳：三国吴置，属武陵郡。治所即今湖南汉寿县。

泛州：河水冲击形成的沙洲。

【译文】

李衡在武陵郡龙阳县的一块沙洲上盖了宅院，种上一千棵柑橘树。临死时，嘱咐儿子说："我在州里有一千个'木奴'，它们不向你要衣食，却可一年为你贡献一匹绢，也足够你用的了。"三国吴国末年，柑橘长成了，每年柑橘的收入可抵得上千匹绢的收益。这就是李衡经常称道太史公所讲的那句话："江陵的千株柑橘树，可以与千户侯的收入相等"。

樊重欲作器物，先种梓、漆，时人嗤之。然积以岁月，皆得其用，向之笑者，咸求假焉。此种植之不可已已也。谚曰："一年之计，莫如树谷；十年之计，莫如树木。"此之谓也。

【注释】

上文出自南朝宋·范晔撰《后汉书》：

> 樊宏，字靡卿，南阳湖阳人也，世祖之舅。其先周仲山甫，封于樊，因而氏焉，为乡里著姓。父重，字君云，世善农稼，好货殖。……欲作器物，先种梓漆，时人嗤之，然积以岁月，皆得其用，向之笑者咸求假焉。

樊重（？—51）：东汉南阳湖阳人，字君云。樊宏之父。世善农稼，好货殖。

【译文】

樊重想要做家具时，先去种梓树和漆树，当时人们都嘲笑他。然累积十数年之后，所种的梓树、漆树，都派上了用场，原先嘲笑他的人

附录五 《齐民要术·序》音译释读

们，反而都来向他求借。这说明种植这件事情是不可以轻视的。俗语说："一年之计，不如种谷；十年之计，不如种树。"正是这个道理。

《书》曰："稼穑之艰难。"《孝经》曰："用天之道，因地之利，谨身节用，以养父母。"《论语》曰："百姓不足，君孰与足？"汉文帝曰："朕为天下守财矣，安敢妄用哉！"孔子曰："居家理，治可移于官。"然则家犹国，国犹家，是以"家贫则思良妻，国乱则思良相"，其义一也。

【注释】

"《书》曰"一句，出自春秋时期孔丘所撰《尚书·周书·无逸》：

周公曰："呜呼！君子所，其无逸。先知稼穑之艰难，乃逸，则知小人之依。相小人，厥父母勤劳稼穑，厥子乃不知稼穑之艰难，乃逸乃谚。既诞，否则侮厥父母曰：'昔之人无闻知。'"

"《孝经》曰"一句，出自春秋时期孔丘撰《孝经·庶人章》：

用天之道，分地之利，谨身节用，以养父母，此庶人之孝也。故自天子至于庶人，孝无终始，而患不及者，未之有也。

"《论语》曰"一句，出自春秋时期孔丘撰《论语·颜渊》：

哀公问于有若曰："年饥，用不足，如之何？"有若对曰："盍彻乎？"曰："二，吾犹不足，如之何其彻也？"对曰："百姓足，君孰与不足？百姓不足，君孰与足？"

"汉文帝曰"一句，出自南朝宋·范晔撰《后汉书·翟酺传》：

故文帝爱百金于露台，饰帷帐于皂囊。或有讥其俭者，上曰："朕为天下守财耳，岂得妄用之哉！"至仓谷腐而不可食，钱贯朽而不可校。

"孔子曰"一句，出自春秋时期孔丘撰《孝经·广扬名章·第十四》：

> 子曰："君子之事亲孝，故忠可移于君。事兄悌，故顺可移于长。居家理，故治可移于官。是以行成于内，而名立于后世矣。"

"家贫则思良妻"之语，出自汉代司马迁撰《史记·魏世家》：

> 魏文侯谓李克曰："先生尝教寡人曰'家贫则思良妻，国乱则思良相。'今所置非成则璜，二子何如？"李克对曰："臣闻之，卑不谋尊，疏不谋戚。臣在阙门之外，不敢当命……"

【译文】

《尚书》中说："耕种是一件非常辛苦的事情。"《孝经》中说："遵循天道，尽地之利，节俭自爱，用以供养父母。"《论语》中说："百姓不富足，君主又何以能富足？"汉文帝说："我只不过是替天下看守财物罢了，怎么敢乱用呢？"孔子说："管理小家的道理，跟当官治理百姓的道理是相通的。"这样看来，家就是国，国就是家，所以"贫穷之家希望能有一位贤妻来治家，国家乱了就渴望有贤明的宰相来治国"是一样的道理。

夫财货之生，既艰难矣，用之又无节；凡人之性，好懒惰矣，率之又不笃；加以政令失所，水旱为灾，一谷不登，胔腐相继：古今同患，所不能止也，嗟乎！且饥者有过甚之愿，渴者有兼量之情。既饱而后轻食，既暖而后轻衣。或由年谷丰穰，而忽于蓄积；或由布帛优赡，而轻于施与；穷窘之来，所由有渐。故《管子》曰："桀有天下，而用不足；汤有七十二里，而用有余，天非独为汤雨菽、粟也。"盖言用之以节。

【注释】

"《管子》曰"一句，出自《管子·地数》：

> 桓公曰："何谓得失之数皆在此？"管子对曰："昔者桀霸有天下，而用不足；汤有七十里之薄，而用有余。天非独为汤雨菽粟，

附录五 《齐民要术·序》音译释读

而地非独为汤出财物也。"

【译文】

财富的获得本来是很艰难的，但使用的时候却往往没有节制；人本性是好逸恶劳的，领导者却不能认真地加以引领，再加上政令失所，水旱相继，粮食绝收，就会到处是饿死发臭的尸体。这种从古至今一直在发生的祸患，从来都没有停止过，真是可叹啊！饥饿的时候总是想得到成倍的食物，口渴的时候总是渴望喝到成倍的水，然而吃饱后就又不爱惜食物，穿暖了就不再爱惜衣服；或者因为一次粮食丰收就忽视了蓄积；或者因为布帛充足了就随便赠送别人。由此可见，穷困的到来，都是因为平时不注意节俭而逐渐造成的。所以《管子》中说："夏桀占有天下所有的疆土，却没有足够的财物；而商汤只有七十二里的地方，财富却仍有剩余。可并非上天单独为商汤降下了豆子和谷物啊！"这讲的就是节俭的道理。

《仲长子》曰："鲍鱼之肆，不自以气为臭；四夷之人，不自以食为异。生习使之然也。居积习之中，见生然之事，夫孰自知非者也？"斯何异蓼中之虫，而不知蓝之甘乎？

【译文】

《仲长子》中说："久在腌鱼店里的人，感觉不到自己店里空气的臭味；四边的夷族之人，不觉得自己的食物有什么特别。这都是生活习惯造成的。长期生活在惯常的环境中，见到的都是这种视而不见的事情，谁又能自己分辨得清这里面哪些是不对的呢？"这与专吃蓼的虫子一样，只知道蓼是辣的，但却不知道蓝是甜的，难道不是一样的道理吗？

今采捃轻传，爰及歌谣，询之老成，验之行事。起自耕农，终于醯醢，资生之业，靡不毕书，号曰《齐民要术》。凡九十二篇，束为十卷。卷首皆有目录，于文虽烦，寻览差易。其有五谷、果蓏非中国所殖者，存其名目而已；种莳之法，盖无闻焉。舍本逐末，贤哲所非；日富岁贫，饥寒之渐，故商贾之事，阙而不录。花草之流，可以悦目，徒有春花，而无秋实，匹诸浮伪，盖不足存。

鄙意晓示家童，未敢闻之有识，故丁宁周至，言提其耳，每事指斥，不尚浮辞。览者无或嗤焉。

【译文】

如今我搜集经传记载，援引谚语歌谣，请教老成有经验的行家，亲自加以实践和验证，从耕种起，到制醋造酱止，凡是对生产生活有益的事情，无不写在书里，书名题为《齐民要术》，一共九十二篇，分成十卷。每卷前都开列目录，虽然文字上烦琐了点，但查看起来却比较方便。至于那些不是"中国"所产的五谷、瓜果、蔬菜，只是简单地记录其名目而已，种植的方法，却没有听闻过。丢掉农业的根本去追逐商贾之利，这种可以一天就能赚大钱的投机钻营，却是贫困的最终根源，如果都脱离了农业生产，饥饿和挨冻就会渐渐逼近，所以商贾之事，本书一概舍弃不录。至于花草之类，虽然可以赏心悦目，却徒有春花而无秋实，此类浮华虚伪的东西，也不值得记录。

我写这本书的本意只是为教导家中那些僮仆，并不是给有学识的人看的，所以详尽反复地叮嘱，言语之中必提耳斥责、指手画脚，没有浮华虚语。希望看到此书的人不要嗤笑。